Arne Karsten und Volker Reinhardt

Kardinäle, Künstler, Kurtisanen

Arne Karsten und Volker Reinhardt

Kardinäle, Künstler, Kurtisanen

Wahre Geschichten aus dem päpstlichen Rom

Sonderausgabe

Die Deutsche Nationalbibliothek verzeichnet diese Publikation
in der Deutschen Nationalbibliografie;
detaillierte bibliografische Daten sind im Internet über
http://dnb.d-nb.de abrufbar.

Sonderausgabe 2012
(2., unveränderte Auflage; 1. Auflage 2004)

Covergestaltung: Peter Lohse, Heppenheim
Coverbild: „Der verlorene Sohn". Gemälde von Palma il Giovane,
nach 1600. Foto: akg-images
Die Herausgabe des Werkes wurde durch
die Vereinsmitglieder der WBG ermöglicht.
Gedruckt auf säurefreiem und alterungsbeständigem Papier
Printed in Germany

Besuchen Sie uns im Internet: www.wbg-wissenverbindet.de

ISBN 978-3-534-24903-9

Die Buchhandelsausgabe erscheint beim Primus Verlag
Umschlaggestaltung: Jutta Schneider, Frankfurt
Bild: „Der verlorene Sohn bei den Dirnen".
Gemälde von Palma il Giovane, nach 1600. Foto: akg-images

www.primusverlag.de

ISBN 978-3-86312-307-9

Elektronisch sind folgende Ausgaben erhältlich:
eBook (PDF): 978-3-534-72665-3 (für Mitglieder der WBG)
eBook (epub): 978-3-534-72666-0 (für Mitglieder der WBG)
eBook (PDF): 978-3-86312-794-7 (Buchhandel)
eBook (epub): 978-3-86312-795-4 (Buchhandel)

Inhalt

VOLKER REINHARDT
Schattenbeschwörung und Traumhilfe 9

Die große Politik

VOLKER REINHARDT
Schreckliche Diplomaten, Politik der Illusionen. Auf dem Weg in den Sacco di Roma 13

ARNE KARSTEN
Der Botschafter und der Mörder 30

VOLKER REINHARDT
Der Sanierer 37

Familienbande und Familienkonflikte

VOLKER REINHARDT
Ein Mord, den jeder begangen haben könnte 51

ARNE KARSTEN
Verkehrsprobleme, frühneuzeitlich 60

ARNE KARSTEN
Maria Veralli 66

Karrieren und Abstürze

VOLKER REINHARDT
Fünf blutrote Hüte 77

ARNE KARSTEN
Der Untergang des Hauses Cenci, oder: Vom Geiz als Wurzel allen Übels 86

Arne Karsten
Die Geschichten der Verlierer 94

Künstlerleben

Volker Reinhardt
Tod und Verschleppung 103

Volker Reinhardt
Abgeschlagene Köpfe und ein ausgestreckter Arm 113

Arne Karsten
Der Großtyrann und das Gerücht 124

Kultur und Konflikte

Volker Reinhardt
Der Tage-Dieb 135

Volker Reinhardt
Fast eine Sternstunde. Ein Gespräch über die Welt und seine Folgen . . 144

Arne Karsten
Bilderkrieg im Vatikan, oder: Von den Gefahren der Gelehrsamkeit . . 154

Die Welt des kleinen Mannes

Arne Karsten
Chaostage im barocken Rom 163

Arne Karsten
Delikatessen, oder: Die berühmten Würste aus Norcia 169

Volker Reinhardt
Brot, Blut und Stein 176

Schluss

Volker Reinhardt
Bilderkämpfe, Bilderstürme. Von der Unzerbrechlichkeit der Zeit am Tiber 189

Anmerkungen 197

Karte Italien 203

Liste der Päpste des 15. bis 18. Jahrhunderts 204

Kommentierte Auswahlbibliographie 205

Volker Reinhardt

Schattenbeschwörung und Traumhilfe

Wer heute einen Romspaziergang unternimmt, wandelt über eine verwaiste Bühne. Die grandiosen Requisiten stehen noch: himmelumspannende Kuppeln, hoch ragende Paläste, zerfallende Kirchen in Tempelruinen, Brunnen mit Schildkröten, schmalbrüstige Mietshäuser mit hohläugigen Antikenköpfen im Gemäuer. Die Menschen, die in ihnen lebten, aber sind lange tot. Ihre Knochen bleichen unter den steinernen Fußböden der Kirchen, durcheinander gewürfelt und übereinander geschichtet die kleinen Leute, in der modrigen Abgeschiedenheit ihrer marmornen und bronzenen Grüfte die großen Herren, oben und unten im Tod mehr noch als im Leben getrennt. Die Verkaufsschreie der Fischhändler bei S. Angelo in Pescaria, die Mitleid erregenden Seufzer der Bettler in der Via Belsiana, das gedämpfte Gemurmel der beratenden Kardinäle im Consulta-Palast, die Zurufe der Maurer auf dem Schwindel erregenden Gerüst von St. Peter, die Gebete der Straßenräuber auf dem Schafott, die mahnend erhobene Stimme der Bußprediger in Aracoeli – sie alle sind verklungen. Das Rumpeln der Räder goldgeschmückter Karossen, das Rauschen des Korns durch seine metallenen Messgefäße, das Pfeifen der Pestärzte in der Not der Epidemie, das Trippeln tanzender Füße auf marmornen Fußböden – verhallt. Selbst das Rauschen des Tibers in Zeiten des Frühlingsregens ist durch die abschirmenden Steinböschungen fast unhörbar geworden. Seidenschuhe, Getreidezylinder, Kutschen, Pestinstrumente: das alles gibt es noch. Im Museum. Und der Fluss ist nur noch ein Paradies der Ratten.

Die toten Römer, die toten Gegenstände, den toten Fluss belebt allein die Phantasie. Mit ihr hat es in historischen Städten ein zweifelhaftes Bewenden. Wer sich aus seiner eigenen Zeit hinausträumen will in ferne und fremde Räume, landet im Retortenland der Jedi-Ritter. Dort scheint alles anders und ist doch wie gehabt: wir selbst, etwas auffallend gewandet, mit intergalaktischen Waffen, zusammengesperrt mit lebenden Robotern und Mischwesen, die aus Menschen und Maschinen gepaart sind, dazu ein paar Sternenkämpfer aus dem mittelalterlichen Disneyland. Raum und Zeit sind in Sciencefictionfilmen überwindbar. Und gerade deshalb landet man, ob man die Zeitachse nun vorwärts oder rückwärts beschreitet, unweigerlich wie ein Wanderer im nächtlichen Schneesturm am immer gleichen Punkt: in der Ödnis einer Gegenwart mit Laserkanonenoutfit, aus der man sich doch gerade heraus bewegen möchte: in einer unfreiwilligen Parodie des Selbst. Wer nur seine eigene Zeit kennt, entkommt ihr nicht. Erst recht nicht in der Einbildung, am allerwenigsten in den Träumen.

Die in diesem Band vereinten neunzehn Geschichten wollen dem abhelfen, wollen Imaginationshilfe, Traumfluchtunterstützung leisten, und zwar durch äußerste historische Präzision. Treffpunkt ist eine Welt, die von uns weiter entfernt ist als die Milchstraße und zugleich ganz nahe scheint, rätselhaft vermischt aus Vertrautheit und Fremdheit. Akteure sind Menschen, die vor vierhundert Jahren in Rom lebten, Menschen wie wir – und doch zugleich ungreifbar, unfassbar anders. Es sind Menschen, die – mit einigen gefährdeten Ausnahmen – daran glauben, dass sich die Sonne um die Erde dreht, dass der Teufel unter ihnen umgeht, dass der Papst die Schlüssel zu Himmel und Hölle besitzt. Aber es sind auch Menschen, die an den großen Coup, an den kolossalen Glückstreffer, und zwar schon morgen, glauben: dann, wenn ein neuer Papst gewählt wird, auf den sie gewettet haben, der aus derselben Stadt wie ihre Vorfahren stammt und ihnen endlich Reichtum und Reputation verschaffen wird.

Diese Geschichten handeln von menschlichen Komödien und Tragödien, vom Leben in Buntheit, Prallheit, Üppigkeit, aber auch, für drei Viertel der Römer, von der ewigen Angst, ob die Brote morgen noch satt machen, ob der Tiber nicht über die Ufer tritt oder Mörder mit allerhöchster Lizenz nicht die Tür aufbrechen. Sie erzählen von Furcht und Hoffnung, rasender Leidenschaft, tödlichem Hass, zu früher Freude und von Verbrechen aus verlorener Ehre. Kardinäle, Künstler, Kurtisanen, Käsekrämer, Kerzenzieherinnen, Kutscher und Kammerdiener, sie alle leben in den engen Gassen einer Stadt, die 1527, am Vorabend ihrer furchtbarsten Katastrophe, 55000 Einwohner zählt und anderthalb Jahrhunderte später gut doppelt so viele. Nach heutigen Kriterien eine kleine Stadt, und auch damals sahen Metropolen anders aus: Venedig, Mailand und Neapel mit mindestens doppelt so vielen Einwohnern dürfen sich mit Fug und Recht als solche betrachten. Doch was für eine Stadt: Genies, Glücksritter, Geschäftemacher, Günstlinge, Gecken, Gläubige, alles, was Europa zu bieten hat, das Beste und das Schlimmste, strömt in sie hinein, fängt sich in ihren Netzen, richtet sich ein im Schatten ihrer Kuppeln und strebt nach der Gnadensonne der Mächtigen. Von all diesen Lebenskünstlern, Lebenshungrigen, Lebensmüden und Lebenslänglichen handeln diese Geschichten. Erfinden müssen sie nichts; das Leben übertrifft die Phantasie. So sind alle diese Schicksals-Anekdoten in Quellen belegt, jede Einzelheit, jeder Name, jede Handlung, jeder Weg, jeder Gegenstand, die in ihnen vorkommen, sind in den Dokumenten der Zeit verzeichnet. Und so mögen diese Erzählungen von komischen, traurigen, skurrilen und erhabenen Geschicken die steinerne Stadt wieder mit Fleisch und Blut bevölkern, und sei es nur im wahren Traum.

Die große Politik

Volker Reinhardt

Schreckliche Diplomaten, Politik der Illusionen. Auf dem Weg in den Sacco di Roma

Im März 1525 steht Rom noch in einiger Entfernung vom Krater des Vulkans, auf dem die päpstliche Diplomatie zu tanzen beginnt. Doch rücken der Papst und seine Minister dem Abgrund unaufhaltsam näher, wie von einem Unstern geleitet. Das jetzt anhebende Todesballett hat der damalige außenpolitische Chefberater Papst Clemens' VII. Medici, Francesco Guicciardini, zwölf Jahre danach in seiner monumentalen Geschichte Italiens von 1490 bis 1534 festgehalten: Akt für Akt, Pirouette für Pirouette, bis zum Sturz ins Bodenlose. In die Bitternis und Empörung dieses unversöhnten Rückblicks mischt sich doppeltes Unbehagen: darüber, am Anfang mit dem eigenen Ratschlag die römische Politik in die fatale Richtung manövriert zu haben und dann der Eskalation der Unvernunft hilflos zusehen zu müssen. Die Niederschrift der unheilvollen Ereignisse bewirkt keine Katharsis, sondern qualvolles Nochmal-Erleben. Die Schatten der Toten steigen wieder auf. Selber auf den Tod krank, ringt der Historiker Guicciardini mit den Gespenstern der Vergangenheit. Bannen lassen sie sich nur durch die unbarmherzige Genauigkeit des Berichts.

Rom hatte im Machtkampf zwischen Kaiser Karl V., in Personalunion König von Spanien sowie Chef des Hauses Habsburg, und König Franz I. von Frankreich auf die falsche Karte gesetzt. In der Schlacht von Pavia am 24. Februar 1525 hatte der französische König nicht nur den Krieg um Mailand und die Blüte seines Adels, sondern auch seine Freiheit verloren. Sein päpstlicher Bundesgenosse hatte vom Sieger vorerst, so schien es, wenig zu befürchten. Beunruhigt war man in Rom dennoch. Clemens hatte immerhin erst kurz vor Aufnahme der Feindseligkeiten die Seiten gewechselt, um sich den vermeintlich stärkeren Bataillonen anzuschließen. Mit französischen Waffen hoffte er, die spanisch-kaiserliche Machtstellung zu schwächen, die sich zu einer regelrechten Hegemonie auszuweiten drohte; schließlich bildete ganz Süditalien einschließlich Siziliens einen Teil des habsburgischen Imperiums. Diese handfesten Machtinteressen Roms ließen sich allerdings durch eine erhabene Formel verbrämen: dass der Pontifex maximus als gemeinsamer Vater der Christenheit für Ausgleich unter den weltlichen Herrschern zu sorgen und deswegen eine einseitige Übermacht zum Schutze der Kirche und des Glaubens zu verhindern habe. Beim Kaiser durfte man für solche

Floskeln auf Entgegenkommen hoffen, produzierte er doch selbst genug davon: nackte Staatsräson nobel zu bemänteln, das war seit langem Brauch der europäischen Politik.

Doch waren die Motive der römischen Besorgnis damit noch nicht erschöpft. Allzu lange hatte Giulio de' Medici, der spätere Papst Clemens VII., mit seiner ganzen Familie in den Zeiten ihres Exils 1494 bis 1512 die Gunst von Karls Großvater Maximilian genossen. Dass aus dem ehemaligen Klienten jetzt ein Gegner geworden war, konnte man durch eine nicht minder wohlklingende Wendung begründen: Rollentausch, Identitätsauswechslung, Annahme höherer Wesenszüge, eine Verwandlung, wie sie – so die offizielle Version des Papsttums – die Erhebung auf den Stuhl Petri durch den Heiligen Geist bewirke. Auch für diese Erklärung brachte Karl V. viel Verständnis auf, hatte er doch selbst in seinem erst 25-jährigen Leben mehr Länder und Titel geerbt als je ein Sterblicher vor ihm und damit stetig an internationaler Statur und Rang gewonnen. Auf diese Weise aber mussten die gerade noch Ebenbürtigen zu Vasallen schrumpfen – oder Freunde zu Feinden werden. Das alles war als unvermeidlich akzeptiert. Und auch dass dieser Verrat in der Stunde der Not und zuerst heimlich geschah, ist durch die neue Idee der Staatsräson gedeckt, wie sie wenige Jahre zuvor von Machiavelli prägnant formuliert, aber schon seit langem praktiziert wurde. Wenn sich das alles durch Normen entschuldigen ließ, was treibt dann dem Historiker Francesco Guicciardini mehr als ein Jahrzehnt danach den Angstschweiß auf die Stirn? Um diese Beklommenheit zu verstehen, muss man einen kurzen Umweg einschlagen. Er führt über den Charakter des regierenden Papstes.

Clemens VII., so Guicciardini, ist in jeder Hinsicht ein Sonderfall: Er glaubt, dass andere seine Lügen glauben. Und noch seltsamer: er glaubt die Lügen der anderen. Zudem ist er chronisch entscheidungsunfähig. Hat er einen Beschluss gefasst, überkommt ihn postwendend die tiefste Reue, sich so und nicht anders entschieden zu haben, woraufhin alles wieder rückgängig gemacht wird und die qualvolle Prozedur von vorne beginnt. Auf diese Weise hat der Papst schnell den Respekt der Kurie und damit seine Autorität gegenüber den Prälaten verspielt. Sein pathologischer Schwebezustand dringt zudem nach außen. Wie sollte es auch anders sein, wenn ein Eilbote dem anderen nachjagt, um eben ausgesandte Briefe wieder einzuziehen? Manchmal ist der erste Kurier so schnell, dass er nicht mehr eingeholt werden kann. Dann bekommen gekrönte Häupter sich widersprechende Botschaften des Papstes zu lesen – mit äußerst abträglichen Folgen für dessen Reputation. Vertrauen wird verspielt, Misstrauen macht sich breit. All dies hat zur Folge, dass der Medici-Papst Verhandlungen grundsätzlich dop-

Porträt des Francesco Guicciardini

Gedankenschwer im Staatsgewand, so zeigt das Cristoforo dell'Altissimo zugeschriebene Porträt Francesco Guicciardinis den Florentiner Patrizier. Zugleich ist der Betrachter versucht, in die melancholischen Züge des vorzeitig gealterten Historikers und Staatsdenkers Todesnähe und Verachtung der Welt, speziell ihrer Mächtigen, hineinzulesen. Vor allem aber ist das Bildnis gemalte Memoria, ein Werk des Gedächtnisses und des Gedenkens für die Familie. Sie hat diesen Auftrag getreulich erfüllt; das Studierzimmer des – so Felix Gilbert – größten Intellektuellen der Renaissance im Palazzo von Oltrarno erweckt den Eindruck, als habe er soeben erst die Feder aus der Hand gelegt.

pelgleisig, immer mit den beiden verfeindeten Seiten zugleich führt, was ihm notwendigerweise als Doppelzüngigkeit, ja als Unehrlichkeit ausgelegt wird, umso mehr, als er für dergleichen heikle Manöver nicht die notwendige Geschicklichkeit und Kaltblütigkeit besitzt. Ganz im Gegenteil. Antrieb seiner Politik ist überwiegend Angst, die sich nicht zuletzt aus dem Misstrauen nährt, welches er selber einflößt, und deren logische Ergänzung, die Gier, der unersättliche Hunger nach noch mehr Macht, vor allem in Florenz, wo die Medici nach ihrer Vertreibung von 1494 seit 1512 hinter der immer brüchigeren Fassade der Republik de facto die Herrschaft ausüben.

Psychologisch entspricht dieser uneingeschränkt in Anspruch genommenen Lizenz zum Täuschen eine ebenso unbegrenzte Naivität, die Hinterhalte der anderen betreffend. Dieser Papst rechnet nie mit dem Prinzip des „Wie du mir, so ich dir". Darin spiegelt sich eine fatale Überschätzung des Amtskredits, härter ausgedrückt: der Wahn, als Statthalter Christi in einem christlichen Europa unantastbar zu sein. Eine solche Rechnung aber ist ohne den Zeitgeist gemacht. Dieser nämlich unterscheidet zwischen der Sakralität des Papstamtes und der mehr oder minder hohen Würdigkeit seines Inhabers. Darüber aber macht sich kaum jemand falsche Vorstellungen – der Heilige Geist, so Guicciardini, lässt sich in den unreinen Seelen der heutigen Kardinäle gewiss nicht nieder. Und schließlich lag die Absetzung dreier ungeeigneter Päpste durch das eine und allmächtige Konzil in Konstanz erst einhundertacht Jahre zurück. Unangreifbar also war das Amt, nicht aber eine Person oder gar eine Familie. Beiden, Papst und Nepoten, konnte man im Fall extremer Regelüberschreitungen durchaus eine grausame Lektion erteilen.

Rachegelüste gegenüber Rom und dem Papsttum hatte zudem die Reformation seit 1517 kräftig geschürt. In der Beurteilung dieses zuerst rein theologischen, doch schnell auch politisch motivierten Fundamentalaufstandes gegen die römische Autorität unterläuft dem Papsttum – und speziell Clemens VII. – die folgenreichste Fehleinschätzung seiner Geschichte. Nichts Neues unter der Sonne, so lautet das Fazit der vatikanischen Haustheologen, ein fader Aufguss längst abgetaner Häresien, künstlich aufgebauscht durch die üblichen Erpressungsversuche gekrönter Häupter – und durch entsprechende Gegenmanöver leicht zu ersticken. Auf diese Weise übersieht man in Rom nicht nur die Anziehungskraft dieses theologisch-kirchlichen Gegenentwurfs auf intellektuelle und politische Kreise, sondern man verkennt auch die tiefe Erregung der Massen, die durch die ungeheuer grobschlächtige antirömische Propaganda hervorgerufen wird. In Hunderttausenden von illustrierten Flugblättern nämlich wird den einfachen Leuten im Bild vorgeführt, wie sie mit dem Papst und seinen Kardinälen zu verfahren haben –

und warum: Schlagt sie tot, denn sie sind des Teufels. Das alles und noch manches mehr entzieht sich der selbstzufriedenen Wahrnehmung der Kurie. Mit einem solchen Papst so schweren Zeiten entgegenzugehen, macht vielen Römern Angst. Wer es sich leisten kann, setzt sich ab, in Vorausahnung dessen, was da kommen sollte. Im Rückblick erscheint Guicciardini das Verhängnis geradezu vorprogrammiert: ein Lehrstück, wie man scheinbar unerschöpflichen politischen und sozialen Kredit vergeudet, eine Parabel von der Pathologie der Macht, vom Zerstörungspotential der unbeschränkten Einzelherrschaft, wenn diese in falsche Hände fällt.

Franz I. in der Gewalt Karls V., d. h. ein christlicher Fürst von einem anderen gefangen gesetzt. Das war eine Konstellation, die päpstliche Interventionen zugunsten des Unterlegenen auf den Plan rief. Offiziell wurden diese Bemühungen mit der Rolle des Pontifex maximus als gemeinsamer Vater der Christen und Tröster der Gedemütigten gerechtfertigt, 1525 waren sie de facto vom Bedürfnis Roms motiviert, einen Schutzwall gegen das unaufhaltsam expandierende Imperium Karls V. zu errichten. So stoßen die Venezianer bei Clemens auf offene Ohren mit ihrem Vorschlag, ein bewaffnetes Schutz- und Trutzbündnis gegen den Kaiser zu schließen. Der Pakt ist unterschriftsreif aufgesetzt und ein Kurier zum König von England, der ihm beitreten soll, schon unterwegs, als ein kaiserlicher Gesandter mit Gegenvorschlägen Karls eintrifft. Dadurch wird der eben vereinbarte Vertrag schlagartig hinfällig und der Bote per Eilpost gestoppt.

Natürlich ist die Markus-Republik von dieser Richtungsänderung Roms zutiefst irritiert, umso mehr, als sie viel Geld zahlen müsste, um in diese Allianz einbezogen zu werden. Dieser Ärger lässt Clemens kalt; Hauptsache er und seine Familie genießen die Gunst des Siegers. Und so werden der Papst und die Medici schon am 1. April 1525 – gerade einmal fünf Wochen nach der Schlacht von Pavia – in den umfassenden Schutz des Kaisers aufgenommen. Zusätzlich verpflichten sich beide Seiten, Francesco Sforza, den schattenhaften, vom Reichsoberhaupt abhängigen Herzog von Mailand, durch Truppen zu unterstützen. In seiner Erleichterung über dieses Abkommen, das er für die Lösung aller seiner Probleme hält, tut der Papst sogar mehr als verlangt. Aufgrund unverbindlicher Zusicherungen Karls veranlasst er das französische Heer, den geplanten Feldzug zur Eroberung Neapels abzubrechen, und entlässt einen Großteil seiner eigenen Truppen. In seiner diplomatischen Handlungsfreiheit aber fühlt sich Clemens durch den Pakt keineswegs eingeschränkt; er ist ja noch nicht einmal ratifiziert – unauflösliche, ja unfassbare Widersprüche wahnhafter Machtausübung, so lautet das Urteil Guicciardinis.

Immerhin ist da ja noch der gefangene König von Frankreich, der auf Rache sinnt. Für solche Revanchepläne sind die päpstlichen Unterhändler ideale Ansprechpartner. Die für ihren Sohn als Regentin fungierende Königinmutter Louise von Savoyen nämlich macht den alten Bundesgenossen Venedig und Rom verlockende Angebote. Sie ist zu fast allem bereit; ein Königreich mit einem König im fremden Kerker ist ein Torso. Clemens leiht ihr umso geneigter das Ohr des „gemeinsamen Vaters", als er den politischen Zustand Italiens als immer unerträglicher empfindet, trotz aller Garantien für sich und seine Familie; zu übermächtig ist der habsburgische Universalherrscher, der den Papst zudem mit Forderungen nach einem Konzil unter Druck setzt. Eine solche, die verworrenen Glaubensverhältnisse Europas ordnende Kirchenversammlung aber fürchtet der zunehmend von Panik getriebene Pontifex maximus mehr als alles andere. Zu frisch ist der Kurie die Demütigung von Konstanz in Erinnerung; zu lebendig sind weiterhin die Theorien, wonach die Gemeinschaft der Gläubigen über dem Papst stehe. Und noch ein ganz persönlicher Makel kommt hinzu: Clemens ist unehelich geboren und daher, bei strenger Regelauslegung, als Kleriker gar nicht zugelassen.

Die Entfremdung zwischen Papst und Kaiser nimmt zu, als Clemens den Pakt mit Karl veröffentlichen lässt, Letzterer jedoch den Bündnistext nicht als Ganzen bestätigt, sondern Klauseln ausnimmt, welche den römischen Zugriff auf das lehensrechtlich dem Heiligen Stuhl unterstellte Ferrara und die dort regierende Familie Este verstärken sollen: zum Nachteil des Reichs, wie der Kaiser befindet. Auf eine effizientere Oberhoheit über Ferrara aber sind die Päpste seit Jahrzehnten bedacht, ja, sie steigern sich fast duchgehend in eine gefährliche Anti-Este-Politik hinein. Clemens ist über die einseitige Abänderung des von ihm bereits publizierten Vertrags empört und zugleich zutiefst verängstigt: Was führt Karl gegen ihn im Schilde?

Kein Wunder also, dass sich der Papst auf immer dubiosere Unternehmungen einlässt. Das verhängnisvollste dieser Manöver ist die Verschwörung des Geronimo Morone, seines Zeichens Chefratgeber Francesco Sforzas, der sein Schattendasein gründlich satt hat und, von der großen Vergangenheit seiner Familie berauscht, endlich eigenständige Macht ausüben möchte. Als Bundesgenosse ist der Marchese di Pescara ausersehen; der Sieger der Schlacht von Pavia nämlich fühlt sich ungenügend belohnt, ja zurückgesetzt. In Sforzas Auftrag unterbreitet Morone dem schmollenden Feldherrn ebenso verführerische wie gefährliche Angebote: Pescara soll das Königreich Neapel, Francesco die volle Herzogsherrschaft in Mailand und, propagandistisch unverzichtbar, Italien die Freiheit vom spanischen Joch gewinnen. Das schöne

Komplott krankt allerdings daran, dass Pescara nur scheinbar auf diesen Vorschlag eingeht, in Wahrheit aber Karl V. auf dem Laufenden hält. Dieser staunt nicht schlecht, dass auch sein Quasi-Bundesgenosse in Rom mit von der Partie ist, dem nach erfolgreichem Coup die Rolle als oberster Schiedsrichter Italiens zugedacht ist – mit vielen weiteren Aufstiegsmöglichkeiten für die Familie Medici, versteht sich.

Seinen Zorn muss der Kaiser jedoch einstweilen noch verbergen. Karl benötigt eine Sondererlaubnis, um die verwitwete Königin von Portugal, seine Cousine, heiraten zu können. Rom glaubt, dadurch in alt bewährter Weise ein unfehlbares Druckmittel in der Hand zu haben, und zieht die Dispensverhandlungen künstlich in die Länge. Währenddessen wird intensiv über die Konditionen für die Freilassung des französischen Königs gerungen. Und auch hier ist Rom an vorderster Front aktiv. Gesandte des Papstes sollen sondieren, ob Franz I. die vorgesehenen Bedingungen – unter anderem den Verzicht auf alle mailändischen und burgundischen Ansprüche – einzuhalten gedenkt, und ihn gegebenenfalls zum Wortbruch ermächtigen. Im Folgenden von beiden Seiten, der kaiserlichen wie der französischen, umworben, schwankt und wankt Clemens wie gehabt. Und aufgrund seiner Entscheidungsunfähigkeit wiederholen sich peinliche Episoden. Wieder ist das Bündnis mit Frankreich und Venedig zu Papier gebracht, erneut fehlt nur noch die Signatur des Papstes, als wie von Zauberhand ein kaiserlicher Bote am Vatikanischen Palast Einlass begehrt – natürlich mit Bündnisangeboten im Gepäck. Guicciardini, der das alles als ohnmächtiger Ratgeber miterlebt, fühlt sich wie in einem nicht enden wollenden Albtraum befangen: und täglich grüßt die Doppeldiplomatie. Was um alles in der Welt soll man nur an den Höfen Europas von dieser Politik halten? Ihm selbst bleibt ein gutes Jahrzehnt später in der Abgeschiedenheit seines Schreibkabinetts nur das letzte Mittel stolzer Selbstbehauptung: Ich, Francesco Guicciardini, habe anders geraten, aber die blinde Gier der Mächtigen nicht bezwingen können. Im Nachhinein ist die Feder stärker als das Schwert, der unbestechlich Kausalitäten aufzeigende Historiker mächtiger als die Herrschenden, er trägt den finalen Geschichtssieg über sie davon: so und nicht anders ist es gewesen.

Die Bündnisvorschläge Karls, die jetzt im Dezember 1525 nach Rom gelangen, sind nicht weniger doppeldeutig als die Strategien der Gegenseite. Die im kaiserlichen Schreiben enthaltene Bestätigung Francesco Sforzas als Herzog von Mailand nämlich würde den Kaiser nicht daran hindern, diesem als ungetreuen Vasallen den Prozess zu machen – sofern er von dessen Verwicklung in die Verschwörung weiß. Weiß der Kaiser und tut nur so, als ob er nicht wüsste, oder weiß er wirklich nicht, das sind die Fragen, die man sich in Rom besorgt stellt. Und weiß er von der Rolle des Papstes in all diesen Intrigen? Clemens zögert und erhält zwei Monate Frist, um den Allianztext nach eigenen Vorstellungen zu modifizieren. Davon abgesehen, versichern sich beide Seiten ihres unverbrüchlichen Vertrauens – und wissen doch genau, dass der Schein triumphiert. Clemens nämlich verfasst eigenhändig einen langen Brief an den Kaiser, der die besten Wünsche zum neuen Jahr 1526 ausdrückt und zugleich von doppeldeutigen Formeln nur so wimmelt, die Verstrickung in das Komplott weder zugibt noch leugnet, vorsorglich aber alle Schuld auf den – inzwischen opportunerweise verstorbenen – Marchese di Pescara abwälzt. Was ganz und gar nicht stimmt, wie die Kaiserlichen peinlicherweise genau wissen.

Unterdessen ist sich Karl V. mit seinem illustren französischen Gefangenen über die Konditionen von dessen Freisetzung einig geworden. Die harten Auflagen sind Makulatur. Franz denkt nicht einen Augenblick daran sie einzuhalten, darin vom Papst weiterhin tatkräftig bestärkt. Dieser nämlich tendiert jetzt mehr denn je zum Bündnis mit Frankreich und Venedig gegen den allmächtigen Kaiser. De facto geht es also um Machtpolitik, offiziell um Harmonie in der Christenheit als Voraussetzung für den Kampf gegen die Osmanen. Währenddessen wird die Lage der Eingeschlossenen im Mailänder Kastell immer prekärer; der Herzog ist krank, vom Damoklesschwert des Prozesses eingeschüchtert, und die Lebensmittel werden knapp. Die Einwohner der lombardischen Metropole leiden furchtbar unter der Zügellosigkeit der spanischen Soldaten, die sich als uneingeschränkte Herren über Leben und Besitz aufführen. Vor diesem Hintergrund neigt sich die politische Waagschale endgültig zum anvisierten Dreierbündnis Frankreich-Rom-Venedig. Dessen Abschluss wird jetzt vom Papst – in einer Art psychologischer Schubumkehr – über alle Maßen forciert.

Bei ruhiger Betrachtung aber türmen sich gegen eine solche Allianz gravierende Einwände auf. Noch nämlich sind die Söhne Franz' I. in spanischer Geiselhaft; Blut aber ist dicker als Wasser, das gilt allemal für einen König, der nur durch das Fehlen männlicher Erben in der Hauptlinie des Hauses Valois auf den französischen Thron gelangt ist und seine Dynastie um jeden Preis fortsetzen möchte. So aber ist der wichtigste Verbündete des Papstes, kommt es hart auf hart, zu heiligem Egoismus verdammt. Ähnlich egoistisch sind die Prioritäten Venedigs: nur keine Wiederholung des achtjährigen Abnutzungskriegs auf eigenem Territorium wie zwischen 1509 und 1517 gegen Kaiser Maximilian. Clemens aber glaubt sich durch die Liga von Cognac, die am 18. Mai 1526 abgeschlossen wird, wieder einmal aller Sorgen ledig. Obwohl sich das Bündnis für alle Welt einsichtig gegen Karl V. richtet, wird dieser zum Beitritt binnen drei Monaten aufgefordert, wofür allerdings Gegenleistungen zu erbringen sind: Freilassung der königlichen Prinzen und Garantien für Francesco Sforza. Diese Einladung wird von kaiserlicher Seite denn auch als das verstanden, was sie ist: eine sinnentleerte Formalität, wenn nicht Hohn und Spott. Vorsorglich hat die Liga nämlich schon die Heereskontingente in einem Krieg gegen das Reichsoberhaupt festgelegt. Der im Geschützwesen unvergleichlich versierte Herzog von Ferrara, ein regelrechter Kanonen-Künstler, ist auf ausdrücklichen Wunsch des Papstes nicht dabei. Noch gravierender: der französische König zögert mit der Ratifizierung des Bündnisses. Er hat ein weiteres Blatt im Ärmel: Verhandlungen mit dem Vizekönig von Neapel, also mit Spanien und Karl V. Wie du mir, so ich dir. Gegen diesen Papst muss man sich absichern.

Denn auch dessen Verhandlungen mit der Gegenseite gehen weiter. Trotzdem setzen jetzt die Kriegshandlungen ein. Das Heer der Liga, obwohl noch ohne die sehnlichst erwarteten Schweizer Söldner – das militärische Zünglein an der Waage in den Kriegen dieser Zeit –, beginnt seine Operationen in der Lombardei, wo es Lodi erobert. Der Befehlshaber des venezianischen Aufgebots und zugleich de facto Oberkommandierender der gesamten Armee ist ein alter Bekannter der Medici: Francesco Maria della Rovere, Herzog von Urbino. Ihn hatte Clemens' Vetter, Papst Leo X., 1516 in einem selbst nach den moralischen Maßstäben der Zeit schmutzigen Krieg aus seinem Herzogtum vertrieben, um dort einen Nepoten einzusetzen. Francesco Maria hatte zwar nach dem Tod Leos seinen Staat zurückgewonnen, doch unter Verlust einiger Gebiete, die an Florenz gefallen waren. Mit Clemens VII. war also eine Rechnung offen. Dementsprechend führt der Herzog jetzt und in der Folgezeit einen seltsamen Krieg. Vollmundige Verlautbarungen unmittelbar bevorstehender Triumphe kontrastieren mit Ausweichmanövern und Rückzügen allerorten. Dabei beruft er sich nicht minder hochtönend auf die spezifisch italienische Militärtradition: *ragione*, also Vernunft, nicht *ferocia*, Wildheit nach barbarischem Muster, sei der Garant des Erfolges. So zögerlich wie ihn aber hat man die hoch gerühmten *gentleman-condottieri* der Vergangenheit nie agieren sehen. Obwohl andauernd frisch angeworbene Schweizer ins Lager strömen, traut sich der Herzog erst sehr spät, die Belagerung von Mailand zu beginnen. Kurz zuvor trifft dort der Konnetabel von Bourbon mit spanischen Söldnern ein.

Auch er ist ein Heerführer der besonderen Art. Er hat die uralte Bindung seines Hauses an die Krone von Frankreich zerrissen und ist zum Kaiser übergelaufen; diesen Verrat bezahlt er mit der Verachtung seiner Standesgenossen in ganz Europa. Die kaiserlichen Soldaten in Mailand sind weniger empfindlich. Obwohl ihr Aufgebot dem der Liga weiterhin zahlenmäßig unterlegen ist, hebt dieser Zuzug die Stimmung in der belagerten Metropole. Und als die Verteidiger am Morgen des 8. Juli 1526 über die Mauern lugen, trauen sie ihren Augen nicht: Wo bitte sind die Feinde? Der Herzog hat den Abzug in angeblich sicherere Positionen, einige Meilen von der gemarterten Stadt entfernt, befohlen; seine wenig erfahrenen italienischen Fußsoldaten seien der Kampfkraft der spanischen Veteranen nicht gewachsen. Dabei hatten Scharmützel des Vortags genau das Gegenteil erwiesen. Della Roveres Offiziere sind ebenso rat- wie machtlos gegen diesen merkwürdigen Entschluss. Guicciardini schüttet klassischen Hohn aus: *veni, vidi, fugi,* dieser Anti-Cäsar kam, sah und floh.

Während im Norden eine Kriegskomödie zu seinem Nachteil aufgeführt wird, verhandelt Clemens VII. in Rom unverdrossen hinter dem Rücken seiner Alliierten, um sie zu möglichst günstigen Konditionen im Stich zu lassen. Und zu allem Überfluss lässt er sich darauf ein, einen Regimewechsel in Siena herbeizuführen, zum Nutzen und Frommen von Florenz und der Medici, die sich eine gefügige südliche Nachbarstadt wünschen. Dilettantisch eingefädelt, schlägt der Coup fehl, und das, obwohl die Republik Siena für ihre zermürbenden Konflikte zwischen rivalisierenden Interessengruppen berüchtigt ist, fremde Mächte also gute Interventionschancen haben. Unterdessen haben auch die Verteidiger des Mailänder Kastells die Waffen gestreckt. Francesco Sforza ist in den Händen seiner potentiellen Ankläger, was zu verhindern ein Hauptziel der Liga von Cognac gewesen war. Jetzt, da in Mailand alles verloren ist, zieht der Herzog von Urbino wieder vor die Mauern der Stadt; irgendwie muss man die vielen tausend Soldaten ja beschäftigen. Spektakuläre Aktionen aber bleiben weiterhin aus.

So viele Misserfolge rufen unweigerlich die inneren Gegner des Papsttums auf den Plan, die endlich die Stunde der Abrechnung herannahen sehen. Besonders kühne Pläne hegt die führende Baronalfamilie der Colonna, die seit alters Dutzende von *castelli*, Bergdörfern, in der römischen Umgebung und bis ins Königreich Neapel hinein beherrscht. Die Colonna wittern die Gelegenheit, ihre seit den Zeiten Alexanders VI. stetig verringerte Macht in alter Herrlichkeit zurückzugewinnen. Und sie brennen darauf, den verhassten Pontifex, der ihren chronisch oppositionellen Kardinal Pompeio aus dem Senat der Kirche ausgeschlossen hat, in seinem ureigenen Lebensraum zutiefst zu demütigen. An dieser zweiten Front stellt sich ein ungerufener Friedensstifter ein: Ugo de Moncada, seines Zeichens Vizekönig von Sizilien und laut Guicciardini einer der vielen düsteren Protagonisten, welche die schattenreiche diplomatische Bühne der Zeit bevölkern. Dementsprechend werden die Unterhandlungen zwischen Clemens und Don Ugo zu einem Paradestück der Doppelzüngigkeit. Der Papst nämlich plant, mit eigenen Truppen und seinen Verbündeten die spanische Herrschaft in Neapel zu stürzen. Und der Vizekönig hegt die Absicht, den ziellos hin und her schwankenden Pontifex mit Versöhnungsangeboten des Kaisers und der Colonna, dessen fünfter Kolonne in Rom, vollends zu desorientieren. Das gelingt in der Tat aufs beste, denn wieder einmal ist Clemens für die Täuschungsmanöver der Gegenseite blind. Er glaubt weiterhin, die Situation im Griff zu haben – und täuscht sich entsetzlich.

So ermahnt er in herrischen Tönen den König von Frankreich, endlich mehr Initiative zu zeigen und am besten Mailand, Genua und Neapel gleichzeitig anzugreifen. Und selbst den feindlichen Vasallen in Ferrara umwirbt der Papst, freilich auf seine Art. Was sollte der ahnenstolze Este-Herzog, der im Gegensatz zu den Medici-Parvenüs auf zweieinhalb Jahrhunderte der Herrschaft in seiner Hauptstadt sowie in Modena und Reggio zurückblicken konnte, von dem Vorschlag halten, die beiden letzteren Städte gegen das weitaus ärmere und zudem von den Venezianern begehrte Ravenna einzutauschen?

Inzwischen hat der Herzog von Urbino das Mailänder Unternehmen erneut abgeblasen und sich ein leichteres Objekt ausgewählt: Cremona, das sich bald darauf ergibt. Der strategische Nutzen dieser Alibieroberung tendiert gegen Null. Aufregender geht es derweil in Rom zu. Dort nämlich ist der große Coup der Colonna herangereift. Während ein Scheinangriff auf das Richtung Neapel gelegene Anagni die päpstlichen Truppen ablenkt, erstürmen sie mit gut fünfhundert Fußsoldaten und einigen Reitern in der Nacht zum 20. September 1526 drei südliche Stadttore, rücken nach Trastevere ein und dringen in den von Truppen weitgehend entblößten Borgo beim Vatikanischen Palast vor. Anfangs entschlossen, wie einst Bonifaz VIII. 1303 in Anagni im vollen päpstlichen Habit, die Tiara auf dem Kopf, unerschütterlich dem Ansturm der Gegner zu trotzen, wird Clemens VII. in letzter Minute in die Engelsburg und damit in Sicherheit gebracht. Denn dies ist nicht der Augenblick für effektvolle Inszenierungen. Die Familie Colonna, speziell der zu allem entschlossene Kardinal Pompeio, trachtet dem Pontifex nach dem Leben. Um ihre blutige Rache gebracht, halten sich die entfesselten Barone an Kult- und Kunstgegenständen des Vatikans schadlos und plündern, was nicht niet- und nagelfest ist. Der ganze Spuk dauert nicht länger als drei Stunden. Die Römer aber lassen sich die Nachtruhe nicht stören; für diesen Papst rührt keiner einen Finger.

Diese Parole gilt auch in der Lombardei, wo der Herzog von Urbino weiterhin energie- und ziellos rochiert. Inzwischen aber hat sich nördlich der Alpen Bedrohliches zugetragen. Nachdem die kaiserlichen Rüstungen aufgrund chronischer Geldknappheit nur zögernd vorangekommen sind, sammelt der populäre Landsknechtführer Georg von Frundsberg in Süddeutschland seine Veteranen, die durch das Ende des Bauernkriegs arbeitslos geworden sind, und stellt sie in den Dienst des Kaisers. Dieser allerdings hat kein Geld, um sie zu besolden. Obwohl Söldner normalerweise höchstens zwei Monate ohne Bezahlung bei der Fahne bleiben, kommt es in dieser eigenartigen Armee nicht zu den üblichen Meutereien. Das ist ein Alarmzeichen für die Feinde. Offenbar gibt es alternative Anreize – unheimliche Antriebe: Der Hass der vielen lutherisch gesonnenen Landsknechte gegen den Papst und nicht zuletzt nationale Ruhmes- und Revanchebedürfnisse halten diesen wilden Haufen zusammen. Man will den perfiden Italienern ein für alle Mal zeigen, was eine ehrliche deutsche Pike ist – und natürlich reiche Beute machen. Im Herbst 1526 hat dieses verwegene Heer den Gardasee erreicht und strebt Richtung Mailand, um sich mit den Truppen Bourbons zu vereinigen. Den Winter verbringen beide Seiten mit Stellungs- und Quartierwechseln, wobei intensivere Feindberührung vor allem von Della Rovere vermieden wird. Dennoch kommt bei einem strategisch überflüssigen Scharmützel der einzige Unterführer der Liga ums Leben, der das Zeug zum energischen Generalkommandanten gehabt hätte: Giovanni delle Bande Nere aus der jüngeren Linie des Hauses Medici.

Aber auch ohne größere Kampfhandlungen spitzt sich die Lage im Norden weiter zu. Frundsbergs vierzehntausend Landsknechte wollen verköstigt werden; die Versorgungsschwierigkeiten der spanischen Kontingente sind kaum geringer. Da die Poebene nach fast drei Jahrzehnten ununterbrochener Feldzüge ausgeplündert ist, der Krieg sich dort also nicht mehr selbst ernähren kann, muss man den Ort des Geschehens nach Süden verlagern; Toskaner und Römer sehen es mit ohnmächtigem Entsetzen. In Rom aber verhandelt Clemens weiterhin mit Moncada, als ob er alle Zeit der Welt und das allerbeste Gewissen hätte. In diesem Sinne hatte er ein bitterböses Breve an Karl V. gesandt, in dem er diesem als Kriegstreiber schwerste Vorhaltungen machte und sich selbst als unschuldiges Opfer dieser hinterhältigen Machenschaften darstellte. Dieser Ton erschien ihm dann allerdings nach dem üblichen Hin- und Herüberlegen zu scharf, so dass der fast schon obligatorische Zweitkurier mit einem weitaus milderen Schreiben hinterhergeschickt wurde, aufgrund des schlechten Wetters seinen Kollegen jedoch nicht mehr einzuholen vermochte. So kam Karl in den Genuss der beiden Texte, auf die er sich zweifach zu antworten das Vergnügen machte: einmal schroff, einmal verständigungsbereit. War das der Punkt ohne Wiederkehr, der letzte Anstoß dazu, den Dingen ihren Lauf zu lassen und diesen Papst seinem Schicksal zu überantworten?

Auch andernorts werden makabre Komödien aufgeführt. Geronimo Morone, die schwarze Seele der antikaiserlichen Verschwörung, sieht seiner für den nächsten Tag angesetzten öffentlichen Hinrichtung mit amüsierter Gelassenheit entgegen. Zu Recht: auf dem Schafott tut sich nichts, die schaulustigen Mailänder müssen enttäuscht von dannen ziehen. Der schlaue Diplomat wird nicht nur begnadigt, sondern rückt auch gleich wieder in seine alte Führungsposition auf. Im Zeitalter des Scheins sind Meisterbetrüger wie er absolut unverzichtbar. Das Jahr 1526 endet, wie es begonnen hatte: mit bösen Vorzeichen für Rom. Am Silvestertag nämlich schließt der Herzog von Ferrara einen Pakt mit dem Kaiser – rette sich, wer kann. Inzwischen nähert sich dessen immer zügellosere Armee Bologna und damit den Apennin-Übergängen. Clemens VII. aber sieht keinerlei Grund für Besorgnis oder gar Eile. Er führt in der nächsten Umgebung Roms Krieg gegen die Colonna und spanische Truppen, natürlich ohne die Unterredungen mit Moncada abzubrechen. Und während im Januar und Februar 1527 Moncadas Truppen Frosinone im römischen Hinterland belagern, versichern sich Papst und Kaiser in einem freundlich gehaltenen Briefwechsel ihrer guten Absichten und wechselseitigen Friedenssehnsucht, was Frankreich und Venedig naturgemäß aufs Höchste irritiert. Clemens zieht aus den milden Tönen seines Kontrahenten den Schluss, weiterhin am längeren Hebel zu sitzen, und hält dementsprechend seine Verbündeten energisch dazu an, mit der Expedition gegen Neapel endlich Ernst zu machen. Am 12. Februar soll das Unternehmen beginnen. Die Beute ist schon vorab verteilt. Das südliche Königreich ist für einen französischen Prinzen reserviert, der die siebenjährige Caterina de' Medici, eine Nichte des Papstes, heiraten soll; große Politik und Nepotismus befinden sich in zeittypischer Interesseneinheit. Der angesichts der Lage im Norden äußerst riskante Feldzug aber gerät von Anfang an ins Stocken: kein Geld, nichts zu essen, mangelhafte Logistik und keinerlei Enthusiasmus, stattdessen tiefes Misstrauen auf allen Seiten.

Die eisernen Würfel fallen anderswo. Dem abgerissenen kaiserlichen Heer hingegen stellt sich auf seinem Weg zur Beute kein nennenswerter Widerstand entgegen. Stattdessen hat der Herzog von Urbino eine Art Escortservice eingerichtet. Ein kleiner Heeresverband der Liga zieht der feindlichen Armee voraus, der große Rest hinterher, in sicherer Entfernung, versteht sich. Jetzt endlich geht Clemens' Beratern ein Licht auf. Vielleicht sollte man dem Herzog von Urbino seine verlorenen Gebiete zurückgeben. Der Papst ist strikt dagegen. Sein Geiz erlaubt vorerst kein Einlenken; zähneknirschend gibt er am 13. April dann doch nach – als es längst zu spät ist. Inzwischen nämlich hat die feindliche Truppe das Gebirge überschritten und peilt Florenz an: rasend vor Hunger und Wut. Ihr sind auch die eigenen Kommandeure längst nicht mehr gewachsen; der Einzige, der diese verrohten Söldner noch bändigen könnte, Frundsberg, hat einen Schlaganfall erlitten und die Sprache verloren.

Statt sich in letzter Minute zu energischen Verteidigungsanstrengungen aufzuraffen, setzt Clemens weiterhin auf Verhandlungen, natürlich mit beiden Seiten. Einerseits fordert er immer kategorischer Unterstützung von seinen Verbündeten, andererseits schließt er mit den Kaiserlichen einen Waffenstillstand auf acht Monate. Im Glauben, jetzt endlich im sicheren Hafen angekommen zu sein, gibt er – wiederum den Bestimmungen des Pakts vorauseilend – allen Gegnern in der römischen Campagna ihre zwischenzeitlich entzogenen Besitzungen zurück. Frankreich und Venedig sind naturgemäß alles andere als erfreut über die hinter ihrem Rücken getroffenen Abmachungen; ihre ohnehin geringe Bereitschaft, dem irrlichternden Pontifex maximus noch zur Hilfe zu eilen, erlahmt vollends. Nur ein einziges Mittel könnte die rasende Soldateska jetzt noch aufhalten: viel Geld, bar auf die Hand. Dazu aber sieht Clemens nicht den geringsten Anlass; wo blieben dann seine Nepoten? Andere sind klüger und greifen nach diesem Strohhalm; Bologna etwa kauft sich in letzter Minute von der Plünderung frei.

Der Papst aber pocht auf sein Vertragspapier und entlässt seine letzten Truppen. Als das kaiserliche Heer vor den Mauern von Florenz angekommen ist, brechen dort Tumulte aus. Seit vier Jahren trug die Arnostadt die Kosten der päpstlichen Politik; jetzt aber, im Augenblick der höchsten Gefahr, sieht sie sich allein gelassen. Längst war ein großer Teil des Patriziats und die überwältigende Mehrheit der Mittelschicht das pseudorepublikanische Vormundschaftsregiment des Papstes beziehungsweise seiner arroganten Parvenüs vor Ort überdrüssig. Sie alle werden jetzt vertrieben, jedoch binnen weniger Stunden zurückgeholt und wieder eingesetzt. Noch ist die Macht des Papstes nicht gestürzt, noch funktionieren seine Sicherheitskräfte. Um dieselbe Zeit, am 25. April 1527, hatte sich Clemens wieder seiner Verbündeten erinnert und eine neue Föderation mit Frankreich und Venedig geschlossen. Doch dieser Panikdiplomatie trauen die nominellen Alliierten längst nicht mehr; auf ein alles entscheidendes Gefecht lassen sie sich weiterhin nicht ein.

Nur pro forma werden einige Truppen per Eilmarsch Richtung Tiber geschickt; sie bleiben Zaungäste des dortigen Geschehens. In Rom nimmt der Papst den *condottiere* Renzo da Ceri unter Vertrag. Dessen große Zeit liegt lange zurück. Er versichert seinem Auftraggeber, dass die Verteidigung der Ewigen Stadt kein Problem darstelle und sich das feindliche Heer an deren Mauern die Zähne ausbeißen werde. Clemens ist beruhigt; vorsichtshalber lässt er jedoch einen feierlichen Aufruf an die Römer ergehen, sich ihrer mehr als zweitausendjährigen ruhmreichen Geschichte würdig zu erweisen. Das Echo ist schwach; der reichste Mann Roms, so Guicciardini süffisant, spendet dem Gemeinwohl stolze hundert scudi.

So kommt es, wie es kommen muss. In den Morgenstunden des 6. Mai 1527 erstürmt das kaiserliche Heer unter Bourbon, der gleich zu Beginn von einem Arkebusenschuss tödlich getroffen wird, ohne allzu große Mühe die Borgomauern, strömt von dort nach Trastevere und ergießt sich über die Brücken, die einzureißen man nicht für nötig befand, in die übrigen Stadtteile. Eine monatelange Terrorherrschaft der Soldateska hebt an, der inklusive der Kampfhandlungen an die viertausend Personen zum Opfer fallen. Und jetzt stürzt auch die Macht der Medici in Florenz quasi von selbst. Eine der üblichen Plünderungen aber, wie sie viele Städte der Zeit über sich ergehen lassen müssen, ist der Sacco di Roma nicht. Zum einen wird die Anarchie zum Dauerzustand; für die Römer bricht ein Alptraum an, der ein volles Dreivierteljahr dauert. Er kann zum anderen schon deshalb nicht enden, weil die Söldner keinen Befehlshaber mehr anzuerkennen bereit sind. Selbst kaiserliche Würdenträger, in die Ewige Stadt zur Herstellung eines Minimums von Ordnung abkommandiert, müssen um ihr Leben fürchten. Vor allem aber ist die Gewaltanwendung anders als sonst motiviert und auf andere Ziele gerichtet. Ein Großteil der deutschen Söldner hat aus der reformatorischen Propaganda die Botschaft mitgenommen, dass der Papst der Antichrist, Rom die Hure Babylon sei, die Vernichtung der Stadt und ihres Hauptes also ein frommes, möglicherweise sogar die seligen tausend Jahre Christi auf Erden einleitendes Erlösungswerk bedeute. Und dieser Auftrag wird nach Vorschrift, genauer: nach Gebrauchsanweisung vollzogen. Die wirkungsvollsten der antipäpstlichen Pamphlete nämlich waren, um ein leseunkundiges Publikum anzusprechen, mit aussagekräftigen Holzschnitten versehen. Darauf verrichten Landsknechte ihre Notdurft in die päpstliche Tiara, baumeln Kardinäle am Galgen. In der virtuellen Welt der Flugblätter wie in deren getreulicher Umsetzung auf römischen Straßen und Plätzen läuft alles auf einen dauerhaften Karneval, auf eine verkehrte, von oben nach unten und von unten nach oben gekehrte Weltordnung hinaus, in der die einfachen Leute sich selbst ein ewiges Schlaraffenland bescheren.

Dessen Verwirklichung schien jetzt endlich, im Zeichen des nahenden Weltenendes, angebrochen. Alle Zeugen der bestürzenden Vorgänge, so emotional ihr Bericht im Einzelnen auch aufgeladen ist, stimmen hierin überein: dass die Stunde der Profanierung, der systematischen Entweihung geschlagen hat, dass die Riten der Kirche jetzt zu deren Verhöhnung benutzt werden. Spottumzüge mit hohen Prälaten, rückwärts auf Maultiere platziert, dienen der Belustigung, vor allem aber der Selbstrechtfertigung der johlenden Menge und der Bestätigung der zentralen Botschaft: Dieser pervertierte Palmsonntag zeigt an, dass die Zeit gekommen ist, in der die Großen klein und die Kleinen groß sind. Söldner sind jetzt Herren. Wie echte Ritter nehmen sie vornehme Feinde gefangen und verlangen Lösegeld, im Unterschied zu ihren aristokratischen Vorbildern jedoch nicht einmal, sondern immer wieder. Und auch dann gibt es keine Garantie für die Freilassung. Nicht wenige römische Adelige müssen sich bis zu viermal aus den Händen ihrer Peiniger loskaufen – um dann doch nicht heil davonzukommen.

Schließlich aber kehrt sich diese Ökonomie des Terrors gegen ihre Urheber. Nach sechs Monaten der Anarchie nämlich ist in der Ewigen Stadt mehr Gold als Getreide vorhanden; Hunger und Seuchen sind die Folge. Am Ende fällt mehr als die Hälfte der Sieger den Folgen des Sieges zum Opfer. Es gibt also doch eine göttliche Nemesis, vermerken die meisten Chronisten erleichtert. Und noch eine Schlussfolgerung ziehen sie: Das Volk ist ein Tier, es bedarf der Zügel und gegebenenfalls der Ketten, damit es nicht über die Stränge schlägt. Einmal entfesselt, ist seine Herrschaft – von Neid, Ignoranz, Aberglauben und Dummheit angefacht – der schlimmste aller politischen Zustände.

Der Papst, im letzten Moment in die Engelsburg geflüchtet, verhandelt selbst in dieser äußersten Bedrängnis weiterhin mit Feind und Freund. Und am Ende hat er damit – so Guicciardinis ebenso resigniertes wie empörtes Fazit – sogar noch Erfolg. Schon bald nämlich gebärden sich Kaiser und Papst wie die engsten Freunde, das Malheur von 1527 ist schnell vergessen. Kein Wort mehr von dieser Peinlichkeit, als Clemens Karl an dessen dreißigstem Geburtstag in Bologna zum Kaiser krönt. Ein halbes Jahr danach, im August 1530, wäscht die eine Hand die andere, ein spanisches Heer macht der endzeitlich fanatisierten Republik in Florenz ein blutiges Ende. Die Medici sind wieder die Herrn ihrer Stadt. Und als i-Tüpfelchen auf der schönen dynastischen Freundschaft heiratet der neue Herzog von Florenz, Alessandro de' Medici, die 'natürliche' Tochter Karls V., Margarethe. Ihre sechsjährige Ehe wird ein Alptraum, dem erst die Ermordung ihres gewalttätigen Gatten durch einen eifersüchtigen Verwandten im Januar 1537 ein Ende setzt. Zu diesem Zeitpunkt liegt Clemens VII. schon über zwei Jahre im Grab. Er starb mit sich und der Welt zufrieden. Schließlich war es ihm gelungen, seine Familie auch mit dem Königshaus von Frankreich zu verschwägern; in Marseille hatte er höchstselbst den zweiten Sohn Franz' I. mit Caterina de' Medici vermählt. Ihr wird viel später als Königin und Mutter von drei Königen eine bedeutende Rolle in der französischen Geschichte sowie ein lang anhaltender schlechter Ruf als Giftmischerin und Hugenotten-Mörderin beschieden sein – überwiegend zu Unrecht, wie die heutige Forschung befindet.

Überhaupt ist der Sacco di Roma kein tiefer Einschnitt, geschweige denn das brüske Ende einer Epoche. Nicht einmal das Papsttum verzeichnet die geringsten Sofortwirkungen. Nepotismus, Amtsverständnis, Selbstdarstellung, alles bleibt erst einmal unverändert. Langfristig aber stellt sich dann doch ein Memento ein. Die Herrschaft des Pontifex maximus ist auf Religion gegründet; übernatürliche, überzeitliche Einsetzung allein verleiht seiner Macht Weihe und Dauer. Dieser Unterschied zu weltlicher Macht bedarf der dauerhaften Umsetzung: in Propagandakunstwerken, aber auch in der praktischen Politik. Wenn der Papst jedoch dieselbe Staatsräson betreibt wie Kaiser und Könige, geht diese Differenz verloren. Das aber hat zur Folge, dass man mit Rom nicht zimperlicher umspringt als mit anderen Gegnern – und sich sein Machtanspruch definitiv verschleißt. Aus dieser Lektion von 1527 werden langfristig Lehren gezogen, verhüllter, indirekter, vorsichtiger zu agieren. Mit einem Schlüsselwort gesagt: es geht darum, *prudenza* zu praktizieren, sich vielfältig abzusichern, keine zu großen Risiken mehr einzugehen, Hintertüren offen zu lassen und vor allem in Worten, Bauten und Bildern die Andersartigkeit des Papsttums, seine religiöse Fundierung, zu verkünden. Um etwa 1600 ist diese Wende und Neuausrichtung definitiv vollzogen.

Zu diesem Zeitpunkt ruht Francesco Guicciardini seit mehr als einem halben Jahrhundert in der Familiengruft von S. Felicità in Florenz. Er hat den Wettlauf mit dem Tod knapp gewonnen – sein Werk ist fertig, er kann sterben. Auch er hat seine Schlüsse aus dem Schicksalsjahr 1527 gezogen. Alle Macht ist de facto Unvernunft, ihre Ausübung von der Verblendung der Mächtigen irregeleitet. Alle Macht ist daher böse. Die Geschichte gehorcht nicht der ordnenden Ratio, sondern wird vom verworrenen Kräftediagramm der Gier, der Expansion, des Betrugs getrieben. Vor allem aber bedeutet Geschichte umfassenden Wandel, der Mensch selbst bleibt in der Zeit nicht gleich; seine Vorlieben, seine Vorurteile, seine Glaubenswelten – alles ändert sich, und zwar fundamental. Man kann aus Vergangenheit nicht lernen, sondern sie nur im Rückblick verstehen. So erwächst aus der Katastrophe von 1527 eine große Erkenntnis und ein neuer Beruf: der des Historikers.

Arne Karsten

Der Botschafter und der Mörder

Innozenz X. schäumte vor Wut. Selbst seinen engsten Mitarbeitern, jenen Angehörigen der *famiglia*, die täglich mit ihm zu tun haben und deshalb an die cholerischen Zornesausbrüche des Papstes nachgerade gewöhnt sind, hatte das heutige Schauspiel die Sprache verschlagen. Dabei war der Tagesbeginn zunächst scheinbar friedlich und formvollendet gewesen. Der französische Botschafter Henry d'Étampes-Valençay hatte sich zur Audienz im Quirinalspalast eingefunden, mit jenem pompösen Gefolge, das ein Vertreter der französischen Krone sich und seinem Herrn schuldig zu sein glaubte, und vielleicht sogar noch ein wenig mehr. Denn die Beziehungen zwischen dem regierenden Papst Innozenz X. Pamphili und Frankreich waren schlecht. In Paris warf man ihm die einseitige Begünstigung der Spanier vor, mit denen die Franzosen um die Vorherrschaft in Europa kämpften, wie auch um den größeren Einfluss an der römischen Kurie. Innozenz X. seinerseits betrachtete die französischen Versuche, die Politik des Papsttums zu beeinflussen, als unerträgliche Anmaßung.

Kein Wunder also, wenn sein Verhältnis zu d'Étampes-Valençay alles andere als herzlich war. Und der Botschafter tat nichts, um es zu verbessern. Im Gegenteil: auch bei dieser Audienz hatte er die endlosen Höflichkeitsrituale, die ein Gespräch mit dem Papst einzuleiten pflegten, in einem von ihm zur Perfektion entwickelten Ton provokativer Arroganz vorgetragen, der den ohnehin leicht erregbaren Papst zur Weißglut trieb. Und dann war das Gespräch auch noch auf die Barberini gekommen!

Innozenz' X. direkter Vorgänger auf dem Stuhl Petri, Urban VIII., aus dem Hause Barberini, hatte sich seiner eigenen Familie gegenüber nicht anders benommen als die übrigen Päpste des 16. und 17. Jahrhunderts: großzügig. Das war nicht nur normal, sondern wurde von den Zeitgenossen sogar als moralisch anständiges Verhalten gewertet, schließlich konnte eine Karriere an der Kurie nur gelingen, wenn sie von der ganzen Familie getragen wurde. So war es nicht mehr als recht, sich dafür erkenntlich zu zeigen, wenn man zu höchsten Würden aufgestiegen war. Freilich durfte diese Erkenntlichkeit, um moralisch geboten oder auch nur vertretbar zu erscheinen, gewisse Grenzen nicht überschreiten, und Urbans Verwandtenförderung hatte alles bisher Dagewesene in den Schatten gestellt. Der Grund dafür lag weniger in besonders rücksichtslosen Bereicherungsmethoden als in der ungewöhnlich langen Dauer des Barberini-Pontifikates: Einundzwanzig Jahre lang flossen kirchliche und staatliche Einnahmen des Papstes zum guten Teil in die Taschen seiner drei Neffen, der Kardinäle Francesco und Antonio sowie Don Taddeos, der nach der Heirat mit Anna Colonna, aus ältestem römischen Adel stammend, der weltliche Chef des Hauses war.

Reich und mächtig also waren die Barberini während der Herrschaft ihres Familienpapstes geworden – und hatten sich dabei unvermeidlicherweise eine Vielzahl von Feinden geschaffen, die nur darauf warteten, den Parvenüs die Grenzen zeigen zu können. Die Gelegenheit kam mit dem Tod Urbans VIII. und der Wahl seines Nachfolgers. Jetzt schlug die Stunde all der Zurückgesetzten, Benachteiligten, Verbitterten, die einundzwanzig Jahre lang im Schatten gestanden hatten. Die Frage nach dem Verbleib astronomischer Summen wurde gestellt, immer lauter, immer drängender. Im Sommer 1645 setzte der neue Papst Innozenz X. eine Untersuchungskommission ein, und kurz danach gelangte der besonders kompromittierte Kardinal Antonio Barberini zu der Überzeugung, dass es klüger sei, sich aus dem Staub zu machen. Bei Nacht und Nebel verließ er ohne päpstliche Genehmigung Rom. Es war eine kaum noch bemäntelte Flucht. Seine Brüder hielten ein wenig länger aus, aber im Januar 1646 flüchteten auch sie gen Frankreich. Am Hof des französischen Königs hofften sie auf Asyl, hatten sie doch in den Jahren ihrer Herrschaft stets ein gutes Verhältnis zu Frankreich gepflegt. Nicht nur eine Pikanterie am Rande, sondern aufschlussreich für die gesellschaftlichen Strukturen der Epoche ist der Sachverhalt, dass es sich bei jenem französischen Premierminister, in dessen Schutz sich die Barberini flüchteten, um eine ihre ehemaligen Kreaturen handelte. Jules Mazarin war nämlich als Giulio Mazzarini geboren worden und hatte seine steile politische Karriere als Angestellter der Barberini begonnen, ehe er, gewiss aufgrund der interessanteren Aufstiegschancen, in den Dienst der französischen Krone gewechselt war. Nunmehr konnte er sich als Protektor seiner ehemaligen Herren bewähren – oder aufspielen.

In jedem Fall war Mazarin von dieser Konstellation begeistert. Mit den Barberini hatte er einen hervorragenden Vorwand im Hause, sich in die Politik des Kirchenstaates einmischen zu können, und das tat er mit großer Entschlossenheit. Seine Politik zielte darauf, den Papst zu einer Amnestierung der Barberini zu bewegen: damit würde alle Welt sehen, wie weit die französische Macht reichte. Umgekehrt wollte Innozenz X. genau aus diesem Grund von Amnestie nichts wissen. Er war der Herr im Kirchenstaat und nicht im mindesten gesonnen, sich von anderen Mächten in innere Angelegenheiten hereinreden zu lassen.

Diego Velázquez, Porträt Papst Innozenz' X. Pamphili,
Galleria Doria-Pamphilj, Rom

Diego Velázquez, als spanischer Hofmaler wiederholt in Italien, schuf das Porträt des Pamphili-Papstes im Jahre 1650. In der Wahl des Malers drückte sich nicht zuletzt die politische Ausrichtung des Papsttums in diesen Jahren aus: Innozenz X. (1644–1655) setzte zu Beginn seiner Herrschaft eindeutig auf ein gutes Verhältnis zu Spanien; entsprechend schlecht entwickelten sich die diplomatischen Beziehungen zu Frankreich. Eindrucksvoll kommt in dem Bild die Verschlagenheit des für seine Stimmungsschwankungen und unkontrollierten Wutausbrüche berüchtigten Pontifex zum Ausdruck, der bei der Enthüllung des Bildes gesagt haben soll: „Troppo vero" – „Zu wahr!"

Kein Wunder also, dass Innozenz X. auf die Ausführungen des Botschafters d'Étampes-Valençay mit Unwillen reagierte, als man auf die Barberini-Affäre zu sprechen kam. Das war allerdings nicht der einzige Grund für seinen Wutanfall. Vielmehr hatte der Papst vor ein paar Tagen erfahren, dass d'Étampes im Botschaftsgebäude einem lange gesuchten Berufskriminellen und mehrfachen Mörder Unterschlupf gewährte. Das klingt für unsere Ohren unglaubwürdig, war aber im Rom des 17. Jahrhunderts nicht gar so sensationell. Wenn man dem päpstlichen Stadtherren die Grenzen seiner Macht vor Augen führen wollte, war die Beherbergung von Kriminellen keine schlechte Methode. So dachte sich auch d'Étampes und ließ für den Banditen sogar einen versteckten Verschlag zimmern. In den folgenden Wochen war die Gegend um die französische Botschaft ein gefährliches Pflaster. Eines Morgens fanden Passanten im Morgengrauen vor dem Tritonenbrunnen einen abgeschlagenen Kopf, der so entsetzlich zugerichtet war, dass er nicht einmal identifiziert werden konnte. Wenig später wurde ein Soldat der päpstlichen Truppen in derselben Gegend umgebracht.

Schließlich aber kamen die päpstlichen *sbirri* (wörtlich: Häscher, die frühneuzeitlichen Vorläufer der Polizei im Kirchenstaat) dem Banditen auf die Schliche. Auf seinen Kopf war inzwischen die beachtliche Summe von 300 *scudi* ausgesetzt, etwaigen Denunzianten vollkommene Anonymität zugesichert worden. Unter diesen Umständen waren sogar einige Botschaftsangestellte zur Aussage bereit, die nicht nur die Anwesenheit des Verbrechers bestätigten, sondern den Bütteln des Papstes auch noch sein Versteck verrieten, „denn um das Kopfgeld zu bekommen kümmerte man sich nicht um die Schande, für einen Verräter gehalten zu werden und einen Rebellen gegen seinen Herrn".

Innozenz X. war sich seiner Sache also zu Recht sicher, als er in seiner Wut dem französischen Botschafter an den Kopf warf: „Nehmt zur Kenntnis, dass wir Berichte und Beweise haben, dass sich in Eurem Palast Verbrecher aufhalten!" Und wie hatte d'Étampes darauf reagiert? Nicht etwa mit Verlegenheit oder gar einer Entschuldigung, sondern mit entrüstetem Leugnen! Dergleichen war unerhört? Innozenz verlor den Rest seiner Fassung. Es fehlte nicht viel, und der fünfundsiebzigjährige Greis hätte sich auf sein Gegenüber gestürzt. Die Audienz endete mit der brüsken Verabschiedung d'Étampes, und noch bevor der Botschafter den Quirinalspalast verlassen hatte, rief der Papst den Chef der Stadtverwaltung, den *governatore di Roma*, Monsignore Girolamo Farnese, zu sich. Hier galt es, ein Exempel zu statuieren, und zwar ein weithin sichtbares. Wenn d'Étampes-Valençay glaubte, er könne den päpstlichen Ordnungskräften auf der Nase herumtanzen, so würde es höchste Zeit, ihn eines Besseren zu belehren!

Der Plan, den der greise Papst und der *governatore di Roma* nun fassten, war ebenso schlicht wie spektakulär: er sah nicht weniger als die Erstürmung der französischen Botschaft vor, mithin die Verletzung der diplomatischen Immunität, um den Verbrecher festnehmen zu können. Zu diesem Zweck würde man nicht nur ein paar *sbirri* losschicken, sondern ihnen zur Rückendeckung 150 Mann der päpstlichen Garde mitgeben. Die Soldaten waren in drei Gruppen zu 50 Mann aufzuteilen. Jede Gruppe hatte eine der Zugangsstraßen zur Botschaft zu sperren und erhielt zu diesem Zweck auch gleich noch ein leichtes Feldgeschütz. War die französische Botschaft auf diese Weise isoliert, sollten die *sbirri* ohne Vorankündigung das Tor des Palazzo aufsprengen, das Personal festsetzen und sich auf die Suche nach dem Mörder machen, ihn festnehmen und daraufhin zum Quirinal gehen, um ihn dem Papst vorzuführen. Der würde in diesem Moment gerade d'Étampes zur Audienz empfangen und ihm das menschliche *Corpus Delicti* zeigen, wenn es an den Fenstern des Audienzzimmers vorbeigeführt wurde. Kein Zweifel, das würde Eindruck machen! Und bei dieser Gelegenheit konnte Innozenz dem Botschafter nicht nur sein Vergehen vorwerfen, sondern den arroganten Kerl auch gleich aus Rom ausweisen.

Gesagt, getan: als d'Étampes einige Tage später erneut zur Audienz erschien, wurde der Plan in die Tat umgesetzt. Die Tore der französischen Botschaft waren kaum gesprengt, als die *sbirri* auch schon das gesamte Botschaftspersonal festnahmen, damit es nicht etwa den Hausherrn benachrichtigen konnte. Dann machte man sich daran, das beschriebene Versteck zu suchen, wo man den Verbrecher in ahnungslosem Schlaf antraf, ihn sich in aller Eile ankleiden ließ, fesselte und zum Quirinal abführte. Da von Seiten der völlig überraschten Franzosen keinerlei Widerstand geleistet wurde, brauchten die Soldaten nicht einzugreifen und auch der Einsatz der Feldgeschütze in den engen Straßen Roms unterblieb.

Als der Papst die Prozession der *sbirri* mit dem Delinquenten in ihrer Mitte sah, rief er den Botschafter ans Fenster und machte seine Vorsätze wahr, indem er ihn ins Gesicht einen Lügner nannte, und, besonders tödlicher Vorwurf in der auf Etikette bedachten höfischen Gesellschaft, einen schlechten Edelmann. D'Étampes war tatsächlich für einen Augenblick sprachlos, erst recht als ihm bedeutet wurde, er habe drei Stunden Zeit, um Rom, sechs Stunden, um den Kirchenstaat zu verlassen. Doch war es eher ein Schweigen der Wut als der Beschämung. Kaum in der Botschaft zurück, schickte er einen Eilboten los, der die Nachricht vom Skandal nach Paris bringen sollte. Daraufhin verließ er wie befohlen Rom.

Der Nachrichtenverkehr im 17. Jahrhundert war für unsere Begriffe äußerst langsam; selbst ein hoch bezahlter Eilbote brauchte unter günstigen Bedingungen rund zehn Tage von Rom nach Paris. Es versteht sich, dass d'Étampes der Ansicht war, die Ereignisse würden die Sendung eines solchen rechtfertigen. Die Antwort des französischen Königs kam denn auch rasch, und sie fiel aus, wie d'Étampes es erhofft und erwartet hatte. In hochoffizieller Empörung über die Verletzung der diplomatischen Immunität wurde verlangt, der Papst solle unverzüglich Genugtuung leisten, und zwar indem er zuallererst den Botschafter nach Rom zurückrufe, zweitens die am Übergriff auf die Botschaft beteiligten *sbirri* öffentlich hinrichten lasse und drittens den *governatore* der Stadt Rom nach Paris schicke, damit er dort offiziell den König um Entschuldigung bitte.

Der Papst war erneut außer sich. Hatte er nicht mit seiner Polizeiaktion lediglich das Recht, ja die Pflicht eines verantwortungsbewussten Landesherren ausgeübt? War nicht auf dem Botschaftsgelände tatsächlich ein notorischer, steckbrieflich gesuchter Mörder gefasst worden? Und hatte d'Étampes-Valençay schließlich nicht nur mit dessen Aufnahme gegen Recht und Gesetz verstoßen, sondern ihn darüber hinaus auch noch angelogen? Der Wutausbruch war verständlich und ebenso die nächste Reaktion Innozenz' X. Gegenüber dem Überbringer des französischen Forderungskataloges, Henri Arnauld, Abt von S. Nicola, lehnte er es kategorisch ab, über eine Rückkehr d'Étampes in die Ewige Stadt auch nur zu verhandeln. Die unerträgliche Arroganz und maßlose Unverschämtheit des Diplomaten wolle er an seinem Hof nicht mehr dulden.

Das mochte vielleicht verständlich sein, gefiel aber den führenden Politikern in Paris, zumal dem Kardinal Mazarin, nicht im allermindesten. Die Affäre nahm nunmehr eine bedrohliche Wendung. Frankreich sandte 12 000 Mann frischer Truppen zur Belagerung der südtoskanischen Hafenstadt Orbetello, um deren Besitz man sich seit längerer Zeit mit Spanien stritt. Es war bisher ein einigermaßen lustlos geführter Nebenkrieg des ganz Europa erschütternden Konfliktes zwischen den beiden Großmächten, der sich schon einige Jahre matt und ereignisarm in die Länge zog, nun aber mit einem Schlag an Interesse gewann. Denn Orbetello lag ganz in der Nähe des Kirchenstaates. Mazarin ließ dem Papst ausrichten, dass die frischen Truppen für einige Unruhe im Kirchenstaat sorgen könnten, wenn dem König nicht Genugtuung geleistet werde. Das war eine kaum noch verhüllte Kriegsdrohung. In Rom bekam man Angst. Eine Reihe von Kardinälen wies den Papst auf die kaum abschätzbaren Gefahren hin und auch Angehörige des römischen Adels drängten mit Nachdruck auf eine diplomatische Lösung.

Zähneknirschend gab Innozenz X. nach, erklärte sich zu neuen Verhandlungen bereit – und musste feststellen, dass die Franzosen inzwischen eine neue Forderung erhoben: die Amnestierung der Barberini-Brüder! Es war damit endgültig klar, dass die Genugtuungsforderungen für die Verletzung der Botschaftsimmunität nur ein Vorwand für die Demütigung des Papstes war, aber was nützte den Römern alle moralische Entrüstung. Die Macht in Form der stärkeren Bataillone war auf Seiten der Franzosen und hat noch selten nach Recht und Moral gefragt. Wenn der Papst glaubte, längst überholte Suprematieansprüche erheben zu können, so war es aus Sicht des Pariser Hofes höchste Zeit, ihn über die realen Machtverhältnisse aufzuklären.

Die Lektion fiel bitter aus. Innozenz' X. Kompromissvorschlag, den inzwischen nach Rom zurückgekehrten und weniger belasteten Kardinal Francesco Barberini wieder in seine Ämter einzusetzen, nicht jedoch den besonders frankophilen Antonio, wurde rundweg abgelehnt. Vollständige Rehabilitierung beider Kardinäle, so lautete die kategorische Forderung, und am Ende wurde sie erfüllt. Damit endete die Affäre, eine der vielen diplomatischen Niederlagen, die das Papsttum im 17. Jahrhundert erlitt und die seinen unaufhaltsamen Abstieg von einer europäischen Großmacht zu einem italienischen Kleinstaat markierten. Selbst die persönliche Demütigung blieb Innozenz X., der den Kampf so vermessen-hochgemut begonnen hatte, nicht erspart. Henry d'Étampes-Valençay, den arroganten französischen Botschafter, musste er nach Rom zurückrufen und sich weiterhin während der Audienzen über dessen Unverschämtheiten ärgern.

Volker Reinhardt

Der Sanierer

1676 waren die guten Jahre am Tiber lange vorbei. Im Westfälischen Frieden von 1648, der den Dreißigjährigen Krieg beendete, den konfessionellen Ausgleichszustand in Deutschland und eine europäische Friedensordnung festschrieb, wurde der Papst nicht einmal erwähnt. Es war wohl auch besser so. Denn er war nicht einverstanden, im Gegenteil. Doch die römischen Proteste gegen diese dauerhafte Aufwertung der 'Ketzer' kümmerten die führenden Mächte nicht mehr. Aus päpstlicher Sicht noch fataler: sie betrieben Religionspolitik jetzt zunehmend in eigener Regie. Dass die Kirche ein Teil des Staates, ja dessen Behörde und daher den Anweisungen des Herrschers unterworfen sein sollte, diese Überzeugung bricht sich vor allem in Frankreich Bahn; dort regiert mit Ludwig XIV. ein König, der eine hohe Auffassung von seinem Rang und seinen Rechten hegt. Für den Papst bleibt in seiner Sicht der Dinge wenig mehr als ein formaler Ehrenvorrang. Aber auch dieser ist in Gefahr, mehr noch: die römische Ehre insgesamt. Seit zwei Jahrzehnten zirkulieren auf dem europäischen Buchmarkt anzügliche Broschüren, die dem interessierten Publikum Blicke hinter kuriale Vorhänge verheißen, Motto: toll treiben es die Nepoten.

Vor allem aber krankt Rom ökonomisch. Im Klartext: der Kirchenstaat ist finanziell ruiniert, seine Wirtschaftskraft stark geschwächt – und die Ursache für diese Misere so simpel wie heutzutage aktuell. Man hatte über seine Verhältnisse gelebt. Sprich auf Pump. Oder um es anklagender auszudrücken: man hatte das Vermögen der nächsten Generation gleich mit ausgegeben. Und noch eine gewisse Parallele zur Gegenwart drängt sich auf: die Hoffnung auf einen Wirtschaftsboom, welcher durch ein steigendes Bruttosozialprodukt und eine diskrete Inflation die angesammelten Schulden tilgen helfen würde, erwies sich als eine Illusion. Spätestens hier ist der Punkt erreicht, um die geneigte Leserin, den geneigten Leser fairerweise zu warnen: wer den Wirtschaftsteil seiner Tageszeitung undurchblättert beiseite legt, sollte zur nächsten Geschichte übergehen. Doch nicht selten findet man auf diesen Seiten die wahren Tragödien. Oder auch Heldentaten oder wie im hier zu erzählenden Fall auch beides zusammen.

Ende 1676 summierte sich das Defizit der öffentlichen Hand in Rom auf fünfzig Millionen *scudi*. Das zumindest schreiben die venezianischen Botschafter. Als gewiefte Kaufleute müssen sie es wissen. Oder zumindest einigermaßen zutreffend abschätzen können. Der Papst und seine zuständigen Amtsträger selbst haben kaum eine ungefähre Vorstellung, wie tief sie in der Kreide stehen. Sie wollen es auch gar nicht wissen – so wie der Verdammte auf Michelangelos Jüngstem Gericht halten sie sich die Hand vor die Augen, um den Abgrund nicht zu sehen, in den sie stürzen. Oder besser: in dem sie längst unsanft gelandet sind. Dass man keinen Überblick hat, liegt vor allem daran, dass es keine auch nur ansatzweise zentrale Kassenführung gibt. Jede Behörde mit eigenem Budget und eigener Gerichtsbarkeit – und es ist nirgendwo aufgelistet, wie viele das eigentlich sind – wirtschaftet vor sich hin. Und zwar mehr schlecht als recht. Wer römische Kassenbücher zwischen 1640 und 1676 durchsieht, den packt das kalte Grausen. Zahlen werden nicht mehr addiert und wenn doch, oft genug falsch; Saldi werden nicht mehr gezogen, Bilanzen nicht mehr erstellt: eine traumhafte Situation für die Geschäftswelt in Rom, vor allem für die genuesischen Großfirmen, die Getreide einkaufen und Kredite bereitstellen. Niemand schaut ihnen auf die Finger. Rom, der große Selbstbedienungsladen in Sachen Finanzen.

Die Kardinäle, welche im August 1676 das Konklave beziehen, wissen oder ahnen zumindest, wie ernst die Lage ist, auch wenn sie keine sicheren Zahlen kennen. Schon seit mehr als einem Jahrzehnt hat sich das Kollegium der Purpurträger in ganz neuartiger Weise sortiert – und damit zugleich polarisiert. Die alten Gefolgschaften, die sich um Spanien und Frankreich und um die Kardinalnepoten der letzten Päpste scharen, bestehen durchaus fort. Doch die damit gezogenen Grenzen verblassen zunehmend; viel schärfer tritt jetzt eine neuartige Trennlinie hervor. Auch sie mutet uns Heutigen vertraut an. Denn sie verläuft zwischen Reformern und Beharrern. Die Letzteren, überwiegend saturierte alte Männer, besitzen eine seltene Fähigkeit: unbegrenzt verdrängen zu können. Ihre Devise lautet: es wird schon weitergehen, zumindest so lange, wie wir leben. Hatte nicht schon der Erzbösewicht Machiavelli anderthalb Jahrhunderte zuvor in seinem ruchlosen Traktat über den Fürsten geschrieben, dass die Herrschaft des Papstes schlichtweg nicht untergehen kann? Die Fraktion der Reformer – sie macht gerade einmal ein Neuntel der Wahlberechtigten aus – ist davon längst nicht mehr überzeugt. In ihren Augen ist die Welt böser geworden, ja sie schreckt vor nichts mehr zurück, nicht einmal davor, Hand an das Papsttum zu legen. Dabei versteht diese Gruppierung der *zelanti*, der „Eiferer“, Reform im ursprünglichen Wortsinn: Wiederherstellung der alten, besseren Gestalt. In diesem Fall heißt das: zurück zu den strengen Leitsätzen des Konzils von Trient, die in ihrer Schärfe niemals zur Anwendung gelangt sind. Vor allem aber bedeutet es einen politisch-moralischen Appell, dessen Befolgung in ihren Augen gleichfalls seit mehr als einem Jahrhundert überfällig ist: schaffen wir endlich den ewigen Stein des Anstoßes aus dem Weg – schaffen wir den Nepotismus ab. Seit langem ist kaum ein Jahr vergangen, in dem nicht – auch das eine Ähnlichkeit zum frühen 21. Jahrhundert – der regierende Papst eine hochkarätige Kommission ins Leben gerufen hat, die sich dieser Frage aller Fragen zu widmen hatte. Darf er oder darf er nicht – darf der regierende Pontifex maximus seine Verwandten erhöhen, und falls ja, wie weit, wie glanzvoll, wie kostspielig? Was wie ein müßiges Spiel der Regierenden aussehen mag, ist in Wirklichkeit blutiger, heiliger Ernst: Roms Herz, der Nepotismus, schlägt unruhig. Und nach der Mitte des 17. Jh. erbringt diese angstvolle, qualvolle Gewissensbefragung immer seltener die erhofften beschwichtigenden Antworten (die am Ende doch nicht beruhigen können) und stattdessen immer häufiger ein niederschmetternd negatives Resultat: nein, er darf nicht, schlimmer noch, er stellt sein Seelenheil aufs Spiel, wenn er es tut. Und so stirbt Innozenz' dritter Vorgänger, Alexander VII., der sich am Beginn seiner Regierung als erster eine Generalsanierung des Systems Rom zu Ziel gesetzt hatte, 1667 im Zustand der völligen Verzweiflung; er hatte einige Monate lang durchgehalten, hatte seine Verwandten von Rom fern gehalten, um dann umso rückhaltloser rückfällig zu werden.

Neun Jahre später wird die Wahl des neuen Papstes auf diese Weise zu einer Abstimmung über Sein oder Nichtsein: Rückwärtserneuerung im Sinne einer rigorosen moralischen Ökonomie – oder Augen zu und vorwärts in den Bankrott. Im Jargon der Fachkommissionen ausgedrückt: wollen wir, brauchen wir einen Papst, dem nichts Menschliches fremd ist, oder einen Pontifex, der ganz dem Jenseits zugewandt ist? Theologisch konnte man beide Varianten begründen. Schließlich war Christus, der Gottessohn, selbst Mensch geworden, hatte sich also aus der einsamen Höhe des Göttlichen herabgelassen zu seinen Geschöpfen, nicht zuletzt, um auch deren Empfindungen zu teilen. Also musste auch Er gewusst haben, dass Blut dicker ist als Wasser; und waren Seine Apostel nicht gleichfalls nach Verwandtschaft handverlesen? Dieser religiösen Rechtfertigung des Nepotismus radikal entgegen waren die 'Eiferer' der Ansicht, dass das Amt des Papstes im Wesentlichen nicht von dieser Welt sein durfte, sondern auf Zeitenende und Ewigkeit gerichtet zu sein hatte. Weltliche Herrschaft war eine Last, eine Treuhänderschaft, die man leidend und duldend auf sich nehmen musste: zum Nutzen der anderen – und mit sauberen Händen. Mani pulite 1676.

Und damit enden die Parallelen zur Gegenwart. Denn am 21. September 1676 erheben die Kardinäle den radikalsten aller Reformer zum Papst: Benedetto Odescalchi, fünfundsechzig Jahre alt, seit einunddreißig Jahren Kardi-

Gianlorenzo Bernini, Karikatur Innozenz' XI. Odescalchi

Ein fader Pedant, öder Kleingeist und Verächter des Schönen – so zeigt Berninis grausame Karikatur den durchgreifendsten Reformpapst der Neuzeit. Diesen Hass zog sich Innozenz XI. dadurch zu, dass sein Regierungsprogramm „Spitäler statt Spektakel" lautete, womit die römische Kunstindustrie in eine Auftragskrise ohnegleichen gestürzt wurde. Im Übrigen ermangelte der rigorose Luxusverbieter und Sitteneinschärfer, der zugleich die Zwangskonversionen der Hugenotten im Frankreich Ludwigs XIV. ab 1685 indirekt missbilligte, nicht des Humors und der Fähigkeit zur Selbstkritik – vielleicht hätte er also bei aller Bitternis der Charakterzeichnung über sein genial verzerrtes Konterfei sogar geschmunzelt.

nal und dadurch mit den Missständen des alten Systems bestens vertraut. Hinterher konnte niemand behaupten, er habe nicht gewusst, was er tat. Der neue Papst hatte wie nicht wenige Kardinäle der letzten zwei Jahrhunderte einen Lebensstil des symbolischen Widerstands geführt und damit das Gegenbild einer alternativen Kirche gezeichnet. In Zeiten des voll entfalteten, um nicht zu sagen: entfesselten Nepotismus hatte er innerweltliche Askese praktiziert. Ein weißgetünchtes Schlafgemach fast ohne Möbel, nur ein Kruzifix an der Wand, frugalste Mahlzeiten, dauerndes Memento mori – bedenke, dass du sterben musst. Das war sehr barock, passte zum Zeitgeist und hieß noch nicht viel. Schließlich hielt sich auch Alexander VII., welcher der süßen Stimme des Blutes am Ende nachgab, einen aufgeschlagenen Sarg als Wohnzierde.

Innozenz XI. aber war aus anderem, aus härterem Holz geschnitzt. Und bei aller Weltabgewandtheit war er ein Finanzpolitiker großen Stils. Den *global players* der großen Konzerne sollte schnell Hören und Sehen vergehen.

Nicht umsonst stammte dieser Papst aus einer Familie, die über Generationen hinweg im Großhandel reich geworden war; diese ererbten Managerqualitäten werden jetzt gegen die Großfinanz gewendet. ATTAC hätte seine Freude daran.

Um einen Sumpf auszutrocknen, muss man seine Ausdehnung kennen. Und so beginnt jetzt ein seltsames Spiel: wer findet bislang unbekannte Schulden? Hier taucht nochmals eine gewisse Übereinstimmung zum Jahr 2004 auf. Bei kaum einer anderen Tätigkeit sind Finanzpolitiker so erfinderisch wie bei der Einrichtung von Schattenbudgets, Zusatzetats und versteckten Sonderkassen. Für die römischen Finanzkontrolleure bedeutete das konkret: Berge finden. *Monti*, also Berge nämlich hießen die öffentlichen Schuldaufnahmen, mittels deren Rom in fünf viertel Jahrhunderten seine Nepoten, seine Bauten und seine Kriege finanziert hatte. Ein solcher 'Berg' bestand aus einer Pauschalanleihe, meistens in der Größenordnung von einhunderttausend bis einer Million *scudi* (zum Vergleich: ein Handwerker verdient um die Mitte des 17. Jh. jährlich etwa sechzig bis siebzig *scudi*), welche in der Regel von einem Bankenkonsortium en bloc übernommen, also vorgestreckt wird. In Zeiten extremer Geldnot – also im Normalfall – zahlt der Kreditgeber jedoch nicht den Nennwert, sondern einen durch ein so genanntes Disagio, einen Abschlag, niedrigeren Wert; Rabatte von bis zu zehn Prozent sind durchaus üblich. Mit anderen Worten: das Papsttum bekommt dann beispielsweise statt einer Million nur 900000 *scudi* ausbezahlt, hat aber für den vollen Betrag die Zinsen zu zahlen.

Auf der Seite der Banken aber tun sich verlockende Gewinnspannen auf. Denn die meist billig erstandenen Großanleihen ließen sich in vielfältig gestückelter Form lukrativ absetzen. Aufgeteilt in „Bergorte" von hundert *scudi*, waren diese römischen Staatsschatzbriefe auch und gerade für den Kleinsparer attraktiv. Und wenn das Familienvermögen nicht reichte, dann tat man sich mit Verwandten, Freunden oder Nachbarn zusammen – und lebte als glücklicher Rentier von deren Erträgen bis ans Lebensende. Noch Giacomo Casanova versorgt seine abgelegten Mätressen zwecks Verheiratung mit solchen Kleinrenten. Die ideale Mitgift waren sie nicht zuletzt aufgrund der päpstlichen Zahlungsmoral. Diese nämlich ist eisern. Im Gegensatz zu König Philipp II. von Spanien, der zweimal den Staatsbankrott ausrufen und danach den Schuldendienst, die Zinszahlungen also, einstellen ließ, waren die Päpste durchgehend darauf angewiesen, ihren Ruf der Kreditwürdigkeit zu wahren – die Nepoten jedes neuen Pontifikats warteten schließlich ungeduldig auf ihre fürstliche Ausstattung. Mochten Könige auf dem Schafott enden und die Türken vor Wien stehen: diese Rente war sicher. Schon damals machten solche Sprüche die kleinen Leute glücklich. Mit dem Unterschied, dass sie stimmten. Zumindest bis Innozenz XI. kam.

Monti wurden seit dem Pontifikat Clemens' VII. (1523–1534) eingerichtet, und zwar in zwei verschiedenen Spielarten. Die so genannten „erlöschenden" Berge gelten nur zu Lebzeiten des Anteilzeichners, können nicht vererbt werden und stellen daher eine Hochrisikoinvestition dar. Dementsprechend werfen sie eine fabulöse Rendite ab: bis zu 12%. Etwas für Finanzzocker also. Dieser Menschentyp aber wird zunehmend rar in Rom, in Italien, im Europa des 16. und 17. Jahrhunderts. Viel beliebter sind daher die „ewigen" *monti*, die man getrost per Testament hinterlassen kann. Die einzige Gefahr, dass sie erlöschen könnten, besteht im theoretischen Rückkaufrecht der Kurie. Doch wann hatte man schon erlebt, dass ein Staat Schulden zu tilgen vermochte? Dementsprechend konnten die Konsortien die Anteile meist deutlich über dem Nennwert absetzen, manchmal sogar mit einem Aufschlag von einem Viertel. Daraus ergab sich, wie unschwer zu berechnen, eine hübsche Profitmarge. Bei standesbewussteren Geldanlegern noch höher geschätzt waren die so genannten „Kaufämter". Noch älter als die *monti*, hüllten sie die schnöde Kredit-Zins-Operation in die Prunkgewänder einer öffentlichen Tätigkeit. Natürlich waren das des Kaisers neue Kleider. Der Kreditgeber durfte sich mit einem phantasievollen Titel – etwa Ritter des heiligen Petrus – schmücken, ohne damit irgendwelchen beruflichen Verpflichtungen zu unterliegen: alles Schall und Rauch, außer dem 'Gehalt', den Zinszahlungen also, versteht sich. Sie waren sehr real und lagen für die Lebenszeit- und Dauerämter in etwa in Höhe des „Bergorte"-Ertrags.

Anno 1676 warfen die „ewigen Berge" fünf oder sechs Prozent ab. Hochgerechnet auf die gesamte Staatsschuld waren das jährlich mindestens zweieinhalb Millionen *scudi* Aufwendungen allein für Zinsen. So viel aber brachte der ganze Kirchenstaat samt seiner Hauptstadt nicht ein. Dieses Jahresbudget weist 1674 gerade einmal einen Nennwert von 2,4 Millionen auf. Davon aber mussten sämtliche öffentlichen Ausgaben bestritten werden: die Gehälter der zahlreichen Amtsträger, Kosten für Verteidigung, Subventionen aller Art, nicht zuletzt für Brot, Ausgaben für Botschafter, Straßenbau etc., summa summarum Fixkosten von mehr als zweieinhalb Millionen. Dabei waren die Zinszahlungen in ungefähr derselben Höhe nota bene nicht miteinberechnet. Man hatte ein Gegenfinanzierungsproblem. Gewiss, das Papsttum hatte noch eine andere, verschwiegenere Kasse: die Datarie. Über sie wurden die so genannten Gnadenhandelsoperationen abgewickelt. Deren große Zeit fiel in den Pontifikat Alexanders VI. Anno 1500 konnte man Kardinalate noch meistbietend verkaufen; ein roter Hut brachte je nach Kaufkraft des Interessenten zwanzig- bis dreißigtausend Dukaten (d. h. inflationsbereinigt, auf das Jahr 1676 bezogen, an die hunderttausend *scudi*) ein. So lukrativ diese Verkäufe waren, ihre Nachteile lagen in der damit verursachten Rufschädigung: in der Zerstörung des religiösen Kapitals, ohne welches langfristig auch kein Geld mehr fließen würde. Und unter einem so skrupulösen, tief religiösen Papst wie Innozenz XI. war selbst an weitaus unanstößigere Geschäftspraktiken dieser Art nicht mehr zu denken. Sogar Heiratsdispense – ein Verkaufsschlager des Renaissancepapsttums – gab man jetzt gratis.

Ein echtes Dilemma also: was konnte man tun? Der neue Papst setzt, wie im Zangengriff, an vier Seiten zugleich an. Und zwar zuerst bei sich. Schon nach wenigen Wochen verdient der päpstliche Hof diesen Namen nicht mehr. Die Ausgaben für Repräsentation aller Art tendieren gegen Null. Innozenz selbst sucht sich im Quirinalspalast – den überhaupt zu beziehen ihm schwere Gewissensnöte verursacht – die schäbigsten Zimmer, ohne Fenster. Die prachtvollen Gartenanlagen auch nur zu betreten, hindert ihn eine heilige Scheu. Zehn Jahre lang trägt er dieselbe Soutane, bis sie in Fetzen fällt. Und die päpstliche Tafel wird bei Feinschmeckern berüchtigt. Das alles ist natürlich vorrangig symbolisch, gewiss auch eine Frage des Images, der angestrebten Wirkung nach außen; der finanzielle Nutzeffekt fällt demgegenüber kaum ins Gewicht.

Dieser hingegen ist bei der Umstrukturierung der Staatsschuld gewaltig. Denn der neue Papst betet nicht nur reichlich, er arbeitet unaufhörlich, mindestens fünfzehn Stunden am Tag. Und bei aller Frömmigkeit studiert er pausenlos Rechnungen und Bilanzen. Hier vollzieht sich eine erste Revolution. Denn eine Brigade gut ausgebildeter Finanzprüfer (wo waren diese Leute eigentlich vorher?) hat, wiederum binnen weniger Monate, zumindest das Gros der verstreuten Schulden ausfindig gemacht, getreu dem Motto, dass man das Schreckliche kennen muss, um es zu bannen. Die dabei entdeckten Hunderte von Anleihen werden jetzt in einen einzigen riesenhaften *monte* eingebracht. Das klingt nicht eben umstürzend und ist doch eine im Europa der Zeit nahezu einzig dastehende Operation. Ihr Resultat ist eine übersichtliche und zugleich konsolidierte Staatsschuld. Doch das ist nur der erste Schritt. Auf den der zweite sogleich folgt. Alles Protestgeschrei der europäischen Finanzwelt hilft nichts: für sämtliche *monti* wird die Verzinsung jetzt einheitlich auf drei Prozent zurückgeschraubt. Das war eine kühne und weitblickende Maßnahme. Die Finanzberater des Papstes nämlich schätzen richtig ab, dass die römische Kreditwürdigkeit dennoch erhalten bleiben werde. Waren doch in den letzten zwei Jahrzehnten die Erträge aus Landbesitz und -verpachtung am Beginn einer Abschwungphase der europäischen Ökonomie, die schließlich hundert Jahre dauern sollte, kontinuierlich gesunken, und zwar um bis zu vierzig Prozent. Vor diesem düsteren Hintergrund war eine sichere Rendite von drei Prozent aus den römischen Staatstiteln nicht zu verachten.

Haarscharf am Markt, unter konsequenter Ausnutzung der von diesem gebotenen Chancen, bewegt sich zum anderen die Subventionspolitik des Papstes. Hier kommt ihm Glück zur Hilfe, dem man allerdings auch kräftig nachhilft. Denn nach den schweren Versorgungskrisen der Jahrhundertmitte fallen jetzt die Ernten wieder deutlich besser aus, ganz abgesehen davon, dass nach den Epidemien dieser Krisenzeit weniger Mägen zu füllen sind. Zudem tut die päpstliche Wirtschaftspolitik alles, um ein Überangebot an Getreide am Tiber herbeizuführen – mit überwältigendem Erfolg. Auf diese Weise sinken die Weizenpreise so tief, wie sie seit einem Menschenalter nicht mehr gelegen haben. Auch hier hagelt es natürlich Proteste. Doch der Papst bleibt fest. Ein Shareholder-Value-Pontifex war Innozenz XI. wahrlich nicht. Doch nicht nur die römischen Aristokraten mussten verzichten lernen.

Derart billiges Getreide hätte es erlaubt, Brot zu einem Traumgewicht pro Einheitspreis von einem Hundertstel *scudo* zu verkaufen. Doch daran dachte der Papst nicht im Traum. Jetzt, so seine Argumentation, war durch eine besondere Gnade Gottes die Gelegenheit geboten, auch diesen Etatposten zu sanieren. Und so verkauft die staatliche Getreidebehörde billig erworbenen Weizen unverändert teuer an die römischen Bäcker, die ein Jahrzehnt hindurch einer rigorosen Zwangsabnahme unterliegen. Und auch hier intensive Marktbeobachtung: die dadurch verursachte Verteuerung wird sehr genau im Auge behalten: ein Brotpreis, der den uralten Forderungen des Volks nach erschwinglicher Basisnahrung entspricht, bleibt dennoch gewährleistet. Das mögliche Schlaraffenland allerdings wird ihnen verschlossen. Würden Politiker unserer Tage eine solche Operation wagen, so würden sie diese wohl sozial ausgewogen nennen – und flugs abgewählt werden.

Rein zweckrational betrachtet aber macht dieses Vorgehen Sinn: in Zeiten des Überflusses den Verbrauchern zumutbare Kosten zu verursachen, um für die nächsten Krisen Reserven anzusammeln. Und das Vorhaben gelingt, über alle Erwartungen hinaus. Die europäischen Finanzexperten reiben sich ungläubig die Augen. 1689 sind am Ende des Pontifikats nämlich stolze fünf Millionen Staatsschulden tatsächlich getilgt. Und es gibt wieder ein ansehnliches Plus im laufenden Budget. Rom hat finanzielle Lebenskraft für ein weiteres langes Jahrhundert gewonnen. Dazu trägt entscheidend bei, dass dieser Papst keine Nepoten hat – als erster und einziger aller länger regierenden Päpste seit mehr als drei Jahrhunderten. Das ist die zweite, die moralische Revolution.

Sie erzeugt gewiss auch finanzielles, vor allem aber symbolisches Kapital. Und doch ist sie wie alle Revolutionen riskant. In den endlosen Debatten der vorangehenden Jahrzehnte hatten die Befürworter des Nepotismus eines ihrer stärksten Argumente – über den Mensch gewordenen Christus hinaus – darin gefunden, dass ein Papst, der die planmäßige Verwandtenförderung beseitigt, auf diese Weise seine Vorgänger diskreditiert. Das aber konnte man als einen Akt des Hochmuts auslegen: besser sein zu wollen als so viele vom Heiligen Geist erkorene Amtsinhaber. Innozenz XI. nahm diesen Einwand ernst, so ernst, dass die geplante Bulle, welche den Nepotismus für alle Zeit unterdrücken sollte, vorerst nicht zustande kam und erst 1692 unter seinem zweiten Nachfolger Innozenz XII. mit manchen Kompromissen verkündet wurde. Doch gegenüber der eigenen Familie machte der Odescalchi-Papst keine halben Sachen: kein Geld, kein Amt, kein Rang, kein Einfluss für seine Verwandten. Finanziell konnten sie das ohne weiteres verschmerzen. Und auch wenn die Römer den Neffen des Papstes, Don Livio, sprichwörtlich als stiefonkelhaft vernachlässigt bedauerten – langfristig haben die Odescalchi von dieser rigorosen Haltung mehr profitiert als die meisten Nepoten von den über sie ausgeschütteten Füllhörnern. Zum einen konnten sie sich darauf berufen, einen geradezu heiligen Papst hervorgebracht zu haben; und zum anderen durften sie mit stolzgeschwellter Brust von sich sagen: was wir geworden sind, sind wir trotzdem geworden. Und das war nicht wenig. Aber auch wenn er jede unmittelbare Unterstützung der Seinen ablehnte, in Sachen Heiratspolitik sprach der Papst kein Veto aus. So verschwägerten sich die Odescalchi wie gehabt mit der Crème de la Crème der römischen und italienischen Aristokratie, für die ein solcher Pontifex in der Verwandtschaft schlicht eine Statusaufwertung bedeutete.

Bankiers, kleine Leute, Nepoten – sie alle mussten sparen. Noch härter aber traf es Architekten, Maler und Bildhauer. Anfängliche große Erwartungen – dass dieser Papst etwa die Kolonnaden des Petersplatzes grandios erweitern würde – zerschlugen sich in Windeseile. Seinem Selbstverständnis als Erhalter und Befestiger entsprechend baute dieser Papst keine neuen architektonischen Weltwunder wie seine Vorgänger, sondern bewahrte allenfalls ältere Substanz, wenn sie es wert war, vor allem dann, wenn sie symbolischen Aussagewert besaß. Der Papst schützt die Kirche vor dem Einsturz – diese neue Selbstdarstellung findet ihren konsequenten Ausdruck im Medium der Restaurierung und vielleicht noch radikaler in der Umfunktionierung. Was für Pracht und Prunk errichtet wurde, hat jetzt den nüchtern-heiligen Geboten der Caritas zu dienen. So wird der Lateranpalast, für den es seit seiner Errichtung unter Sixtus V. (1585–1590) nie eine sinnvolle Verwendung außer der gab, Erhabenheit an geschichtsträchtiger Stätte anzuzeigen, kurzerhand zum Hospital umgebaut. Dieser Wandel sollte sich als fundamental erweisen – Rom entdeckt die Ästhetik des Minimalen, die Propaganda der Schlichtheit. Dass Verzicht auf Prunk aussagekräftiger sein kann als aller Glanz der Form: diese Entdeckung prägt das Selbstverständnis des Papsttums bis heute.

Kaum weniger schwer als Bankiers und Luxushändler trifft die Sanierung des maroden Systems die Gewerbe, die der Unterhaltung dienen. Dieser Dienstleistungssektor war in Rom traditionell gut besetzt. Musiker, Schauspieler, Regisseure und selbst Kurtisanen hatten die kurze, rigorose Reformzeit unter Pius V. (1566–1572) ohne allzu schwere Kundschaftsverluste überstanden und speziell unter dem mondänen Pontifikat Urbans VIII. (1623–1644) eine Blütezeit ohnegleichen erlebt. Und hier, im verzweifelten Versuch, das Lebensgefühl einer Epoche nach strengen alten Reinheitsgeboten zu reformieren, stößt der exemplarisch erfolgreiche Pontifikat des konservativen Reformers denn auch an Grenzen. Gewiss, man konnte den Römern ihren heiß geliebten Karneval verbieten, wenngleich nicht ohne das Risiko, brachialen Unmut zu erzeugen. Und natürlich reichte der Arm des Papstes auch weit genug, um die Aufführung von Singspielen aller Art zu untersagen. Selbst die verblüfften Jesuiten mussten damit rechnen, dass ihre moralisch erbaulichen Schuldramen auf einmal der schnöden Zerstreuung verdächtig wurden. Alle Lustbarkeiten aber lassen sich die Römer nicht verbieten. Diejenigen, die ihnen dabei zu Diensten sind, müssen jedoch mancherlei Restriktionen und Schikanen in Kauf nehmen.

So bietet der Pontifikat des späten Reformpapstes reichlich Stoff zu historischer Spekulation. Wären alle oder auch nur die meisten Päpste seit der Mitte des 16. Jh. wie er gewesen: die Geschichte Roms und der Kirche wäre anders verlaufen. Zeigt die Herrschaft Innozenz' XI. doch ein für alle Mal auf, welche Belastung der Nepotismus für das Papsttum bedeutete – und wie abwegig alle Thesen von einer sinnvollen Herrschaftsfunktion der Nepoten, zu welchem Zeitpunkt auch immer, sind. Dass man Rom, den Kirchenstaat und die katholische Kirche insgesamt im Gegenteil ohne Papstverwandte weitaus effizienter und für die öffentliche Meinung akzeptabler zu regieren vermochte, dass man auf das dazu nötige Reservoir loyaler und kompetenter Amtsträger jederzeit zurückgreifen konnte, ohne die Bande des Blutes zu bemühen – auch dafür steht der Modellpontifikat von 1676 bis 1689. Auf der anderen Seite wäre ein Rom ohne Nepoten eine ziemlich glanzlose Stadt – streicht man alle ihre Bauten, Statuen und Bilder heraus, dann sieht der römische Stadtplan pockennarbig aus.

Das Rad des Zeitgeistes aber ließ sich durch alle konservativen Reformanstrengungen nicht mehr zurückdrehen. Und am Ende auch der Nepotismus nicht. Im 18. Jh. ist er, in dezent standardisierter, doch weiterhin intensiver Ausprägung wieder da. Und am Ende reicht auch die finanzielle Sanierung Roms und des Kirchenstaats nur bis 1798. In diesem Jahr kommen die französischen Revolutionstruppen und rufen die Republik aus: auch eine Sanierung.

Familienbande und Familienkonflikte

Volker Reinhardt

Ein Mord, den jeder begangen haben könnte

Hinter dem Quirinal ist Rom zu Ende. Wer weiter geht, betritt die Zone des Schweigens. Marmorbilder ohne Kopf und mit zerbrochenen Händen, Brunnen, die verschlafen rauschen, Schatten, die durch samtige Sommernächte huschen. Tagsüber arbeiten hier emsige Weinbauern, abends gehört die Stadt der Gärten und Grotten den Beutel- und Halsabschneidern. Und den vornehmen Partygästen. Nächtliche Picknicks im Grünen sind in. Zur Kühle der Nacht gesellt sich ein wollüstiger Schauer. Die Nähe zu den wilden Vaganten, die bei flackerndem Lagerfeuer ausschweifende Feste feiern, stimmt die Hautevolée sinnlich. Vorausgesetzt, sie hat ihre Leibwächter dabei. Und auch dabei spielt man ein prickelndes Spiel: Wer die wenigsten Bewaffneten braucht, hat das höchste Prestige: Er ist unangreifbar – oder er hält sich dafür.

In dieser Hinsicht ist die Gesellschaft, die sich am Abend des 14. Juni 1497 in einem Weingarten zwischen S. Pietro in Vincoli und S. Martino ai Monti zusammengefunden hat, unschlagbar. Eine Mini-Escorte reicht völlig aus. Ansonsten ist man ganz unter sich: die zwei Söhne des regierenden Papstes Alexander VI., Juan Borgia, der Herzog von Gandia, und sein älterer Bruder Cesare, der Kardinal-Erzbischof von Valence, sowie beider Mutter, Vanozza de' Catanei, viele Jahre lang die Quasigattin des ehemaligen Kardinals und jetzigen Pontifex. Dass dieser sich inzwischen jüngere Mätressen genommen hat, mindert die gewachsene Herzlichkeit nicht im mindesten – so sind die Männer eben, auch wenn sie die Tiara tragen. Die glückliche Rumpffamilie, die da zusammenkommt, hat eine Menge zu feiern.

Gelacht wird auf Kosten eines angeheirateten Verwandten, der jetzt zum Ex-Schwager gemacht wird. Und zur komischen Figur in ganz Italien: Giovanni Sforza, Herzog von Pesaro, Noch-Gatte von Juans und Cesares Schwester Lucrezia. Mit den Sforza, so der unfehlbare Instinkt der Borgia, geht es unaufhaltsam bergab. Ludovico, der Herzog von Mailand, der seinen Neffen, den legitimen Herrscher, vergiftet haben soll, hat sich in den Fallstricken seiner ränkereichen Politik selbst verfangen. Und sein Bruder Ascanio Sforza, der Alexander durch seine Bestechungsmanöver zum Papst gemacht hat, wird allmählich lästig. Er pocht allzu penetrant auf die Abmachung von 1492: ein Papsttum, geteilt durch zwei. Und gebärdet sich als Über-Pontifex. Inzwischen aber ist der Papstmacher in einer geschwächten Position. Auch über ihm hängt das französische Damoklesschwert. Fordert der Bruder des Königs, der Herzog von Orléans, endlich sein mailändisches Erbe ein, ist es um die Sforza geschehen. So aber hat Giovanni, der ungeliebte Schwager, seine Schuldigkeit getan. Bzw. eben nicht. Die Begründung für die Auflösung der Ehe nämlich lautet: Nicht-Vollzug. Mit anderen Worten: Impotenz. Der trutzige Kriegsmann Giovanni, mit siebenundzwanzig in der Blüte seiner Jahre, als Versager in der ritterlichsten aller Disziplinen? Ein echter Borgia-Scherz. An den Höfen Italiens amüsiert man sich königlich. Gerade heute Nachmittag hat man Kardinal Ascanio die Unabänderlichkeit dieses Entschlusses eröffnet. Und man hat sein Gesicht noch vor Augen. Der Beleidigte muss gute Miene zum bösen Spiel machen. Verstellen muss er sich umso mehr, als er sich akut bedroht fühlt. Schließlich haben die Ärzte während seiner gerade überstandenen schweren Erkrankung bedenklich den Kopf geschüttelt. Denn sie diagnostizierten Symptome der etwas anderen Art. Schwarze, aufgequollene Zunge, chronische Übelkeit. Eine vorerst noch dosierte Botschaft aus dem Giftbecher? Arrogante Feinde ganz klein: so lieben es die Borgia. Nur Lucrezia nicht. Diese Pointe, findet sie, geht auf ihre Kosten. Beleidigt hat sie sich in ein vornehmes Nonnenkloster zurückgezogen. Soll sie nur schmollen, Juan und Cesare lassen sich den Spaß nicht verderben. Man wird die ungebärdige Schwester rasch zur Raison bringen und bald einem neuen Kurzzeit-Gatten zuführen. Ihn wird ein noch viel härteres Los treffen: Cesares Würgeschlinge.

Nunc est bibendum. Angestoßen wird nicht nur auf die Demütigung der arroganten Sforza, sondern auf einen weiteren kolossalen Erfolg, der gerade eine Woche zurück liegt. Am 7. Juni nämlich hat Alexander VI. im Konsistorium der Familie Borgia einen enormen Rang- und Machtzuwachs beschert. Das Herzogtum Benevent – eine römische Exklave im Königreich Neapel mit glorreichen Erinnerungen an die fast tausend Jahre zurückliegende Zeit langobardischer Eroberung– nebst angrenzender Gebiete wird Juan, dem

Porträt Papst Alexanders VI. Borgia ►

Nach dem Tod Alexanders VI. am 18. August 1503, den seine Feinde – und das hieß: fast ganz Rom und Italien – auf einen irrtümlich vertauschten, den Gegnern der Borgia zugedachten Giftbecher zurückführten, ist die Jagd auf die Wappen und Bilder der verhassten Sippe eröffnet. So überleben nur wenige Porträts des Pontifex, der aus dem Papsttum ein reines Familienunternehmen machte (und in Wirklichkeit an Malaria zugrunde gegangen sein dürfte). In jüngeren Jahren als schön und stattlich beschrieben, ist Alexander mit der charakteristischen Adlernase und dem voluminösen Mund zwar weiterhin als vital ausgewiesen (seinen letzten nachweisbaren Sohn zeugt er mit siebzig), doch zunehmend fettleibig – Ohnmachtsanfälle bei Prozessionen sind die Folge.

20-jährigen Lieblingssohn des Pontifex, als erbliches Lehen übertragen. De facto bedeutet das eine unabhängige Herrschaft, die nur noch lose an die Oberhoheit des Papstes gebunden bleibt. Und einen Dorn im Fleisch des Königs von Neapel. Auch mit ihm, so wissen die Borgia, geht es bergab: vier Könige in drei Jahren, einer schwächer als der andere. Dafür werden die großen Adeligen immer stärker. Die mächtigsten dieser Barone aber sollen bald Borgia heißen. Das wäre die vorletzte Stufe auf dem Weg zum Thron. Ihn betrachtet die Sippe längst als ihr rechtmäßig zustehendes Eigentum. Gegen die Verleihung Benevents zu protestieren, ja sie als unverantwortliche Verschleuderung kirchlichen Besitzes anzuprangern, aber hat nur ein einziger von sechsundzwanzig Kardinälen gewagt: Francesco Todeschini Piccolomini, Nepot Pius' II. (1458–1464). Die Borgia und ihre vielen Anhänger im Kardinalskollegium betrachten ihn als eine Art lebendes Fossil. Denn er redet unablässig mit erhobenem Zeigefinger von Sittlichkeit und Schicklichkeit. Wie sie unter seinem Onkel vorherrschten, versteht sich. Als eine Art Kurien-Narren lässt man ihn gewähren. Gehör findet er ja kaum noch.

Mit diesem Erfolg ist zugleich die Erinnerung an eine peinliche Schlappe getilgt. Ursprünglich nämlich wollten die Borgia ihr Territorium auf Kosten der Orsini errichten, die grob gerechnet ein gutes Drittel Latiums als weitgehend unabhängiges Herrschaftsgebiet regieren. Als Rebellen gegen die Kirche und Feinde Italiens – eine schöne neue, die nationalen Emotionen aufpeitschende Brandmarkung – exkommuniziert, verlieren die tödlich beleidigten Barone im Herbst 1496 Burg um Burg an die Borgia. In der entscheidenden Schlacht von Soriano am 24. Januar 1497 aber schlagen sie das päpstliche Heer vernichtend. Das Desaster verursacht hat Juan Borgia, der zwanzigjährige Chaos-Stratege. Doch das ist jetzt, bei der Gartenparty in lauschiger Sommernacht, vergessen und vergeben – so scheint es zumindest. Denn die Sieger müssen am Ende doch klein beigeben. Um wieder in die Gunst Alexanders aufgenommen zu werden, haben sie viel Geld zu zahlen und sogar einige Gebiete abzutreten. Wer einen Papst auf seiner Seite hat, fällt immer auf die Füße. Zumindest so lange dieser lebt. Danach aber wird es brenzlig. Und so dürfte sich Cesare im Stillen seine Gedanken machen. Wie soll man mit Juan, diesem ebenso eingebildeten wie unfähigen Stammhalter, einen Staat und eine Dynastie begründen?

Anmerken aber lässt er sich an diesem ausgelassenen Abend nichts. Bei so viel Heiterkeit wird es spät im Weinberg der Vanozza. Doch auch das schönste Fest muss einmal zu Ende gehen. Bei Einbruch der Nacht bricht man auf. Durch die duftenden Gärten und die stillen Straßen zieht die Gesellschaft Richtung Tiber. Bei Ascanio Sforzas Palast in der Via del Pellegrino nahe des

Campo de' Fiori trennen sich die Wege. Juan nämlich hat noch etwas vor. Was, das ist angesichts seines anzüglichen Grinsens nicht schwer zu erraten. Jetzt, wo niemand dabei ist, mahnt Cesare seinen Bruder, auch und gerade bei amourösen Abenteuern vorsichtig zu sein. Doch dieser nimmt nur einen Stallknecht mit und, nicht zu vergessen, die maskierte Gestalt, die schon auf der Weinberg-Party dabei war. Seit drei Wochen folgt sie dem Papstsohn auf Schritt und Tritt. Die meisten Römer halten sie für eine alte Kupplerin. Doch das erklärt nicht ihre Allgegenwart. Sie steigt hinter Juan aufs Maultier. Und dieser verschwindet im Dunkel der Nacht.

Kurz darauf wird weiterer Ballast abgeworfen. Der Stallknecht erhält die Anweisung, bis 23 Uhr an der Piazza dei Giudei beim Bogen der Octavia auf Juan zu warten und dann nach Hause gehen. Tatsächlich tut er weder das eine noch das andere. Am nächsten Morgen findet man ihn schwer verletzt. Juan aber taucht nicht auf. Vielleicht, so sinnt der besorgte Vater eingedenk eigener Erfahrung, ist die Nacht heiß und lang geworden. Als es aber weder am Abend noch am nächsten Morgen ein Lebenszeichen gibt, wird die höchste Alarmstufe ausgerufen. Alexander ist vor Angst ganz außer sich. Ohne Zögern wolle er sein Papsttum für das Leben des geliebten Sohnes hingeben. Solche Ausbrüche, die Prioritäten markieren, zirkulieren in den vatikanischen Korridoren und römischen Straßen. Ein Familienpapst, fürwahr.

Unterdessen laufen die Fahndungen auf Hochtouren. Konkret bedeutet das, dass man sich umhört. Und Verdächtige verhört. Mehr haben die Polizeimethoden der Zeit nicht zu bieten. Hellhörig wird man, als sich im Laufe des Tages ein dalmatinischer Holzhändler meldet. Er hat eine ebenso einfache wie beunruhigende Geschichte zu erzählen. Während der Nacht, die er zum Schutz seiner Ware auf einem Boot gegenüber der Kirche S. Giorgio degli Schiavoni verbracht habe, sei er, auch im Schlaf immer auf der Hut vor Dieben, von gedämpften Geräuschen geweckt worden. Zuerst hätten zwei Männer das Terrain sondiert und dann, als die Luft rein war, ein Zeichen gegeben. Daraufhin sei ein Reiter auf einem Maultier erschienen, mit einem Leichnam hinter dem Sattel. Diesen hätten zwei weitere Begleiter mit einem kräftigen Schwung in den Tiber geworfen. Erkannt habe er niemanden. Und im Übrigen seien solche Vorfälle die Regel. Interessiert aber habe das die Behörden bisher nicht. Entsorgung von Mordopfern auf römische Art. Die Borgia werden sich schon bald dieser Methode erinnern: in den Tiber mit den Feinden ihres Hauses.

Alexander ist vom lakonischen Bericht des Holzhändlers wie elektrisiert. Sämtliche Fischer Roms werden aktiviert. Und wer sich irgend über Wasser halten kann, geht im Tiber schwimmen – hohe Belohnungen locken. Am

16. Juni wird der Gesuchte unweit eines Lustgartens des Kardinals Ascanio Sforza tatsächlich aus dem Fluss gezogen – mit neun Dolchwunden und durchgeschnittener Kehle. Von seinen kostbaren Kleidern und aus der reich bestückten Geldbörse fehlt nichts. In all dieser Hektik aber bleibt ein fundamentales Faktum unbeachtet: Der Tote treibt oberhalb der Stelle, welche der wachsame Dalmatiner als Leichenkippe bezeichnete. Tote aber kraulen nicht.

Wie dem auch sei, jetzt herrscht Staatstrauer. Der Papst isst und schläft drei Tage und Nächte lang nicht. Mehr noch: er verkündet, in sich gehen zu wollen. Von jetzt an werde die Liebe zu den Armen, nicht zur Familie regieren. Ja diese wird, unerhörte Neuerung, sogar aus dem Vatikan verbannt. Einige Borgia müssen bis nach Süditalien emigrieren. Und wie immer, wenn Reform angesagt ist, wird eine Kommission ernannt. In ihr haben die wenigen noch verbliebenen Kardinäle vom alten Schrot und Korn wie Todeschini Piccolomini und Oliviero Carafa aus Neapel das Sagen. Einmal ins Leben gerufen, rechtfertigt das Gremium seine Tätigkeit durch die zügige Ausarbeitung von Vorschlägen. Sie klingen altväterlich züchtig und ähneln nicht zufälligerweise den Wahlkapitulationen der Vergangenheit, mittels deren die Kardinäle im Konklave den künftigen Papst auf eine Art Verfassung der Kirche zu verpflichten versuchten. Die dem schlechten Gewissen Alexanders entsprungene Arbeitsgruppe nämlich fordert: mehr pastorale Kirche, weniger Prunk, Obergrenzen für die Einkünfte von Kardinälen – und zugleich mehr Kontrollmacht für diese, auf dass der Pontifex nicht mehr über die Stränge schlage.

Und schon erkaltet der seelsorgerische Eifer des Borgias-Papstes im Rekordtempo. Die Alten können es nicht lassen. Wo käme man bei der Umsetzung dieser Pläne hin? Kein Familienstaat und, fast genauso schlimm, keine rauschenden Feste mit schönen jungen Frauen im Vatikan mehr. So macht das Papstamt keinen Spaß. Damit aber ist das Ende der Reform schnell besiegelt, schon im Herbst ist alles toter Buchstabe. Scharfblickende Zeitgenossen waren ohnehin der Meinung, dass alles nur Täuschung war: inszeniert, um das spanische Königspaar Isabella von Kastilien und Ferdinand von Aragon, das sich so sittenstreng gerierte, günstig zu stimmen. Ein Zeichen, dass man den strafenden Fingerzeig Gottes verstanden und beherzigt habe, sollte her. Im Übrigen ist die Ausdeutung des Mordes damit noch nicht ausgestanden. Einige Monate später werden spanische Botschafter mit Alexander in diesem Sinne brutalen Klartext reden: die durchgeschnittene Kehle seines Lieblingssohnes sei eine letzte Warnung, in sich zu gehen. Inzwischen aber hatte der Papst eine Replik parat: Ferdinand und Isabella seien dadurch, dass Gott ihnen überlebende Nachkommen verweigere, weitaus härter geschlagen.

Während die Utopie einer sittlich regulierten Kurie aufscheint, flackert und erlischt, suchen die Borgia ihren Mörder. Wie beim Jüngsten Gericht kann sich kaum jemand sicher fühlen. Die nahezu unbegrenzte Zahl der Verdächtigen ist symptomatisch. Die Borgia haben sich zahllose Feinde, aber keine sicheren Freunde geschaffen. Man traut ihnen schlicht nicht über den Weg: so viele gebrochene Versprechen, so viele aufgekündigte Allianzen, so viele nicht eingehaltene Verpflichtungen. Und so viel Gier nach Macht und Geld. Wer diesem Papst die Hand küsst, achte auf seine Lippen. Das zumindest ist das Image Alexanders und seiner Lieben.

Und so reiht sich, was Rang und Namen hat, ein in den Reigen der potentiellen Mörder. Täglich notieren die römischen Wettbüros neue Favoriten. Zuerst liegt Kardinal Ascanio Sforza vorn. Vendetta läge in seinem Fall ja wahrlich nahe. Und nahe liegend ist auch der Tatablauf: der Abschied, der Leichenfund, alles in Steinwurfweite. Zudem wollen Zeugen gegenüber seinem Palast den Lärm von Straßenkämpfen gehört, ja Juan dort sogar noch lebend gesehen haben. Man kann sich des Eindrucks nicht erwehren, dass hier Indizien in gewollter Häufung auftreten. Irgendjemand scheint auf Ascanio mit dem Finger zu zeigen. Diesem wird ob so vieler gezielter Hinweise beklommen zu Mute. Wie so oft während des Borgia-Pontifikats ergreift er die Flucht – er fürchtet offenbar den Überfall bewaffneter Brigaden. Solche Attentate sind in diesen Jahren nichts Ungewöhnliches. Als sich kürzlich das Gerücht verbreitete, der mit Ascanio und Alexander tödlich verfeindete Kardinal Giuliano della Rovere sei inkognito aus seinem langjährigen Exil in Frankreich nach Rom zurückgekehrt, fand man anderen Morgens den Bischof von L'Aquila, der in Giulianos Palast wohnte, grausam gemeuchelt vor. Alexander selbst aber gibt Entwarnung: Ascanio sei es nicht gewesen, er habe nichts zu befürchten. Dennoch kein Seufzer der Erleichterung: wer glaubt schon diesem Papst.

Der offizielle Freispruch gilt auch für den entheirateten Giovanni Sforza. Dieser war schon zuvor aus Rom entwichen, um dem öffentlichen Hohn zu entgehen. Doch natürlich hätte er seine Häscher schicken können. Hat er aber nicht, so der Papst. Giovanni rächt sich trotzdem, und zwar für einen Schlagetod seines Kalibers erstaunlich subtil. Er setzt nämlich das Gerücht in die Welt, Alexander habe die Ehe Lucrezias geschieden, um sich selbst mit ihr zu verlustieren. In der Tat ist die Beziehung zwischen Vater und Tochter sehr innig, wenngleich aller Wahrscheinlichkeit nicht auf diese Weise intim. Dafür vertraut er Lucrezia. Und zwar so rückhaltlos, dass er sie bald danach zur Gouverneurin der Stadt Spoleto ernennt und ihr später sogar während seiner Abwesenheit die Obhut über den Vatikan anvertraut – einschließlich des Rechts, seine Korrespondenz zu öffnen. Einem Pontifex maximus, der so etwas tut, traut Europa in wollüstigem Grauen auch das Schlimmste, auch den Inzest zu.

Die Mörder-Kandidaten kommen und gehen: Gonsalvo de Cordoba, der große spanische Feldherr, der den Feinden Alexanders die Festung Ostia entrissen hatte und durch Juan um den verdienten Ruhm gebracht worden war; Antonio Maria della Mirandola, der die Verführung seiner Tochter mit dem Blut des Verführers gesühnt haben soll – und viele, viele andere. Vielsagendes Schweigen des Papstes breitet sich allein über die Orsini aus. Für sie war die Vergabe Benevents an Juan ein schwerer Schlag, mussten sie doch um ihre angrenzenden Güter, logische Objekte der nächsten Borgia-Begehrlichkeiten, fürchten. Und auch sonst waren sie bisher die Meistgeschädigten des Pontifikats; so argwöhnten sie – nicht ohne gute Gründe –, dass ihr Clanchef Verginio kurz zuvor in seinem neapolitanischen Gefängnis durch päpstliches Gift gestorben war. Doch, o Wunder, sie bleiben unbehelligt. Mehr noch: als zwei Jahre später aus der nächsten Ehe Lucrezias mit einem Prinzen des aragonesischen Hauses ein Knäblein entspringt, darf ein Orsini ihn aus der Taufe heben. Diese rührenden Szenen tun ihre Wirkung. Als Cesare – der das Kardinalat inzwischen gegen einen französischen Herzogtitel und eine Tochter des Königs von Navarra eingetauscht hat – kurz danach zur Ausrottung der päpstlichen Vikare in der Romagna ausrückt, stehen ihm neben französischen Truppen auch zwei Herzöge der Orsini zur Seite, als sei nichts gewesen. Doch es war etwas. In der Neujahrsnacht 1503 lockt Cesare diese unsicheren Verbündeten in die Falle von Senigallia, der Papst den Kardinal Orsini hingegen ins Verlies der Engelsburg. Dort stirbt dieser unliebsame Purpurträger Ende Februar des üblichen schnellen und natürlich ungeklärten Todes. Die beiden Herzöge aus dem Hause Orsini aber werden auf Befehl Cesares erdrosselt.

Späte Rache für den Toten im Tiber? So könnte es durchaus gewesen sein. Etwa ein Jahr nach der Ermordung Juans jedoch kommt eine andere Version auf. Der venezianische Botschafter in Rom, ein notorisch gut informierter, scharfsichtiger Beobachter, berichtet diesen Tathergang bei seiner Rechenschaftsablegung im Senat der Lagunenrepublik als ein lapidares Faktum: Cesare habe den Bruder töten lassen, und zwar aus Eifersucht. Soll heißen: er habe sich durch den Herzog von Gandia in den Schatten gestellt gefühlt. Heute würde man sagen: in seiner Karriere blockiert befunden. Fragt man nach dem Meistbegünstigten der Tat, dann läuft es tatsächlich auf Cesare hinaus. Erst das blutige Abtreten Juans macht für ihn den Weg frei: heraus aus dem lästigen Kardinalat, in seine wahre Berufung als Militär und Herrscher hinein. Dass Cesare wenig später dann auch noch den zweiten Gatten Lucrezias ermorden ließ, musste dieser Theorie machtvollen Vorschub leisten. Zuzutrauen, darin waren sich alle einig, war es ihm. Aber vielleicht ist das alles viel zu rational gedacht – Motive für eine Tötung im Affekt hatten schließlich so viele …

Am Ende, so die befriedigten Zeitgenossen, steht Nemesis. Nach dem plötzlichen Tod Alexanders VI. im August 1503 – höchstwahrscheinlich infolge Malaria, nicht durch eigenes, für andere zubereitetes Gift, wie die entzückten Feinde glauben wollten – bricht die Herrschaft der Borgia in Rom und in der Romagna wie ein Kartenhaus zusammen. Bei aller Machtfülle hatten sie die wichtigste Abstützung vergessen: soziale Fundamente. Niemandem abgegeben, alle betrogen – so werden sie zu Sündenböcken des Systems Nepotismus, das sich durch ihre Opferung reinigt und fortsetzt. Cesare agiert nach dem Tode des Papst-Vaters kopf-, plan- und hilflos. Als Geisel beziehungsweise Gefangener hin und her geschoben, gelingt ihm im Herbst 1506 die Flucht aus dem spanischen Kerker zu seinem königlichen Schwiegervater am Fuß der Pyrenäen. Dort fällt er im März 1507 in einem unbedeutenden Gefecht. Die Erleichterung in Rom ist riesig. Ein weiterer ziemlich verdächtiger Todesfall. Und Nahrung für einen Mythos, der bis heute fortlebt.

Arne Karsten

Verkehrsprobleme, frühneuzeitlich

Fulvio Testi war nicht nur einer der bedeutendsten italienischen Schriftsteller seiner Zeit, sondern übte auch die Tätigkeit eines Gesandten für seinen Herrn und Brotgeber, den Herzog Francesco I. von Modena, aus. Diese für unsere Ohren seltsam klingende Berufskombination war im 17. Jahrhundert so ungewöhnlich nicht. Es gab damals noch keinen nennenswerten Buchmarkt, von dessen Einkünften ein Gelehrter oder Literat hätte leben können, und so ging man seiner Tätigkeit in aller Regel im Dienste eines mehr oder weniger bedeutenden *padrone* nach. Das hatte häufig ein enges Vertrauensverhältnis zwischen dem Herrn und seinem angesehenen Diener zur Folge, und da Wissenschaftler und Schriftsteller mitunter über ungewöhnliche Geistesgaben verfügen, lag es nahe, sie gelegentlich direkt der Politik nutzbar zu machen. Fulvio Testi jedenfalls war als Diplomat für den Herzog von Modena in halb Europa unterwegs. Unter anderem hielt er sich wiederholt für längere Zeit in Rom auf, und seine Briefe von dort gehören zu den interessantesten – und zugleich unterhaltsamsten – Dokumenten, die wir aus dieser Epoche haben. Wenn sie in der historischen Forschung bisher praktisch nicht berücksichtigt worden sind, so ist das eine schlagende Bestätigung für die These des Historikers Hartmut Boockmann: „Eine der sichersten Methoden, Quellen zu verstecken, ist deren Edition." Testis Berichte vom Papsthof, vom politischen und gesellschaftlichen Leben der Ewigen Stadt sind nicht nur brillant formuliert, sie sind auch ganz ungewöhnlich scharfsichtig und zudem oft von charmanter Boshaftigkeit. Im Gegensatz zu so vielen seiner Zeitgenossen war Testi nicht geneigt, ein Blatt vor den Mund zu nehmen. Am 2. September 1634 schrieb er an Francesco I. nach Modena:

„Gnädigster Fürst. Auch in Rom ereignen sich Tragödien, gäbe Gott, dass ich nicht mit solch großem Mitgefühl, wie ich es gerechtfertigterweise empfinde, den Bericht schriebe, den ich Euer Gnaden jetzt mitzuteilen habe. Am gestrigen Freitag (dem 1. September 1634) traf der Herr Don Carlo Colonna (...), Sohn des Contestabile, in seiner Kutsche auf die Söhne des Herzogs Caetani und des Herzogs Cesarini, die sich ebenfalls in ihrer Kutsche befanden, die miteinander verwandt sind und Jünglinge von dreizehn- oder vierzehn Jahren; weil Don Carlo den Vortritt haben wollte, ließ er mit Gewalt ihre Pferde anhalten und die Kutsche wenden, in der sie saßen. Dieses Verhalten hat großen Unmut erregt, weil der Hochmut der Colonna („superbia colonnese", ein im Rom dieser Jahre fester Ausdruck), besonders während dieses Pontifikates, alle Welt reizt, denn sie wollen sich über alle anderen römischen Adelsfamilien erheben."

Die Colonna und die Caetani waren zwei der ältesten römischen Adelsfamilien. Beide hatten im Spätmittelalter Päpste gestellt und geboten damals in Mittel- und Süditalien über riesige Besitzungen, auf denen sie wie unabhängige Fürsten herrschten. Im 15. und 16. Jahrhundert waren sie mächtig genug, um für den Kaiser und die europäischen Könige interessante Bündnispartner zu sein. Doch hatte seitdem ihr politisches Gewicht im Zuge des Erstarkens der päpstlichen Zentralgewalt kontinuierlich abgenommen. Schon seit einiger Zeit befanden sie sich auch in erheblichen wirtschaftlichen Schwierigkeiten, die sich nicht zuletzt dahingehend auswirkten, dass sie nach und nach Teile ihres Großgrundbesitzes verkaufen mussten. Da nun den Menschen kaum etwas so schwer fällt, wie Abschied von einstiger Bedeutung zu nehmen, kompensierten sie ihren realen Machtverlust durch umso hochmütigeres Auftreten. Besonders die Colonna waren dafür berühmt, wie Testis Bemerkungen durchblicken lassen. Kein Wunder also, wenn der Affront, den Carlo Colonna den halbwüchsigen Caetani-Söhnen angetan hatte, deren Onkel in Harnisch brachte und der Skandal zur Tragödie wurde. In Fulvio Testis Brief heißt es weiter:

„Heute hat Don Gregorio Caetani, Bruder des Herrn Kardinal (Luigi Caetani) und Onkel der Jünglinge, Don Carlo Colonna getroffen, der, nach allem was man hört, Don Gregorio genauso hat behandeln wollen; worauf hin man zu den Waffen gegriffen hat und, aus den Kutschen gestürzt, begann, sich zu schlagen. Don Gregorio ist dabei zu Tode gekommen und Don Carlo wurde verletzt, manche sagen leicht, und manche schwer. Ganz Rom ist in Aufregung, zumal es nicht möglich ist zu erfahren, was wirklich geschah.

Einige sagen, dass Don Gregorio niemanden bei sich hatte als zwei Pagen und zwei *gentiluomini* in der Kutsche, während Don Carlo, abgesehen davon, dass seine Kutsche voll war mit *gentiluomini* und über die acht Pagen hinaus, die ihn immer begleiten, noch zwei weitere Kutschen voller Leute in seinem Gefolge hatte; und schließlich heißt es, dass es durchaus Don Gregorio gewesen ist, dem es gelang, Don Carlo zu verletzen, während es zwei Pagen Don Carlos waren, die Don Gregorio töteten. Die Nachsicht der Barberini wird allgemein getadelt, denn sie hätten von vorneherein einschreiten müssen, aber auch sie werden nicht viel davon haben, denn sie können zwei Kreaturen als verloren abschreiben, nämlich (die Kardinäle) Cesarini und Caetani; und besonders Letzterer wird ganz gewiss gesonnen und entschlossen sein, es ihnen bei Gelegenheit heimzuzahlen. Ich fürchte sehr, dass aus diesem Konflikt üble Konsequenzen erwachsen werden."

So weit die blutigen Ereignisse, über die sich noch einige Details hinzufügen ließen, denn auch der römische Bürger Giacinto Gigli berichtet in seinem Tagebuch davon – nichts anderes als Testi, aber noch ein bisschen mehr, etwa von den Adligen, die Don Carlo Colonna begleiteten, und der Tapferkeit Don Gregorio Caetanis, der seinen Widersacher mehrmals mit dem Degen auf der Brust traf, was diesem nicht schadete, da er ein Lederwams darüber trug; auch davon, dass schließlich die Verletzung eines Fingers ausreichte, um Don Carlos Heldenmut stark zu dämpfen und ihn flüchten zu lassen; schließlich, wie daraufhin Don Gregorio, im berechtigten Glauben, es dem hochmütigen Colonna-Sproß ordentlich gezeigt zu haben, sich abwandte, und in diesem Moment von einem der adligen Gefolgsleute der Colonna hinterrücks die tödliche Verwundung beigebracht bekam.

So mag es gewesen sein, oder so ähnlich, denn es gab noch weitere Berichte, die sich in Einzelheiten widersprechen. „Sicher ist, dass Don Gregorio sich wie ein vorbildlicher Soldat betrug, und dass sogar Don Carlo dies ehrlich zugibt (…) Alles andere ist recht unklar.“ Im Übrigen ist es auch nicht weiter wichtig. Wesentlich interessanter nämlich als der Verlauf dieser Straßenschlacht zwischen römischen Hochadligen sind die weiteren Folgen, von denen Fulvio Testi berichtet.

Denn der kleine Privatkrieg zwischen den Familien Colonna einerseits, andererseits den Caetani und Cesarini hatte die Intervention fast aller italienischen Herrscher zur Folge. Um diese weitreichenden Konsequenzen zu verstehen, muss man zunächst einmal wissen, dass die Colonna seit dem Jahr 1627 mit der regierenden Papstfamilie verwandt waren. Damals hatte Don Taddeo Barberini, Neffe Papst Urbans VIII., Anna Colonna geheiratet, die Schwester des hochmütigen Carlo. Verwandtschaft spielte nun in der Frühneuzeit eine ungleich größere Rolle als heute, und so war klar, dass in dem gegenwärtigen Streit die Barberini auf der Seite ihres Schwagers zu finden sein würden. Das stand ihnen eigentlich schlecht zu Gesicht, denn als Familie des päpstlichen Landesherren hätten sie dessen Autorität als überparteilicher Schiedsrichter unterstützen müssen. Herrscherfamilie aber waren die Barberini nur so lange, wie Urban VIII. lebte. Danach würden sie auf den Rang eines römischen Adelshauses unter vielen zurücksinken, und aus dieser Konstellation ergab sich die unangenehme Lage, in der sie sich nun befanden. Einerseits mussten die Barberini zu ihren Verwandten, den Colonna, halten. Andererseits durften sie dabei nicht zu weit gehen, denn die Feindschaft der übrigen römischen Adelsfamilien könnte in diesem Fall nach dem Tod Urbans VIII. fatale Folgen haben, und das war ihnen auch klar, wie Testi feststellt: „denn sie (die Barberini) wissen ganz genau, was es nach dem Tod des Papstes bedeuten wird, die Caetani, Cesarini und alle übrigen Barone Roms zu Feinden zu haben".

Mit diesen innenpolitischen Sorgen nicht genug, wurde die Lage für den Papst und seine Angehörigen noch wesentlich verschlimmert durch außenpolitische Verwicklungen, nutzten doch die übrigen italienischen Herrscher die günstige Gelegenheit, die Autorität des Papstes als Landesherr zu erschüttern, indem sie sich zu Fürsprechern der Caetani und ihrer Verwandten, den Cesarini machten. Wenn man ihnen jetzt gegen die Colonna und Barberini half, so die Kalkulation, würde man sich die immer noch mächtigen Häuser verpflichten, und in den allfälligen politischen Auseinandersetzungen mit dem Kirchenstaat seinerseits ihre Hilfe einfordern können – gewissermaßen ein Trojanisches Pferd in der römischen Machtzentrale des Papstes.

So zögerte etwa der Botschafter des Großherzogs der Toskana nicht, die Caetani öffentlich des Schutzes durch seinen Herrn zu versichern. Auch der Herzog Odoardo II. von Parma und Piacenza bekundete seine Solidarität, und zwar auf nicht weniger spektakuläre Weise, indem er den Kardinal Cesarini und dessen Bruder, den Herzog, aufforderte, sich an seinen Hof zu begeben.

Fulvio Testi rät seinem Herren, ebenfalls die Gelegenheit beim Schopf zu fassen:

„Wenn ich an Stelle Eurer Hoheit wäre, so würde ich den Kardinal Caetani und seinen Bruder (...) einladen, sich nach Modena zurückzuziehen, und ihnen alle (Schutz-)Briefe schreiben, die sie wünschen. Bei Gelegenheiten dieser Art lässt sich aller Welt hervorragend die Größe eines Herrschers zeigen (...)."

Auf diese Weise könne man viele treue Anhänger gewinnen, wenn nämlich die Leute sehen, dass ein Fürst seine Klienten zu schützen gewillt und in der Lage ist.

„Das gesamte Kardinalskollegium wird erfreut sein über die Dankbarkeit Eurer Hoheit (gegenüber der Familie Caetani), und die Übrigen werden lernen, was es heißt, sich gut zu stellen mit einem Fürsten von Euren Qualitäten. Selbst die Barberini, die schließlich nicht die Hauptbeteiligten in dieser Sache sind und die sehr stark an sich selber denken, werden Eure Hoheit dann höher achten und sich hüten, euch zu verärgern, denn sie wissen ganz genau, was es nach dem Tod des Papstes bedeuten wird, die Caetani, Cesarini und alle übrigen Barone Roms zu Feinden zu haben."

Francesco I. hörte auf den Rat seines Gesandten und schickte so schnell wie möglich die gewünschten Briefe, in denen er den Caetani seine unbedingte Unterstützung garantierte. Testi versicherte daraufhin, sie so präsentieren zu wollen, dass die darin zugesagten Versicherungen als wesentlich umfangreicher erscheine, als alles, was der Großherzog der Toskana und der Herzog von Parma den Caetani versprochen hatten, „damit (die Caetani) uns deswegen umso mehr verpflichtet sind". Zu diesem Zeitpunkt war aus den Hilfszusagen für die alte römische Adelsfamilie so etwas wie ein sportlicher Wettkampf unter den italienischen Fürsten geworden. Testi beschwört seinen Herrn geradezu, zumal für den Kardinal Caetani alles Mögliche zu tun, denn die übrigen Herrscher „haben wahre Wunder vollbracht".

Und der Herzog von Modena handelte, und handelte so, dass sein Vertreter in Rom in höchstem Maße zufrieden war. Besonders, weil er die richtige Form wählte: im Gegensatz zu anderen Fürsten sandte er seine Angebote nicht mit aufsehenerregenden Eilboten, und versprach auch nicht, wie der Herzog von Parma, zur Not für die Caetani in den Krieg zu ziehen. Derlei Übertreibungen, so Testi, nähme niemand ernst, als fauler Theaterzauber riefen sie eher Enttäuschung hervor. Die Einladung der Caetani nach Modena hingegen sei mit äußerster Dankbarkeit aufgenommen worden, und so könne Francesco I. „über dieses Haus verfügen, wie über das eigene". Was umso mehr wert sei, als die Caetani unter allen römischen Adelshäusern für dasjenige gälten, das die Interessen seiner Freunde am herzlichsten und nachdrücklichsten vertrete.

Wir sind versucht, über die Ehrpusseligkeit frühneuzeitlicher Adliger, die sich um den Vortritt ihrer Kutsche bis aufs Blut streiten, melancholisch zu lächeln. Wie kann man sich nur wegen einer solchen Banalität höchst ernsthaft schlagen und sogar töten? Fulvio Testis Bericht aber lässt erkennen, dass es nicht um eine Banalität ging. Zweifellos erregte es besonderes Aufsehen, dass die Auseinandersetzung in diesem Fall mit dem Tod eines der Beteiligten endete. Doch auch wenn es ‚nur' bei Beleidigungen blieb, konnte der Streit um protokollarische Fragen ohne weiteres internationale politische Verwicklungen nach sich ziehen. Um das zu verstehen, muss man sich vor Augen halten, dass es im 17. Jahrhundert noch keine modernen Medien gab, die für die Information und Beeinflussung der Massen sorgten. Das Gewicht, das man dem Recht des Vortritts beimaß, erklärt sich daraus, dass an dieser Geste die Bedeutung einer Person, die gesellschaftliche Hierarchie sichtbar zum Ausdruck kam wie sonst nur selten. In einer solchen alltäglichen Szene wurde dem einfachen Mann auf der Straße vor Augen geführt, wer mächtig ist und wer zurückstehen muss – noch das Wort „zurückstehen" ist am Ende aussagekräftig genug.

Kein Wunder also, wenn die frühneuzeitliche Gesellschaft mit ungeheurer Sorgfalt auf die geringfügigsten Einzelheiten des Zeremoniells achtete. Und auch kein Wunder, dass man in dieser Hinsicht in Rom alle anderen Städte

Europas übertraf. Denn hier waren die Sozialstrukturen verworrener und unübersichtlicher als irgendwo anders. In Frankreich, in Spanien, aber ebenso in Bayern etwa oder in Modena herrschten Königs- oder Fürstenfamilien. Nach dem Tod des Staatsoberhauptes folgte sein Sohn, gelegentlich der Neffe oder Enkel, in aller Regel jedenfalls ein Familienmitglied. Die Gesellschaft wusste, wer der Thronfolger, der Kronprinz war.

In Rom aber lagen die Dinge anders. Hier wechselte mit dem Papst zugleich die Herrscherfamilie, und niemand konnte voraussagen, welcher Kardinal, welche Familie dem jeweils regierenden Pontifex nachfolgen würde. Und selbst dann, wenn die Dinge einen günstigen Verlauf nahmen, wenn man im Gefolge einer Papstfamilie Zugang zu Ämtern und Würden gefunden hatte, ja selbst wenn es einem Familienmitglied gelungen war, auf den Stuhl Petri gewählt zu werden, so war damit immer nur ein flüchtiger Moment des Glücks, ein vergänglicher Triumph verbunden. Nach dem Tod des Papstes würde sich wieder alles ändern, und für diesen Moment galt es bei Zeiten vorzusorgen.

Somit bestand die römische Oberschicht aus Familienverbänden, deren Position in der sozialen Hierarchie stets im Flusse blieb. Wer heute die Unterstützung des Papstes hatte, musste damit rechnen, schon morgen unter seinem Nachfolger in Ungnade zu fallen. Gewinner und Verlierer wechselten mit – im europäischen Vergleich – atemberaubender Geschwindigkeit. Wie aber konnte man dann der Gesellschaft, dem einfachen Volk, den Bürgern, den Standesgenossen begreiflich machen, wo man stand? Wie ihnen einen Eindruck von der Größe und Bedeutung des eigenen Hauses vermitteln – was ja mitunter umso dringender erschien, wenn diese Bedeutung im Rückgang begriffen war? Dazu musste man es den Menschen zeigen, ihnen vor Augen führen; jeden Tag aufs Neue, denn keine Videoaufzeichnung dokumentierte, wer wem den Vortritt ließ, wer vor wem sitzen durfte, welche Kutsche Vorfahrt hatte. Wir glauben, was wir sehen – diese alte Wahrheit war von manchem römischen Adligen offensichtlich so verinnerlicht worden, dass er lieber zum Degen griff, als zurückzustehen.

Arne Karsten

Maria Veralli

Es ist ein düsteres Gemälde, das den Besucher beim Betreten der Galleria Spada in Rom sogleich in seinen Bann schlägt – düster nicht nur aufgrund der dunklen Farben, in denen es gehalten ist. Unübersehbar ist die Präsenz der Todessymbole, etwa der Sanduhr als der klassischen Metapher für die unerbittlich verrinnende Zeit, oder der Zeichnung eines Skeletts; weitere Symbole der Vergänglichkeit, wie eine welkende Blume und ein Spiegel, spielen auf das Thema des *memento mori* und die Eitelkeit allen Seins an. Einige Münzen erinnern unübersehbar an die Unbeständigkeit von Reichtum und Macht.

Im Zentrum des Bildes steht eine ältere Person, deren Geschlecht weder durch ihre Kleidung noch durch ihre Gesichtszüge eindeutig zu bestimmen ist. Ein Blick auf den Bildtitel hilft dem verunsicherten Betrachter weiter: Das Gemälde stellt die Marchesa Maria Spada-Veralli im Kreise von fünf ihrer Söhne dar. Der Ehemann fehlt, und zwar nicht etwa deshalb, weil er bereits tot wäre: zum Zeitpunkt, da der aus Dänemark stammende Maler Eberhard Keilhau das eigenartige Familienbild schuf, verblieben dem Orazio Spada, so der Name des Gemahls der düsteren Marchesa, noch 25 Lebensjahre. Vermutlich war er zum Zeitpunkt, da dieses eigenartige Familienporträt entstand, nicht in Rom, sondern auf einer seiner zahlreichen Reisen, die der Kontrolle des Familienbesitzes im nördlichen Latium dienten. Doch hätte der Maler zweifellos auf seine Rückkehr warten oder sich eines Porträts als Vorbild bedienen können. Umso erstaunlicher, wie dominant die Position der Maria Veralli in Szene gesetzt ist! Die Frau als beherrschende Persönlichkeit in einer frühneuzeitlichen Familie, einer römischen dazu – man möchte sich die Augen reiben. Und stellt sich die etwas beunruhigte Frage, ob unser Bild von der patriarchalischen Kleriker-Gesellschaft, in der Frauen der Theorie nach nur als Huren oder Heilige, in der Praxis nur als Schattenexistenzen vorkamen, am Ende mit der historischen Wirklichkeit nicht so ganz übereinstimmt. Das tut es in der Tat nicht; jedenfalls wäre das klassische Klischee zu differenzieren. Die Geschichte der Marchesa Maria Spada-Veralli liefert einen eindrucksvollen Beleg dafür.

Maria Veralli entstammte einer seit längerer Zeit in der römischen Oberschicht etablierten Familie mit besten Verbindungen an der Kurie: zwei ihrer Vorfahren, Girolamo und ihr Onkel Fabrizio Veralli († 1624), hatten es bis

Eberhard Keilhau, Porträt der Maria Spada-Veralli mit fünf ihrer Söhne, Galleria Spada, Rom

Der aus Dänemark stammende Maler schuf das Gruppenporträt vermutlich im Jahre 1662. Darauf deuten die zahlreichen Todes- und Vergänglichkeitssymbole, die zu erkennen sind. Zu Beginn der 1660er-Jahre waren innerhalb kurzer Zeit die bedeutendsten Persönlichkeiten innerhalb der Familie, der Kardinal Bernardino und der Oratorianer-Pater Virgilio Spada, gestorben. In dieser für die Familie schwierigen Situation spiegelt des Gemälde unübersehbar die dominante Stellung der Maria Spada-Veralli wider.

zum Kardinalat gebracht. Wie in vielen Kardinalsfamilien dieser Epoche zeitigte jedoch die kirchliche Karriere der männlichen Verwandtschaft fatale Nebenwirkungen im Hinblick auf den Fortbestand der Familie Marias: Als einzige Tochter war sie der letzte Zweig am Familienstammbaum und mithin die Alleinerbin des Giovanni Battista Veralli und der Eugenia Rocci. Über die Mutter war sie zudem mit einem weiteren Kardinal, Ciriaco Rocci, verwandt, mit anderen Worten: eine sehr gute Partie. Kein Wunder, dass die Zahl der Heiratsbewerber in den frühen dreißiger Jahren des 17. Jahrhunderts groß war. Unter ihnen befand sich auch die Aufsteigerfamilie Spada, die damals über zwei ambitionierte Geistliche verfügte, die sich nicht zuletzt als erfolgreiche Heiratsmakler zu betätigen verstanden: Bernardino Spada (1594–1661), seit 1626 ebenfalls ein Träger des roten Hutes, und sein Bruder Virgilio, weniger prominent, aber nicht weniger intelligent und ehrgeizig. Letzterer hat die Entwürfe zu einer Lebensbeschreibung seines Bruders hinterlassen, in der er unter anderem die Verhandlungen um die Heirat der Maria Veralli detailliert beschreibt. Und weil sein Bericht ebenso interessant wie anschaulich ist, sei er in der gebotenen Kürze erzählt.

Eines Tages hatte Virgilio Spada von einem Freunde gesprächsweise erfahren, dass der Kardinal Rocci seine Nichte zu verheiraten suchte, und war dabei auf die Idee gekommen, einmal bei den Spada das Interesse zu sondieren. „Padre Virgilio, der wenig Erfahrung in höfischen Angelegenheiten hatte, wusste nicht, was er antworten sollte und beendete das Gespräch", doch trotz dieser bedauernswerten Unbeholfenheit hatte er nichts Eiligeres zu tun, als seinem Bruder Bernardino von der Sache zu erzählen. Der hielt sie für eine Fabel. „In Rom gibt es mehr Sperber als Wachteln, und niemals fehlt es den Papstneffen an armen Verwandten, die sie unterstützen wollen (...), und deswegen ist es überflüssig, der Sache weiter nachzugehen, und verrückt, Hoffnungen darein zu setzen." So der Kardinal, welt- und politikerfahren wie er war. Maria Veralli mit ihrer reichen Mitgift musste in der Tat als Partie für finanziell unterversorgte Papstverwandte überaus erstrebenswert erscheinen.

Damit schien die Sache vom Tisch, bis Kardinal Spada einige Zeit später mit Salustio Bartoli, einem alten Bekannten und zugleich engen Vertrauten des Kardinals Rocci ins Gespräch kam. In dessen Verlauf bestätigte Bartoli nochmals, dass Rocci seine Nichte verheiraten wolle, um deren Hand sogar ein Angehöriger der alten und hochrenommierten römischen Baronalfamilie Orsini angehalten habe; aber man spräche nach wie vor auch von einem Angehörigen des Hauses Spada. Der Kardinal leugnete jegliches Interesse. Seine Familie könne doch keinesfalls mit dem uralten Baronal-Clan der Orsini konkurrieren – die seien einfach zu renommiert.

„'Bartoli antwortete: Kardinal Rocci passt das aber alles nicht und er will sie ihm nicht geben'; 'Und umso weniger einem meiner Neffen' setzte der Kardinal Spada dagegen; 'Nein, nein, lassen Sie mich nur machen', sagte Bartoli, und weil der Kardinal auf seinem 'Nein' beharrte, entstand ein freundschaftlicher Streit, den Bartoli um jeden Preis gewinnen wollte, unter der Bedingung, dass er die Verhandlungen vorsichtig führe und nichts überstürze.

Es waren keine drei Stunden vergangen, als Bartoli meldete: 'Der Herr Kardinal Rocci, mein Herr, dankt Eurer Eminenz für die Bereitschaft, sich mit ihm zu verschwägern, und erklärt seine Bereitschaft, seine Nichte einem Neffen Eurer Eminenz zu geben.'"

Bernardino Spada war sprachlos ob der Geschwindigkeit, mit der sich die ebenso interessante wie auf den ersten Blick komplizierte Angelegenheit zu lösen schien.

Nun war eine solche Heirat nichts anderes als eine Haupt- und Staatsaktion. Wo eine reiche Partie im Spiel war, fehlte es nie an aufmerksamen Konkurrenten, schließlich gab es in Rom „mehr Sperber als Wachteln", und es musste geraten erscheinen, die Verhandlungen nicht an die große Glocke zu hängen, zumal wenn sie so kurz vor dem Abschluss standen. Deswegen wurde vereinbart, dass Kardinal Spada, unter dem Vorwand eines Ausflugs, Rocci auf seinem Landsitz bei Frascati besuche, wo sich ‚zufällig' auch gerade der Kardinal Panziroli aufhielt, um bei der schriftlichen Aufsetzung des Heiratsvertrages als Zeuge zu fungieren. Die vorsichtige Geheimhaltung erwies sich schon bald als nur zu berechtigt, denn als Panziroli einige Tage später die Sache dem Kardinalnepoten Francesco Barberini, Neffe des regierenden Papstes Urban VIII. (1623–1644), mitteilen wollte, unterbrach ihn dieser und gebot ihm zu schweigen, „rief sofort einen Angehörigen seiner *famiglia* und schickte ihn zum Kardinal Rocci, um ihm sagen zu lassen, dass er wisse, Rocci habe eine Nichte im heiratsfähigen Alter, und da er seinerseits einen Angehörigen aus dem alten Adelshaus Machiavelli habe, so wünsche er, der Freundschaft die Verwandtschaft hinzuzufügen", sprich: diesen Machiavelli mit Maria zu verheiraten. Da hatte man also den Ärger in Form der Intervention des mächtigen Kardinalnepoten, der sich die günstige Gelegenheit, einen armen Verwandten vorteilhaft zu verheiraten, nicht entgehen lassen wollte.

Kardinal Rocci, „obwohl er nicht als der klügste Mann der Welt galt", antwortete geschickt. Er sei mit Spada schon fast einig geworden, wisse aber natürlich die Ehre einer Verwandtschaft mit dem berühmten Hause Barberini mehr als alles andere zu schätzen und freue sich besonders, da der Kardinal Barberini doch sicherlich dafür sorgen werde, dass seine, Roccis, Nichte als Verwandte der Barberini wirtschaftlich nicht schlechter stünde denn als Verwandte der Spada. Sofort war das Interesse Francesco Barberinis erloschen, denn die Machiavelli befanden sich in wirtschaftlich wenig erfreulicher Situation, und sie finanziell zu unterstützen hatte der Papstnepot nicht im Sinn.

Im weiteren Verlauf der Verhandlungen sollten noch andere Probleme zutage treten, doch schließlich wurde der Heiratsvertrag und am 6. Januar 1636 die Ehe geschlossen. Die Art und Weise ihres Zustandekommens war typisch für die Epoche – die Hauptbeteiligten hatten keinerlei Einfluss darauf. Also doch ein Zeitalter, in dem das Individuum, zumal das weibliche, nicht mehr als ein willenloser Spielball der Familieninteressen war? Gewiss, eine Eheschließung war für die Familie als ganze von zu großer Bedeutung, als dass man sie den emotionalen Augenblicksentscheidungen der zukünftigen Partner überlassen konnte. Wohl und Wehe, weiterer Aufstieg, Stagnation oder auch sozialer Abstieg hingen in entscheidendem Maße von den Eheverbindungen ab, die es zu knüpfen gelang – oder eben nicht. Das Prestige der Ehepartner stand in direkter Relation zu demjenigen der eigenen Familie. Über reiche Mitgiften und Erbschaften konnten zudem die wirtschaftlichen Fundamente des Familienvermögens verstärkt werden, vor allem aber: mittels der Anknüpfung verwandtschaftlicher Beziehungen war es möglich, das Netz sozialer Verbindungen nicht nur zu neuen Verwandten, sondern auch zu deren Klientel zu erweitern. Heiraten waren deswegen das wichtigste Mittel, bestehende Allianzen zu stärken und anderseits das Kontaktnetz der Familie zu verdichten. Demgegenüber mussten persönliche Gefühle zurücktreten, was nicht heißen soll, es habe sie nicht gegeben, und im Falle des Orazio Spada und der Maria Veralli stellte sich recht bald heraus, dass die beiden gut zusammen passten. Noch vor seiner Heirat schrieb Orazio an einen Verwandten:

> „Meine Signora Maria, obwohl eine echte Römerin, ist durchaus nicht wie so viele andere, die in dem Rufe stehen, eitel und oberflächlich zu sein und nicht viel zu taugen (...) Ich bin mit ihr überaus zufrieden, und Gott weiß, obwohl ich sie nur einmal ganz kurz gesehen habe und sie nur durch Berichte kenne, Gott weiß, dass ich sie zärtlich liebe und sonst was zu tun bereit wäre, um ihr zu gefallen (...) Ich bin ganz verrückt vor Verliebtheit und weiß nicht einmal, ob ich es verdiene, von ihr geliebt zu werden. Und doch wisst Ihr, dass ich ein recht phlegmatischer Mensch bin und mich an sich kaum begeistern kann für Menschen, die mich meine Natur ändern machen."

Ein ungewöhnliches Dokument in einer Zeit, die weit weniger als das gefühlsselige bürgerliche 19. Jahrhundert zur Äußerung persönlicher Empfindungen geneigt war. Orazio Spada verfügte nicht nur über ein differenziertes Innenleben, sondern auch über gewisse literarische Ambitionen, wie in seinen Briefen immer wieder deutlich wird; und er scheint mit seiner intelligenten und hellsichtigen, dabei sehr lebenspraktisch veranlagten Frau eine ideale Partnerin wenn nicht gefunden, so doch zugewiesen bekommen zu haben.

Die Briefe Marias an ihren Mann sind ihrerseits in einem immer wieder durch Herzlichkeit und Direktheit auffallenden Ton gehalten, ihre Kommentare über Ereignisse innerhalb der kleinen römischen Upperclass so knapp wie oftmals sarkastisch: „Heute Mittag um 15.00 Uhr ist die Herzogin von Fiano verstorben, alias die Kröte" benachrichtigte sie beispielsweise am 5. Mai 1641 ihren „Onkel" Bernardino Spada, dessen familiäre Stellung übrigens mit dieser Bezeichnung wenig glücklich beschrieben ist. Aufgrund seiner herausragenden Position an der Kurie und nicht weniger seine dominante Persönlichkeit stellte der Kardinal unangefochten das Haupt des römischen Familienzweiges dar, die unbestrittene Autorität in allen Fragen, welche die Familie betrafen. Insofern wäre das Verhältnis zwischen Maria und ihm eher mit demjenigen zwischen Schwiegervater und -tochter zu beschreiben – eine nicht untypische Konstellation in der römischen Klerikergesellschaft. Hohe Geistliche, besonders Kardinäle, genossen innerhalb ihrer Familien durch ihre gesellschaftliche und politische Stellung häufig herausragendes Prestige, zudem verfügten sie durch ihre in der Regel beträchtlichen Einnahmen über wirtschaftliche Ressourcen, die nach ihrem Tod den Verwandten zugute kamen. Das Zölibat verpflichtete sie zwar zum Verzicht auf eigenen legitimen Nachwuchs – mit der sexuellen Enthaltsamkeit an sich nahm man es in dieser Epoche wahrlich nicht zu ernst –, aber gerade dadurch erlangten sie unter ihren Nichten und Neffen eine patriarchengleiche Stellung. Wer mochte schon den reichen und mächtigen Erbonkel verärgern?

Das freundschaftliche, ja herzliche Verhältnis Maria Verallis zu Bernardino Spada entsprang freilich nicht rationalem Kalkül. Während der Abwesenheit des Kardinals von der römischen Machtzentrale, etwa wenn er die beiden Familienzweige besuchte, die sich in der Emilia-Romagna etabliert hatten, oder zur Erholung in seiner Villa in Tivoli weilte, war es in der Regel Maria, die ihn über die wichtigsten politischen und gesellschaftlichen Ereignisse auf dem Laufenden hielt. Ihren Rat holte der Kardinal immer wieder ein, und wie viel er auf ihn gab, geht aus einem Brief hervor, den er wenige Monate vor seinem Tod an Maria schrieb. Darin heißt es:

„Meine allerliebste Nichte. Zwischen Euch und mir kann es eigentlich niemals zu einem Streit kommen, denn immer dann, wenn Ihr Euch nicht nach mir richten wollt, richte ich mich ja nach Euch; wie man in der Vergangenheit selbst in Fragen von vitalem Interesse für die Familie sehen konnte (...). Ich weiß sehr wohl, dass Ihr im Überfluss über Sachverstand und guten Willen für die Familie verfügt."

Man sieht, die Frau im Rom des 17. Jahrhunderts spielte zwar formell nur eine untergeordnete Rolle in der Öffentlichkeit einer patriarchalischen Gesellschaft, ihre rechtliche und soziale Autonomie waren begrenzt; aber gerade dadurch erschlossen sich ihr erhebliche informelle Handlungsspielräume. Eine Geschichte der „starken Frauen" im Rom der frühen Neuzeit wäre noch zu schreiben und gewiss nicht ohne Reiz. Maria Veralli jedenfalls besaß offensichtlich großen Einfluss auf ihren mächtigen Onkel.

Und nicht nur auf ihn. Auch ihr Ehemann holte immer wieder ihren Rat ein, wenn er auf Reisen war, um den in diesen Jahren wachsenden Grund-

Palazzo Spada, Rom

Der in der Nähe des Campo dei Fiori gelegene Palazzo Spada gehört zu den eindrucksvollsten Kardinalspalästen der Ewigen Stadt. Kardinal Bernardino Spada hatte ihn im Jahre 1632 von der Familie Capodiferro erworben und in den folgenden Jahrzehnten aufwendig umbauen lassen. Die spätmanieristische Fassade mit ihrem reichen figürlichen Schmuck nimmt vielfach auf die Antike Bezug, vor allem die bedeutenden Persönlichkeiten der altrömischen Geschichte von Romulus bis Kaiser Trajan – ein Verweis, der für die traditionsarme Aufsteigerfamilie Spada besonders reizvoll erscheinen musste.

besitz der Familie, die Pächter und Verwalter der Güter im Norden Roms zu kontrollieren. Durch ihre fast ständige Präsenz im römischen Stadtwohnsitz, dem prächtigen Palazzo Spada, wuchs Maria nach und nach zu so etwas wie der Koordinatorin der Familie heran – nicht zuletzt im Hinblick auf den Lebensweg der zwölf Kinder, die sie zwischen 1636 und 1657 zur Welt brachte (nebst zweier weiterer, die gleich nach der Geburt starben). Der Erziehung des Nachwuchses, dies nun eine traditionell der Frau zustehende Rolle, widmete sich Maria mit der ihr eigenen Energie. Sie muss eine liebevolle Mutter gewesen, dabei mit wachem Sinn für Komik und Ironie ausgestattet, wie deutlich wird, wenn sie dem Kardinal-Onkel von den Reisen der wachsenden Familie berichtet. Etwa wie der kleine Ciriaco im Herbst 1654, damals drei Jahre alt, nach dem Abendessen quengelte, „er wolle jetzt nach Rom zurück gehen; aber dann hat er sich doch entschlossen, erst einmal zu schlafen, und dann loszugehen". Die Tochter Eugenia hingegen sah die Dinge praktischer und verkündete, sie werde nach der gemeinsamen Rückkehr alle ihr Erlebnisse „Zio Nale" erzählen – was einen nach einigem Grübeln zu der Erkenntnis kommen lässt, dass der einflussreiche und vielen Zeitgenossen leicht unheimliche Cardi*nale* Bernardino Spada, der in diesen Jahren an der Kurie so etwas wie eine Graue Eminenz darstellte, im Kreise seiner Familie als doch gleich viel weniger Furcht einflößender „Onkel Nale" figurierte.

Die Bedeutung der Marchesa für die Familie fand in der römischen Oberschicht allgemeine Anerkennung, so dass Virgilio Spada im Jahre 1662 zu ihrer Charakterisierung geradezu emphatische Worte fand: „Aber den größten Schatz, den das Haus Spada durch diese Ehe erwarb, war die Person der Marchesa Maria, die, was ihr Urteil, ihre Klugheit und ihre Güte betrifft, niemandem in der Stadt nachsteht, und dafür auch allen bekannt ist, aufs engste dem Haus verbunden, unermüdlich um das *buon governo* bemüht und höchst zärtlich im Umgang mit den Kindern, in solchem Maße, dass der Herr Kardinal Spada in seinem Leben, und zumal während seines Sterbens keine größere Hilfe und keinen größeren Trost hatte, als durch ihre Person." In späteren Jahren beklagte sich ihr Ehemann mitunter, wenn er mit dem Betragen seiner Kinder, zumal der Söhne nicht zufrieden war, nicht viel Einfluss auf die Erziehung seiner Kinder gehabt zu haben, weil er „dem Willen anderer unterworfen war" – womit er zweifellos seine Frau und den Familienkardinal meinte. Damit dürfte Orazio Spada ein wenig übertrieben haben, denn aus den vielen überlieferten Briefen von seiner Hand geht unzweifelhaft hervor, dass er sich sehr wohl um die Erziehung kümmerte. Aber das ändert nichts an der herausragenden Stellung, die Maria Spada-Veralli zumal nach dem Tod des Kardinals Bernardino in der Familie einnahm. Insofern bildet das düstere Familienporträt von Eberhard Keilhau, anders als so viele Gemälde, die eher Wunsch als die Wirklichkeit zeigen, die Familienverhältnisse im Hause Spada so anschaulich wie zutreffend ab.

Karrieren und Abstürze

Volker Reinhardt

Fünf blutrote Hüte

Der Papst macht die Kardinäle. Die Kardinäle machen den Papst. Und zwar aus den Reihen der Kardinäle. Jeder Papst der Neuzeit war also vorher Kardinal. Als Papst aber steht er weit über den Kardinälen. So weit, dass er neue Kardinäle machen kann. Wann, welche, wie viele? Für die alten Kardinäle keine Frage: der Papst muss ihre Zustimmung einholen. Der Papst hingegen sieht das anders: Christus hat auch nicht um Erlaubnis gefragt, als er seine Jünger berief. So sind Konflikte vorgezeichnet. Sie entstehen aus dem natürlichen Spannungsverhältnis der Gruppe zu ihrem Haupt, gewiss. Die Republik Venedig hat vier Jahrhunderte gebraucht, bis sie ihren Dogen gezähmt hatte; am Ende darf er nicht einmal mehr seine Post unbeobachtet aufmachen, geschweige denn alleine auswärtige Besucher empfangen. So einen Papst hätten die Kardinäle auch gern. Doch in Rom nehmen die Kämpfe um die Führung der Kirche und des Kirchenstaats einen anderen, unerwarteten Verlauf. Ihr Resultat gilt bis heute: der Papst ist der letzte von Rechts wegen absolut unbeschränkte Herrscher Europas. Die Kardinäle – sofern nicht älter als achtzig Jahre – dürfen ihn weiterhin wählen. Weiterreichende Forderungen melden sie nicht mehr an.

Das war nicht immer so. Seit 1352 werden vor jedem Konklave Wahlkapitulationen ausgearbeitet und von den Kardinälen unterzeichnet: Verträge, die den jetzt zu erhebenden Papst dazu verpflichten, eine duale Verfassung der Kirche minutiös einzuhalten. Ihr Motto: nichts ohne den Konsens der Kardinäle. Dem Papst bliebe so nur der Ehrenvorrang und die Rolle eines ausführenden Organs. Doch so kommt es nicht. Einmal gewählt, wischen alle Päpste bis auf einen dieses lästige Fesselpapier vom Tisch: der Heilige Geist hat gesprochen, ich bin frei, so lautet ihre Parole. Mit anderen Worten, eine Verwandlung hat stattgefunden: vom Kardinal zum Papst, vom Menschen zum Über-Menschen, irgendwo im sakralen Raum in der Nähe der Engel. So zumindest verkündet es ein Papst des 14. Jahrhunderts. Die weit unten Zurückgebliebenen, die Kardinäle, sehen das anders. Sie wissen, wie die Kür zustande kam: irdisch genug, nach mühsamen Absprachen, weit reichenden politischen Zugeständnissen. Und manchmal durch Kauf. Alexander VI. Borgia beispielsweise organisiert im Sommer 1492 die Operation Papstwahl als eine Finanztransaktion großen Stils. Das Geld holt er mühelos wieder herein. Denn die von ihm gemachten Kardinäle müssen zahlen; nach

Perugino, Christus verleiht Petrus die Schlüssel, Cappella Sistina, Rom

So demütig, gefügig und uneigennützig wie die Apostel, die auf Peruginos Fresko des Auftrags Christi an Petrus mit freudiger Zustimmung zuschauen, wie ihr Haupt die uneingeschränkte Herrschaft über die Kirche (und damit über die Welt) empfängt, wünschten sich die Päpste der Renaissance ‚ihre' Kardinäle. Stattdessen hatten sie regelmäßig mit der Opposition der Purpurträger zu rechnen, die den großen Sprung auf den Thron Petri nicht geschafft hatten und ihrem erfolgreichen Ex-Kollegen umso weniger die beanspruchte Machtfülle zuzugestehen bereit waren. Eine ‚Zähmung' des Heiligen Kollegiums zeichnet sich erst mit der Vermehrung von deren Mitgliedern ab; doch droht noch 1632 ein Kardinal – bemerkenswerterweise aus dem spanischen Zweig der Borgia – im Namen seines Königs Urban VIII. mit Konzil und Absetzung.

heutiger Kaufkraft zweistellige Millionenbeträge für einen roten Hut. Eine Investition, die sich rentieren muss. Und wenn der Papst das verhindert, gibt es ein letztes Mittel: Mord.

19. Mai 1517. Papst Leo X. empfängt die Kardinäle Petrucci und Sauli. Sie sind seiner ganz speziellen Aufforderung gefolgt. Nach längeren Unstimmigkeiten mit Petrucci, so Leo, müsse jetzt endlich der Augenblick der Versöhnung gekommen sein. Und seinen besten Freund Sauli solle der liebe Gast am besten gleich mitbringen. Beide zögern, doch glauben sie sich einer so herzlichen Einladung nicht verweigern zu können, ohne dass ein schlimmer Verdacht aufkommt. Dass Leo diesen längst hegt, mehr noch: Gewissheit besitzt, ahnen sie nicht. Wie sollten sie auch. Wie sollten sie etwa wissen, dass ein Brief Petruccis an seinen Sekretär nicht den Empfänger erreicht hat, sondern den römischen Spezialagenten in die Hände gefallen war. Der grosse Mitlese-Angriff kam nicht von ungefähr. Allzu ostentativ hatte der Kardinal

schon vorher geschmollt. Und allzu auffällig hatte er Leo seinen Wunderarzt Battista da Vercelli aufzudrängen versucht; dieser verfüge über ein Heilmittel, welches die chronische Krankheit des Papstes zu kurieren und damit unbegrenzte Möglichkeiten aufzutun vermöge: einen Rekordpontifikat, länger als die Regierungszeit des Apostelfürsten Petrus selbst. Leo aber ist vorsichtig und bleibt seinem bewährten Mediziner und dessen Hausmitteln treu. Aus heutiger Sicht kaum wirksam, richten sie zumindest keinen Schaden an. Und er ordnet die unauffällige Beschattung Petruccis an.

Aus dem abgefangenen Schreiben geht klipp und klar hervor, was dieser wirklich im Schilde führte: Gift in die schwärende Fistel des Papstes zu streuen. Von jetzt an wird auch der Arzt, der als Mörder vorgesehen war und in Florenz weilt, von Geheimpolizei auf Schritt und Tritt bewacht. Die Observierten merken von all dem nichts. Sie sind wie mit Blindheit geschlagen. Und die beiden Kardinäle gehen in die Falle. Nach freundlichem Empfang durch Leo bittet dieser, seine Abwesenheit für einen Moment zu entschuldigen. Statt seiner kommen die Häscher und schlagen die Verschwörer in Banden. Beide ahnen, oder besser: fürchten, dass sie verloren sind. Ein Papst kann alles verzeihen. Doch auf einem Anschlag gegen das Leben des Herrschers steht unerbittlich der Tod. So verlangt es die Würde des Amtes. Und der Schutz seiner Inhaber durch Abschreckung. Auch dann, wenn das Attentat nicht stattfand. Die Planung reicht. So zumindest lautet die eherne Regel. Die große Frage war, ob man an einer Kurie, an der so vieles käuflich war, auch eine Begnadigung von einem solchen Frevel erwerben konnte. Die ertappten Verschwörer bangen und hoffen um die Wette.

Doch das ist nur der erste Akt eines Dramas, das in ganz Europa mit atemloser Spannung verfolgt wird. 29. Mai 1517. Der Papst lädt zum Konsistorium. Hier werden normalerweise die Gipfelgeschäfte der Kirche beraten, die lukrativen Benefizien vergeben, Haupt- und Staatsaktionen erörtert, neue Kardinäle vorgeschlagen und auf ihre (Kredit-)Würdigkeit geprüft. An diesem Tag aber steht, so scheint es, nichts Außergewöhnliches auf der Tagesordnung. Leo X., der zweite Sohn Lorenzos de' Medici aus Florenz, hat trotzdem weiche Knie. Ein Medici aber lässt sich nichts anmerken. Nach dem Ende der Sitzung unterhält er sich auffällig unauffällig mit den Kardinälen Raffaele Riario und Alessandro Farnese. Als die anderen den Saal verlassen haben, ein jäher Moment der Stille. Dann schlagen die hinteren Türen von außen zu. Der Rückzug ist abgeschnitten. Und von vorne kommen die Agenten des Papstes. Seidene Handfesseln aber legen sie nur Sansoni Riario an. Das ist eine Sensation. Denn Sansoni Riario war immerhin der Nepot eines Papstes sowie mit einem zweiten, Julius II., Leos Vorgänger, gleichfalls eng verwandt.

Aber auch diese Verhaftung bedeutet noch nicht das Ende der Affäre. Ein Medici hat Sinn für wirkungsvolle Inszenierungen. Hatte Leos Vater Lorenzo eigene Karnevalslieder geschrieben, die auf den Straßen von Florenz zu Ehren seines Hauses, nicht ohne erotische Doppeldeutigkeiten, gesungen wurden, so ist Leo dafür ein Meisterregisseur. 4. Juni 1517. Das nächste Konsistorium ist anberaumt. Die regulären Geschäfte sind Nebensache. Denn der Papst macht eine aufsehenerregende Ankündigung. Zwei weitere Kardinäle seien in das Komplott verwickelt. Wenn sie sich freiwillig vor allen anderen offenbarten, dürften sie auf Gnade hoffen. Man könnte eine Stecknadel fallen hören. Doch keine Hand geht nach oben. Dann müsse es eben eine hochnotpeinliche Einzelbefragung geben, verfügt der Papst. Jeder Kardinal solle ihm persönlich seine Unschuld ins Ohr flüstern. Als auch Kardinal Soderini diese beteuert, verliert der Pontifex die Contenance: Du Judas! Doch der Stellvertreter Christi lässt sich nicht wie dieser wehrlos zur Schlachtbank führen – er nicht. Daraufhin bricht auch die Fassade des zweiten Beschuldigten, Kardinal Adriano Castellesis, zusammen. Beide werden verhaftet. Und in die Engelsburg abgeführt.

Dort sind die Purpurträger inzwischen schon zu fünft. Allerdings nicht in einer gemeinsamen Kardinalszelle. Petrucci und Sauli sitzen ganz unten, im düstersten aller Verliese ein. Die drei anderen genießen demgegenüber fast schon eine Vorzugsbehandlung. Währenddessen tritt nach und nach eine Verschwörung zu Tage, wie sie simpler gestrickt nicht sein kann. Die Zeugenaussagen sind überwältigend, zahlreich und übereinstimmend; es hilft kein Leugnen. Offenbar muss man – wenngleich die Zeugnisse hier auseinander gehen – die Gefangenen nicht einmal foltern. Sie reden von selbst. Weil sie hoffen, ihr Leben doch noch zu retten. In Wirklichkeit aber reden sie sich um Kopf und Kragen. Der Plot des Komplotts aus päpstlicher Sicht: junge, durch Macht, Reichtum, Luxus früh verwöhnte, saturierte, blasierte Männer, die auf den Geschmack an der Macht gekommen sind und jetzt immer mehr wollen – mehr als ihnen nach Alter und Rang zusteht: die ganze Macht und deren Genuss. Diese Einfärbung der Ereignisse ist traditionell. Wer gegen den Papst, den vom Heiligen Geist eingesetzten Stellvertreter Christi, den Stachel löckt, erhebt sich gegen die göttliche Weltordnung, begeht die schwerste aller politischen Blasphemien. Diesen Hochmut aber kann ihnen nur der neidische Böse, der oberste der Teufel, Luzifer selbst, eingegeben haben – wollte doch auch er mehr sein, als ihm zustand, und stürzte so vom Engel des Lichts zum Dämon der Finsternis ab. Leo selbst weiß sehr genau, dass das Phrasen sind.

Die Wirklichkeit ist anders, neuartig und beunruhigend. Und auch die

Verschwörer sehen es anders. Gewiss, sie sind jung und wollen nicht warten. Aber auch der Papst, den sie ermorden wollten, hat schließlich nicht gewartet. Mit 37 Lebensjahren gewinnt er die Tiara – und das mit einem genialen Betrug. Stichwort: die unheilbare Fistel. Darüber lagen sogar ärztliche Atteste vor. Und nur unter dieser Voraussetzung eines kurzen Pontifikats hatte man ihn überhaupt gewählt. Andere wollten ja auch noch zum Zuge kommen. Und jetzt geht es ihm, nach der stetig anschwellenden Körperfülle zu urteilen, besser denn je. Doch nicht nur dadurch fühlen sie sich von diesem Papst hintergangen, betrogen um das, was ihnen zusteht. In ihren Augen sind alle Loyalitätsbande zerrissen. Sie sind ihm nicht nur nichts mehr schuldig. Sondern sie haben das Recht zur Gegenwehr, um ihre legitimen Interessen zu wahren. So sind die Regeln der Politik, wie sie soeben von einem toskanischen Landsmann, Niccolò Machiavelli, in seinem Buch vom Fürsten niedergeschrieben wurden. Nicht, dass die Verschwörer diesen Text kennen. Doch Machiavelli schreibt nur auf, was an den Höfen seit jeher Praxis ist. Das Neue und für Leo Beängstigende daran: diese den gezielten Eliminierungsschlag rechtfertigende Staatsräson galt bisher nicht für Rom, zumindest nicht für den Papst. Doch letztendlich hat sich dieser die Konsequenzen selbst zuzuschreiben. Wie man sät, so erntet man. Oder genauer: wer nach politischen und finanziellen Kriterien Kardinäle erhebt, muss damit rechnen, dass diese es ihm nach ebensolchen Gesichtspunkten heimzahlen. So betrachtet, lag eine Verschwörung im Vatikan seit langem in der Luft.

Niemand konnte das besser abschätzen als Leo selbst. War er doch schon mit dreizehn Jahren Kardinal geworden und als solcher schon drei Jahre später an die Kurie gezogen. Sein roter Hut war Kernbestandteil eines dynastischen Tauschgeschäfts gewesen. Sein Vater, Lorenzo de' Medici, bot Papst Innozenz VIII. eine Tochter zwecks Eheschließung mit dessen Sohn. Und die politische Unterstützung von Florenz. Seinen Sohn ließ Lorenzo allerdings ungern nach Rom ziehen. Wusste er, selbst ein Meister skrupelloser Staatsräson, doch, was diesen dort erwartete: mehr Intrigen, mehr Unmoral, als einem Heranwachsenden gut tut. So zumindest steht es in dem erbaulichen Ermahnungsbrief, den er dem jungen Kirchenfürsten mitgibt. So aber erlebt der junge Kardinal aus Florenz eine Lehrzeit der besonderen Art. Das erste Konklave mit siebzehn, 1492, kurz nach dem Tod des Vaters. Und was für eines. In der empfindsamen Sprache heutiger Pädagogik: was für eine Akkulturation, was für schlechte Einflüsse, die auf diese junge Seele einstürmen. Und 1503 so viele unerwartete Todesfälle unter reichen Klerikern, die alle an plötzlichen Magenkrämpfen zugrunde gehen. Giovanni de' Medici aber überlebt. Seine Strategie ist einfach, aber wirkungsvoll: den Kopf einziehen, sich klein machen. Als bedeutungslos gelten, arm bleiben. Denn wie gesagt: die Reichen sterben. Unter den beiden nächsten Päpsten dann Aufatmen. Wegen seiner Benefizien muss niemand mehr um sein Leben fürchten.

Und unter Julius II. kann der inzwischen achtundzwanzigjährige Kardinal endlich seine wahren Talente entfalten. Heute würde man sie soziale Kompetenz nennen. Er ist anpassungsfähig, jovial, immer gut gelaunt. Und er glaubt an seinen Glücksstern. Und an die Zahl elf; schließlich ist er am 11. Dezember 1475 geboren. Zunächst aber scheint ihn das launische Glück zu narren. Am 11. April 1512 nämlich gerät er als Legat des Papstes nach der blutigen Schlacht von Ravenna in französische Gefangenschaft. An einem Elften gelingt ihm jedoch kurz danach die Flucht. Und am 11. März 1513 wird er zum Papst gewählt. Er ist gesonnen, dieses Papsttum, das ihm das Schicksal verlieh, zu genießen, mindestens elf Jahre lang.

So ist es weniger das Komplott an sich, das ihn zutiefst verstört, als vielmehr der von den Verschwörern in Aussicht genommene neue Papst: Kardinal Raffaele Sansoni Riario. Dieser Name nämlich hat für die Medici einen fatalen Klang. Er weckt die finstersten Erinnerungen. An eine böse Tat, die offenbar fortdauernd Unheil zeugen muss. Selbst nach neununddreißig Jahren scheint dieser Fluch nicht erloschen. Leo ist zu jung, um sich selbst zu erinnern. Doch man hat es ihm erzählt. Mehr noch: er kann diesem Gedächtnis gar nicht entrinnen. In die Annalen der Medici und von Florenz ist es mit blutigen Lettern eingeschrieben. Unter dem Datum des 26. April 1478. Am Vortag ist der Legat Papst Sixtus' IV., sein Nepot Kardinal Raffaele Sansoni Riario, feierlich in der Arnostadt eingezogen. Zu politischen Besprechungen, wie es offiziell heißt. Denn zwischen Rom und den Medici gibt es einiges zu klären. Beträchtliche Verstimmungen sind auszuräumen. Zum einen gibt es Ärger um die Stadt Imola in der Romagna. Nach altem Recht gehört sie der Kirche; nach dem neuen Recht der Eroberung zu Mailand. Dessen Herrscher braucht Geld und nützliche Verbündete und ist daher zum Verkauf bereit. Der Papst möchte sie für einen Hauptnepoten Girolamo Riario erwerben; dieser soll damit einen eigenen Familienstaat begründen. Lorenzo de' Medici aber, der ohne besonderes Amt hinter den Kulissen der Republik die Fäden der großen wie der kleinen Politik zieht, will Imola für Florenz. Peinlicherweise ist er in Personalunion der Haus- und Staatsbankier des Papstes. Als solcher soll er Sixtus das Geld vorstrecken, welches Girolamo für den Kauf Imolas benötigt. Ein echtes Dilemma.

Das sieht auch der Papst so. Umso mehr, als es auch kirchenpolitisch Streit gibt. Lorenzo verweigert dem neuen Erzbischof von Florenz aus der Familie Salviati den Einzug in den Hauptort seiner Diözese. Die Salviati sind unerwünschte Konkurrenten. Und als solche verdächtig. Das gilt noch mehr für die Pazzi. Sie sind geschäftlich erfolgreicher als die Medici. Und sie haben die feste Absicht, die Medici als Bankiers des Papstes zu verdrängen. Politisch werden sie von Lorenzo unten gehalten. Mit allen Mitteln, einschließlich gewisser Zivilprozesse, deren sorgfältig ausgewählte Richter Lorenzo alles verdanken. Mit anderen Worten: der achtzehnjährige Kardinal Sansoni Riario hatte an Ostern 1478 in der Tat eine Menge Konfliktstoff auszuräumen – mehr als Worte bewirken können. Und so sprechen jetzt, während der Ostersonntagsmesse, im Dom von Florenz die Dolche. Die von den Riario, den Pazzi und den Salviati mit umfassender logistischer Unterstützung des Papstes angeworbenen Berufsmörder stürzen sich, als das Glöckchen die Wandlung ankündigt, auf Lorenzo und seinen jüngeren Bruder Giuliano. Doch offenbar macht die Heiligkeit des Ortes und des Augenblicks selbst die hartgesottensten Attentäter nervös. Als alles vorbei ist, zählt man am Körper des toten Giuliano siebzehn Stichwunden. Lorenzo aber überlebt leicht verletzt. Und holt zum Gegenschlag aus. Schon am Abend baumeln die ersten gehängten Verschwörer aus den Fenstern des Palazzo della Signoria. Einen der Mörder rettet selbst die Flucht nach Konstantinopel nicht. Der Sultan liefert ihn der unerbittlichen Gerechtigkeit aus – oder dem, was Lorenzo dafür hält: blutige *vendetta.* Auch Kardinal Sansoni Riario muss anfangs um seinen Leben zittern. Er überlebt am Ende, weil man im jetzt beginnenden Krieg zwischen Florenz und Rom ein so kostbares Faustpfand nicht unnütz vergeudet. Was der Papst, die Pazzi und die Salviati im Falle eines geglückten Umsturzes in Florenz mit den minderjährigen Kindern ihrer Feinde vor hatten, darüber schweigen die Quellen. Doch darf man schließen: nichts Gutes. Wiederum lange vor Machiavelli steht fest, dass man sich keine künftigen Rächer heranziehen darf. Haben die Medici diese ebenso goldene wie blutige Regel missachtet? Erweist sich die Verschonung des Kardinals – so muss sich Leo im Juni 1517 fragen – im Nachhinein als Fehler?

Inzwischen schreitet die untersuchungsrichterliche Befragung zügig voran. Woche für Woche klärt sich mehr auf. Für Kardinal Sansoni Riario öffnet sich eine lichte Lücke zwischen dunklen Wolken. Er hat sich am Rande des Komplotts gehalten, allerdings seine Bereitschaft erklärt, nach erfolgreichem Coup Papst zu werden. Ein Papst zugunsten seiner Mitverschwörer, versteht sich. Gerade darüber schüttelt man an der Kurie den Kopf. Offenbar können die Nepoten Sixtus' IV. nicht genug bekommen. Hatte diese Sippe doch mit Julius II. schon den zweiten Pontifex maximus gestellt. Zweimal mochte zur Not angehen, dreimal nie. Dann nämlich käme das Papsttum in den Geruch der Erblichkeit und in schlechte historische Gesellschaft – im fernen 10. Jahrhundert war das oberste Amt der Kirche zur Standardausstattung römischer Adelsclans geworden, der Tusculaner und der Cresentier. Doch solche Verhältnisse war das andächtige Europa anno 1517 nicht mehr hinzunehmen bereit.

Ist Kardinal Sansoni Riario also schwer kompromittiert, so ist der eigentliche Drahtzieher Petrucci endgültig verloren. Leos Entsetzen wächst angesichts der zu Tage tretenden Motive. Sie führen von Rom nach Siena. Auch dort liegt der Keim des Verderbens in den Tiefen der Vergangenheit. In Siena nämlich hatte sich am Ende des 15. Jh. wie in Florenz hinter der Fassade der Republik eine indirekte und informelle Vorherrschaft eines Mannes, Pandolfo Petrucci, und seiner Familie etabliert. Gut vernetzt mit vielen Mächtigen Italiens und in seiner Heimatstadt durch Patronage und finanzielle Ressourcen konkurrenzlos einflussreich, hatte Pandolfo selbst die Begehrlichkeiten der Borgia und die von ihnen angezettelten politischen Verwicklungen überstanden und schließlich bei seinem Tode diese institutionell nicht abgesicherte Macht an seinen Sohn Borghese übergeben können. Doch das war – die Medici konnten ein Lied davon singen – eine schwierige Erbschaft. Autorität, durch Protektion in nützlichen Netzwerken gewonnen, muss stets aufs Neue bestätigt werden, denn soziales Kapital ist schneller zerronnen als gewonnen. Und genau so kommt es. Borghese stößt führende Persönlichkeiten anderer mächtiger Clans vor den Kopf, wird für das sienesische Patriziat zu einem Ärgernis, ja einer Belastung – und 1516 gestürzt. Und zwar mit wohlwollender Unterstützung Leos X. von Raffaelle Petrucci, Pandolfos Enkel, seines Zeichens Bischof von Grosseto, Kastellan der Engelsburg. Dass Leo seinen Neffen und nicht ihn, den Kardinal, bei der Eroberung der Macht in Siena begünstigt hatte – darin also lag der Kern des Komplotts. Diese Benachteiligung wog umso schwerer, als Petrucci im Konklave von 1513 für den Kardinal Medici die noch fehlenden Stimmen gesammelt hatte.

Für Moralisten stand somit fest: noch einmal der Fluch der bösen Tat. Wenn zwei Kardinäle einen Papst machen, dann hat der Papstmacher zwar allerhand Erwartungen, doch letztlich keine Chance. Petrucci aber muss sich im Recht gefühlt haben – so viel schnöder Undank rechtfertigte auch extreme Mittel.

Am Ende findet die politische Krise eine politische Lösung. Und waren sie nicht willig, so wurden sie vermehrt – die Kardinäle, versteht sich. Und zwar inflationär. Im selben Jahr 1517 nämlich ernennt Leo X. sage und schreibe einunddreißig neue Kardinäle. Das war nahezu eine Verdoppelung des Rothutbestandes. Oder aus der Sicht der alten Kardinäle: eine Halbierung von Rang, Ansehen, Einkommen und Einfluss. Sie üben erbitterten Widerstand. Doch vergeblich. Denn der Papst macht die Kardinäle. Und er tötet sie, wenn sie ihm nach dem Leben trachten. Und zwar so, wie es die kanonischen Gesetze vorschreiben: ohne Blutvergießen. Zu Kardinal Petrucci kommt am 4. Juli 1517 der Henker in die Engelsburg wie ein Dieb in der Nacht: mit einer seidenen Schlinge. Kardinal Sansoni Riario aber kommt davon, zum zweiten Mal. Allerdings nicht ungeschoren. Er verliert ein Vermögen an Bargeld und darüber hinaus seinen ganzen Stolz, den schönsten und größten Palast Roms. Er geht an die Apostolische Kammer, an die zentrale Verwaltungs- und Wirtschaftsbehörde Roms, die dort ihre Kanzlei einrichtet. Als Cancelleria gehört er bis heute dem Vatikan, der darin sein oberstes Ehegericht, die Rota, eingerichtet hat. Ein ähnliches Arrangement wird mit Sauli getroffen; weniger solvent als sein Mitverschwörer, hat er 'nur' 25 000 Dukaten zu zahlen. Europa staunt: der Urenkel des großen Bankiers Cosimo de' Medici macht aus einem fehlgeschlagenen Anschlag ein formidables Geschäft. Soderini und Castellesi schließlich kommen mit der Verbannung davon.

Von dieser Inflation des roten Huts hat sich die Macht des Kardinalskollegiums nie wieder erholt. Leo X. erholt sich zwar von seiner Fistel, doch elf Jahre regiert er nicht. Er stirbt schon im Dezember 1521, kurz nach Kardinal Sansoni Riario, und zwar nach Auskunft der Ärzte an einer Erkältung, die er sich auf einem Jagdausflug in der Nähe der Tibermündung zugezogen hat. Zeitgenossen sprechen wie so oft von Gift. Feinde, siehe oben, hat Leo jedenfalls genug. Im Übrigen stirbt er nicht an einem Elften, sondern an einem Ersten.

Arne Karsten

Der Untergang des Hauses Cenci, oder: Vom Geiz als Wurzel allen Übels

Am Ende stand das Schafott. Halb Rom war auf den Beinen, als es am 11. September 1599 zu einer spektakulären Hinrichtung auf dem Campo de' Fiori kam. Die Delinquenten, Mutter, Sohn und Tochter, gehörten einer vornehmen Familie der stadtrömischen Aristokratie an, dem Hause Cenci, seit Jahrhunderten in der Oberschicht der Ewigen Stadt etabliert. Das machte die Szene aufregend genug. Zusätzlichen Reiz gewann sie durch die Gestalt der Tochter; denn Beatrice Cenci, zum Zeitpunkt ihres Todes gerade einmal 22 Jahre alt, war ungewöhnlich liebreizend. Und so verwundert es nicht, dass ihre Person und ihr früher Tod im Laufe der Jahrhunderte zum Mythos wurden. Stendhal widmete ihr eine berühmte Geschichte, zahllose historische Studien beschäftigten sich schon im 18. und 19. Jahrhundert mit ihrem kurzen Leben, in Bildern des Historismus wurden Haft und Hinrichtung dramatisch ausgemalt, selbst Filme nahmen sich des Sujets an. Der Tod der schönen Sünderin regte die Phantasie der Nachgeborenen vor allem deshalb an, weil er ihnen als ungerecht, als geradezu klassisches Beispiel einer bösartig-parteiischen Justiz galt.

Was war Beatrice Cenci, ihrem Bruder Giacomo und der Stiefmutter vorgeworfen worden? Sie hatten, so die Anklage, sich gegen das Leben ihres Mannes beziehungsweise Vaters verschworen, jenes Francesco Cenci, der am 9. September 1598 gewaltsam zu Tode gekommen war, und zwar in Petrella Salto, einem in der Abgeschiedenheit der Abruzzen gelegenen Landsitz der Familie, an dem das tyrannische Familienoberhaupt seine Angehörigen seit längerem eingesperrt hielt. Die Vorgeschichte dieses Mordes wurde vor Gericht in allen Einzelheiten aufgerollt, und die pikanten bis widerlichen Details über die Vorgänge im Hause Cenci, die dabei ans Licht kamen, trugen ebenfalls dazu bei, das Interesse am Schicksal der Beatrice Cenci über die Zeiten wach zu halten. Uns wird es im Folgenden weniger darum gehen, den Blick auf die Geschehnisse in den Wohn- und Schlafzimmern der Familie zu richten, obwohl auch von den Ereignissen dort die Rede sein muss, sondern vielmehr auf die prachtvollen Räumlichkeiten, in denen die römische Oberschicht jene Gespräche führte und Feste feierte, die zu allen Zeiten den Zusammenhalt der herrschenden Elite festigten und in ihren freundlichen oder feindlichen Koalitionen stets aufs Neue aushandelten. Mit anderen Worten, wir wollen der Frage nachgehen, warum die Familie in jene gesellschaftliche Isolation geriet, die allein ihren Untergang zu erklären vermag. Denn wie zu allen Zeiten traf auch im Rom des 16. und 17. Jahrhundert die volle Härte des Gesetzes nur denjenigen, der nicht über einflussreiche Freunde verfügte; und ihrer traditionellen gesellschaftlichen Stellung nach hätten die Cenci über eine Vielzahl gewichtiger Fürsprecher in den politisch tonangebenden Zirkeln der Kurie verfügen müssen. Offensichtlich waren sie ihnen abhanden gekommen. Warum?

Um diese Frage zu klären, müssen wir die spektakuläre Richtstätte des Frühjahrs 1599 für einen Augenblick verlassen und uns dem Großvater der schönen Beatrice widmen, jenem Cristofero Cenci, der in der ersten Hälfte des 16. Jahrhunderts eine eindrucksvolle Karriere an der Kurie absolvierte. Bis zu dem Zeitpunkt, da er die gesellschaftliche Bühne betrat, hatten die Cenci zu den angesehensten Familien des römischen Stadtadels gehört, ohne sich freilich, was die wirtschaftlichen Ressourcen und den politischen Einfluss betraf, mit der Crème de la Crème der Gesellschaft, den alten Baronal- und neuen Papstfamilien messen zu können. Cristofero Cenci jedoch gelang es als *tesoriere generale*, Generalschatzmeister, unter Paul IV. Carafa (1555–1559) und Pius IV. de' Medici (1559–1565) ein Jahreseinkommen von sagenhaften 60 000 scudi zu erreichen. Die Tatsache, dass er unter zwei aufeinander folgenden Päpsten den so wichtigen und finanziell einträglichen Schatzmeisterposten bekleidete, spricht im Übrigen für diplomatisches Talent über sein wirtschaftliches Geschick hinaus – normalerweise wurden in Rom bei jedem Pontifikatswechsel die politischen Schlüsselpositionen neu besetzt, in den beiden hier genannten Fällen sogar in besonderem Maße.

Dieweil Cristofero Cenci ein beträchtliches Vermögen akkumulierte, lebte er standesgemäß. Er investierte in kostspielige Kunstwerke, um seinen wachsenden Status den Zeitgenossen vor Augen zu führen. Zwar heiratete er nicht – er hatte die niederen Weihen erhalten –, doch aus der Beziehung mit seiner langjährigen Geliebten Beatrice Arrias ging im Jahre 1549 ein Sohn hervor, eben jener Francesco, der 1598 ermordet werden sollte. Im Rom zur Zeit der katholischen Reformära galt eine solche außereheliche Beziehung und der aus ihr resultierende Nachwuchs keineswegs als skandalös; allerdings hatten sich die Moralvorstellungen im Vergleich zum noch vorreformatorischen Beginn des Jahrhunderts doch ein wenig verschärft. Man tat gut daran, Zurückhaltung zu üben, und der Status eines illegitimen Kindes musste nicht, konnte aber in bestimmten Situationen durchaus Probleme schaffen.

Im Falle des Francesco Cenci kam es so. Als sein Vater Cristofero 1562 das Zeitliche segnete, zählte er erst dreizehn Jahre und galt mithin als noch unmündig. Unmündig und zudem illegitim: hier stellte sich die Frage nach der Erbschaft, und sie stellte sich mit umso größerer Dringlichkeit, als Cristofero Cenci nicht weniger als 400 000 *scudi* hinterlassen hatte, ein Vermögen, vergleichbar den Hinterlassenschaften der reichsten römischen Bankiers dieser Jahre. Wem er sie zugedacht hatte, seinem Sohne nämlich, stand zweifellos fest. Doch sah man an der Kurie sofort, dass es hier etwas zu verdienen gab. Wollte der kleine Cenci sein Erbe antreten, so würde er an die Camera Apostolica eine vornehm *composizione* bezeichnete Summe zu zahlen haben. Heute würde man vielleicht am ehesten von einem Vergleich sprechen: gegen Barzahlung sollte über die illegitime Geburt großzügig hinweggesehen werden.

Die *composizione* in Höhe von immerhin 60 000 *scudi* wurde bezahlt, und so konnte denn Francesco Cenci das reiche Erbe seines Vaters antreten. Wenig später heiratete er mit Ersilia Santacroce die Angehörige einer Familie, welche ungefähr dem sozialen Rang der Cenci entsprach: seit langem gehörten die Santacroce zu den führenden stadtrömischen Familien, ohne bisher herausragende Persönlichkeiten im Umfeld der Kurie hervorgebracht zu haben und dadurch über Zugang zu den inneren Zirkeln der Macht zu verfügen. Immerhin, durch ihre vielfältigen verwandtschaftliche Beziehungen garantierten sie eine recht solide Vernetzung in den tonangebenden Gesellschaftsschichten der Ewigen Stadt.

Der weitere Lebensweg des Francesco Cenci sorgte jedoch dafür, dass das soziale Kapital, welches aus seiner Eheverbindung resultierte, mit Besorgnis erregender Geschwindigkeit an Wert verlor. Denn aus den Gerichtsprotokollen, die im Laufe seines Lebens entstanden, geht überdeutlich hervor, dass ihn vor allem zwei Charaktereigenschaften auszeichneten: eine ausgeprägte Neigung zur Anwendung körperlicher Gewalt und ein geradezu krankhafter Geiz. Zusammen stellte das eine explosive Mischung dar, die am Ende zur Tragödie nicht nur Francescos, sondern seiner ganzen Familie führen sollte.

Die Liste der aktenkundig gewordenen Gewaltverbrechen ist ungewöhnlich auch dann, wenn man in Rechnung stellt, dass in der Gesellschaft der frühen Neuzeit der Einsatz physischer Gewalt ungleich verbreiteter war als heutzutage. Offenbar war Francesco ein überaus reizbarer Mensch, der auch auf kleine Irritationen mit erstaunlicher, oft vollkommen unverhältnismäßiger Aggressivität reagierte. So verprügelte er 1573 in brutaler Art und Weise einen seiner Diener (und sperrte ihn anschließend ein), einzig aus dem Grunde, weil dieser Diener es versäumt hatte, rechtzeitig und mit der geforderten Sorgfalt die Türen des Familienwohnsitzes am Abend zu verschließen. Der Fall kam vor Gericht, und Francesco Cenci wurde zu einer Geldbuße verurteilt. Die belief sich auf beachtliche 10 000 *scudi,* und ein solches Urteil lässt aufhorchen. Denn Handgreiflichkeiten gegen Dienstboten stellten in den Kreisen der Aristokratie kaum mehr als ein Kavaliersdelikt dar. Dass Francesco Cenci überhaupt belangt wurde, lässt ein erstes Mal die Vermutung aufkommen, es habe ihm an sozialem Rückhalt gefehlt, an einflussreichen Freunden und Verwandten, die bereit waren, seine Interessen zu vertreten und drohende Anklagen bereits im Vorfeld eines Prozesses niederzuschlagen.

Der weitere Verlauf der Ereignisse bestätigt diese Annahme. Immer wieder kommt es in den folgenden Jahren zu Verurteilungen wegen Gewaltexzessen. Ein Teufelskreis wird in Gang gesetzt: mit jeder neuen Strafe sieht sich der exzentrische Adlige weiter an den Rand der Gesellschaft gedrängt und reagiert darauf einerseits durch noch größere Reizbarkeit, andererseits durch eine immer deutlichere Abwendung von den Kreisen seiner Standesgenossen. Auch fürchtet er um sein Vermögen, das ein ums andere Mal für die Zahlung von Geldbußen angegriffen wird. Wenn Francesco Cenci am Ende seines Lebens den unglücklichen Kindern Grundbesitz hinterließ, dessen Größe er im Lauf der Jahre gegenüber dem vom Vater ererbten Bestand schlankerhand verdoppeln konnte, so spricht aus diesem Sachverhalt nicht nur Härte im Umgang mit den von ihm abhängigen Pächtern, sondern auch wirtschaftliches Geschick. Doch nützte es ihm wenig, denn was Francesco Cenci offensichtlich nicht verstand, ist, dass finanzielles Kapital stets gefährdet bleibt, wenn es nicht von sozialem und kulturellem Kapital flankiert wird. Angemessene Selbstdarstellung, die kostspielige Unterhaltung gesellschaftlicher Kontakte durch die Veranstaltung von Festen und Bällen, prächtiges Mäzenatentum, schließlich die Ausbildung und großzügige Ausstattung der Kinder: dies alles gehörte unverzichtbar zu einem aristokratischen Dasein. Das, was lange Zeit aus der bürgerlichen Perspektive späterer Zeiten als die „Verschwendungssucht" der höfischen Gesellschaft erschien, war funktionaler Bestandteil der Statusbehauptung – das Leben und der Tod des Francesco Cenci bieten für diesen Sachverhalt ein eindrucksvolles Beispiel *ex negativo.*

Sein ins pathologische reichender Geiz zeitigte eine Vielzahl von katastrophalen Folgen. Seine Söhne etwa, deren ihm seine erste Frau zwischen 1567 und 1583 nicht weniger als neun geboren hatte (drei von ihnen starben als Kleinkinder), erhielten von ihm nicht die notwendigen Mittel, um einen auch nur einigermaßen standesgemäßen Lebenswandel zu führen. Was zur Folge hatte, dass sie Schulden machten, Diebstähle begingen und schließlich nicht davor zurückschreckten, den Vater auf die Zahlung eines angemessenen Unterhalts zu verklagen; mit dem Ergebnis, dass sie vor Gericht Recht bekamen, was Francesco Cenci nur noch weiter in seinen paranoiden Ängsten bestärkte und darüber hinaus in den römischen Adelskreisen als ein unübersehbares Zeichen für die Zustände in dieser Familie betrachtet werden musste. Der Vater seinerseits verklagte daraufhin die Söhne, sie hätten ihn ermorden wollen, doch fanden sich Entlastungszeugen, und der Prozess verlief im Sande. Und wenn zwei der Söhne, Rocco im Jahre 1595 und Cristofero 1598, bei Schlägereien ermordet wurden, so wird man in diesem Umstand erneut Auflösungstendenzen innerhalb der Familie ausmachen können.

Im Umgang mit seinen Töchtern erwies sich Francesco Cenci als ebenso rücksichtslos. Ihnen wurde eine angemessene Mitgift vorenthalten, und auch diese Sparmaßnahme erwies sich als Bumerang. Denn auf solche Weise wurde natürlich die Knüpfung von Eheverbindungen mit anderen Adelsfamilien verhindert, durch die genau jenes soziale Kapital, jener gesellschaftliche Rückhalt hätte erworben werden können, dessen die Familie eigentlich so dringend bedurfte.

1594 dann wird Francesco Cenci wegen Sodomie, also Homosexualität, angeklagt. Ein Vergehen, auf das die Todesstrafe stand. Doch auch in dieser Situation rettete ihn noch einmal sein Reichtum, freilich um einen im wahrsten Sinne des Wortes hohen Preis. Wie weit der Realitätsverlust des Angeklagten zu diesem Zeitpunkt bereits fortgeschritten war, lässt die von ihm im Verlauf des Prozesses geäußerte großspurige Ankündigung erkennen, er werde drei oder vier Kardinäle beim Papst vorsprechen lassen, um die Angelegenheit auf diese Weise beizulegen. Nur: über diese drei oder vier Kardinäle verfügte er nicht, er besaß nicht einmal einen einzigen Vertrauten mehr im Kardinalskollegium, der bereit gewesen wäre, sich für ihn zu verwenden. Und so kam, was kommen musste: er wurde verurteilt, nicht zum Tode auf dem Scheiterhaufen, der am Ende der Camera Apostolica nichts eingebracht hätte, sondern zu einer Geldbuße in Höhe von kaum glaublichen 150 000 *scudi*, bald auf immer noch enorme 100 000 *scudi* reduziert.

Der Ausgang dieses Prozesses hatte nicht nur wirtschaftlich katastrophale Folgen, er besiegelte auch endgültig den Untergang des Hauses Cenci. Wenn ein solcher Gerichtsentscheid möglich war, so muss der Verurteilte gedacht haben, war in der Zukunft nichts mehr unmöglich. Er reagierte auf diese Erkenntnis auf seine Weise, nämlich, indem er seine zweite Frau, die er neun Jahre nach dem Tode Ersilia Santacroces im Jahre 1593 geheiratet hatte, und seine Tochter Beatrice im April 1595 auf den Landbesitz der Familie in Petrella Salto bringen ließ, ein gottverlassenes Nest in den Abruzzen, außerhalb der Grenzen des Kirchenstaates gelegen: gewissermaßen die topographische

Widerspiegelung der gesellschaftlichen Isolation, in welche die Familie geraten war.

In Rom hatte Francesco Cenci inzwischen den stattlichen Familienpalazzo an den *governatore di Roma* und späteren Kardinal Domenico Toschi vermietet. Hielt er sich in der Ewigen Stadt auf, bewohnte er einige schäbige Zimmerchen im Hospital S. Giacomo degli Incurabili. Ein kurz nach seinem Tod angefertigtes Inventar seiner dort befindlichen Besitztümer informiert über die Umstände, unter denen er lebte, und lässt keinen Zweifel daran, dass Francesco Cenci, einer der reichsten Männer Roms, im Abfall hauste und sich in Lumpen kleidete. Und dies in einer Epoche, in der die Zugehörigkeit zur gesellschaftlichen Oberschicht allgemein durch eine aufwendige Selbstdarstellung demonstriert wurde; in der ein überaus sensibles Gespür für die Feinheiten dieser Selbstdarstellung bei den Zeitgenossen entwickelt war!

Das Leben, das Beatrice und ihre schwache Stiefmutter währenddessen in Petrella Salto führten, muss die Hölle gewesen sein. Aus Angst, die Frauen könnten fliehen, ließ Francesco die Fenster vergittern und die Türen bewachen und gestaltete dadurch das ohnehin schon wenig idyllische Landleben vollkommen zu einem Gefängnisaufenthalt. In der Zeit seiner Besuche kam es regelmäßig zu Gewaltanwendungen und sexuellen Übergriffen, auch gegenüber dem Gesinde, während sich die Frage, ob der Vater auch seine Tochter missbraucht habe – schon während der Gerichtsverhandlung nach seiner Ermordung heftig diskutiert und seitdem in den Studien über das Schicksal der Tochter Gegenstand endloser Spekulationen – sich nicht definitiv klären lässt. Weder Beatrice noch ihre Stiefmutter machten jedenfalls eine entsprechende Aussage, ob aus Scham oder weil es wirklich nicht zum Inzest gekommen war, ist nicht zu entscheiden. Auszuschließen ist es nicht.

So kann es nicht verwundern, dass die Kinder des inzwischen zweifellos psychisch schwer kranken Francesco Cenci alles daran setzten, sich aus dem Albtraum zu befreien, indem sie den Vater beseitigten. Mittels geheimer Boten gelang es Beatrice, sich mit dem ältesten, in Rom lebenden Bruder Giacomo zu verständigen, wie man vorgehen solle. Ein Versuch, Francesco zu vergiften, schlug fehl, weil dieser inzwischen Verdacht geschöpft hatte und seine Tochter alle Speisen und Getränke vorkosten ließ. Schließlich gewann Beatrice den Kastellan von Petrella Salto für den Plan, den Hausherren zu erschlagen – was dann am 9. September 1598 geschah.

Der Fall erregte in Rom großes Aufsehen, und schon bald wurden Beatrice und Giacomo Cenci sowie ihre Stiefmutter festgenommen. Fast ein Jahr dauerte der sich anschließende Prozess, dessen Ergebnis abermals die gesellschaftliche Isolation der Familie deutlich werden ließ. Trotz einer Vielzahl

Guido Reni, Porträt der Beatrice Cenci, Galleria d'Arte Antica, Palazzo Barberini, Rom

Zum Mythos der Beatrice Cenci trug nicht zum wenigsten das Porträt bei, das der berühmte Bologneser Maler Guido Reni im Kerker noch kurz vor der Hinrichtung geschaffen haben soll. Obwohl die Zuschreibung bis heute umstritten ist, spricht die hohe Qualität des Gemäldes für die Autorschaft Renis. Der Verurteilung und Hinrichtung Beatrice Cencis ging ein Familiendrama voraus, das auf eindrucksvolle Weise *ex negativo* die Bedeutung finanzieller Investitionen in die Etablierung und Stabilisierung gesellschaftlicher Beziehungen erkennen lässt.

entlastender Momente kam es am Ende zu drei Todesurteilen; schon die Zeitgenossen mutmaßten, dass der regierende Papst, Clemens VIII. Aldobrandini (1592–1605), die Gelegenheit nutzen wollte, ein Exempel zu statuieren und die unerbittliche Härte der staatlichen Rechtsprechung vorzuführen – was ihm wohl nur in den Sinn kam, weil das Verhalten des Francesco Cenci seine Angehörigen jeden Rückhaltes in den einflussreichen Kreisen der römischen Nobilität beraubt hatte. Und auf diese Weise fielen seine Frau und zwei seiner Kinder ihm noch nach seinem Tode zum Opfer.

Der düsteren Geschichte vom Untergang des Hauses Cenci, ihr folgte ein Epilog, der aufgrund seines Happyend-Charakters fast ein wenig aus den Traumfabriken Hollywoods zu entstammen scheint – und der doch seinen Hintergrund in den höchst realen sozialen Strukturen der Ewigen Stadt besitzt. Was in den Jahren 1598 und 1599 zugrunde ging, war nämlich nur ein Zweig der alten Adelssippe. Der Name Cenci blieb in Rom weiterhin präsent, mehr noch: der Familie gelang schließlich ein eindrucksvolles gesellschaftliches Comeback. Rund fünfzig Jahre nach der Hinrichtung von Beatrice und ihren Angehörigen verlieh Papst Innozenz X. Pamphili (1644–1655) dem Baldassare Cenci, aus einer anderen Linie des Clans stammend, den Kardinalshut. Und bis zum Ende des 18. Jahrhunderts sollten ihm gleich drei weitere Purpurträger dieses Namens folgen – ein eindrucksvolles Beispiel dafür, wie frühneuzeitliche Familienverbände, einmal in den Kreisen der Oberschicht etabliert, mitunter auch schwere Existenzkrisen zu überleben vermochten.

Arne Karsten

Die Geschichten der Verlierer

Historiker sind oft ungerecht, schlimmer noch, sie sind Opportunisten. Die Ursache für diese endemische Berufskrankheit liegt in der simplen Tatsache begründet, dass sie sich ihre Quellen nicht selber schreiben können und deshalb auf das angewiesen sind, was in der Vergangenheit aufgezeichnet wurde. Beschäftigt man sich mit der Lebensgeschichte einzelner Personen aus vergangenen Epochen, so muss man dabei feststellen, dass in ihnen meist von den erfolgreichen Zeitgenossen die Rede ist; über diejenigen, die im Kampf um den gesellschaftlichen oder politischen Aufstieg unter die Räder kamen, schweigen die Quellen in der Regel recht bald. Besonders eindrucksvoll ist dieses in mancherlei Hinsicht betrübliche Phänomen im ungewöhnlich mobilen Sozialklima Roms in der Frühen Neuzeit zu beobachten. In der päpstlichen Wahlmonarchie mit ihren alle paar Jahre wechselnden Souveränen änderten sich die gesellschaftlichen Rahmenbedingungen kaleidoskopartig mit besonderer Geschwindigkeit, denn mit jedem neuen Papst kam eine neue Familie, eine neue Klientel an die Macht. Jedes Konklave lässt sich deswegen mit einer Lotterie vergleichen, und wie es nun einmal die Regel ist bei Lotterien, enthält der Lostopf neben einigen großen und zahlreicheren kleinen Gewinne auch Nieten – und davon besonders viele. Doch nicht nur in den Konklave wurden die Karten immer wieder neu gemischt, auch sonst konnte eine hoffnungsvolle Karriere fast jederzeit in eine Krise geraten oder gar ein abruptes Ende finden, und von einigen dieser Fälle, die sich trotz der Neigung Clios, die Verlierer zu übersehen, rekonstruieren lassen, soll im Folgenden die Rede sein.

Von Domenico Marini etwa, der in den ersten Jahren der Herrschaft Urbans VIII. Barberini (1623–1644) den wichtigen Posten des *governatore di Roma* bekleidete. Der tüchtige Prälat hatte sich in dieser Schlüsselposition der Zivilverwaltung hervorragend bewährt. Das war alles andere als einfach, oblag doch dem Governatore nicht zuletzt die oberste Polizeigewalt in der Ewigen Stadt, und bei deren Ausübung konnte man sich nur zu leicht allerlei Feinde machen. Gerade wenn man es, wie eben Marini, mit der Durchsetzung von Recht und Ordnung ernst meinte, kam es leicht zu Ärger mit den großen römischen Adelsfamilien. Die nämlich neigten der Ansicht zu, dass die Gesetze wohl für das gemeine Volk, keineswegs jedoch für sie selbst galten. Monsignore Marini hatte sich nun, eben weil er sein Amt ernst nahm, heillos mit den Colonna überworfen, einer Familie, von deren exzessivem Standesbewusstsein wir bereits einiges gehört haben. Die harte Linie, mit der er Vergehen ohne Ansehen der Person verfolgte, trug ihm zwar zunächst die allgemeine, und, wichtiger noch: die Anerkennung des Papstes ein. Allgemein wurde er als ein aussichtsreicher Kandidat für die Berufung ins Kardinalskollegium eingeschätzt. Doch 1627 sollte sich das gründlich ändern.

In diesem Jahr nämlich fand die Hochzeit des weltlichen Neffen Urbans VIII. statt, und bei der Dame, die nach langen Verhandlungen zur Ehe mit Taddeo Barberini ausersehen war, handelte es sich um Anna Colonna aus der Familie des ebenso mächtigen wie arroganten Fürsten Filippo Colonna. Monsignore Marini war politisch erfahren genug, um zu wissen, was die Ehe von dessen Tochter mit einem Mitglied der regierenden Papstfamilie für seine politische Zukunft bedeutete: nichts Gutes. Nachdem er seine Hoffnungen, bei der Kardinalserhebung vom 4. September 1627 den roten Hut verliehen zu bekommen, enttäuscht sah, wurde er krank. Noch am selben Tag, gleich nachdem ihm die Nachricht überbracht worden sei, so berichtet der venezianische Botschafter in Rom, habe er sich zu Bett gelegt, er esse nicht, schlafe nicht und seine Klagen drängen bis zum Himmel. Damit nicht genug: Um der Entlassung als *governatore di Roma* zuvorzukommen, die unter den gegebenen Umständen so etwas wie ein Extrapräsent auf dem ohnehin schon überreichen Gabentisch des Hochzeitspaares (respektive des Brautvaters) geworden wäre, bat er um die Erlaubnis, sich an seinen Erzbistumssitz Genua zurückzuziehen und erhielt sie ohne den geringsten Widerspruch. Wer den Schaden hat, braucht für den Spott nicht zu sorgen, auch diese Weisheit galt schon im 17. Jahrhundert, wie Marini einige Wochen später erfahren musste. „Im Konsistorium am Montag wurde Monsignore Marini zum Patriarchen von Jerusalem ernannt, eine Entschädigung, die am Hofe mehr Gelächter als Anerkennung hervorgerufen hat. Der arme Alte hatte den (Kardinals-)Hut erwartet und ist nun gezwungen worden, einen Titel ohne Inhalt entgegenzunehmen, und, was noch schlimmer ist, er muss für etwas danken, von dem er genau weiß, dass es eher Beleidigung als Anerkennung ist“, berichtete Fulvio Testi, der Gesandte des Herzogs von Modena am 15. November 1627. Marini verließ die Stadt am Tiber wenig später und starb 1635 in Genua – vom erträumten Kardinalat war nie wieder die Rede.

Auch Clemente Merlini scheiterte bei der Jagd nach dem roten Hut, und zwar denkbar knapp. Seine Karriere war zuvor eine Zeit lang geradezu kometenhaft verlaufen. Er verfügte über ausgezeichnete Beziehungen zur Familie Ludovisi, die wie er selbst aus der Provinz Bologna stammte. Das sollte sich auszahlen, als Kardinal Alessandro Ludovisi im Februar 1621 zum Papst gewählt wurde und den Namen Gregor XV. annahm. Der neue Pontifex war zu diesem Zeitpunkt ein alter, schwer kranker Mann und deswegen auf Entlastung von den Staatsgeschäften angewiesen. Glücklicherweise verfügte er über einen ebenso intelligenten wie energischen Neffen, den er sogleich nach seiner Wahl zum Kardinalnepoten ernannte. Dieser Ludovico Ludovisi entwickelte sich in den folgenden zweieinhalb Jahren zum *Spiritus Rector* der päpstlichen Politik. Seine Erfolge waren so bemerkenswert wie sein Geschick bei der Auswahl geeigneter Mitarbeiter, und eine herausragende Vertrauensstellung im Mitarbeiterstab des Kardinalnepoten bekleidete von Anfang an Clemente Merlini, den Ludovisi noch im Februar 1621 zum persönlichen Auditor berief, eine zentrale Position in der *famiglia* des Kardinals. Weitere Ämter folgten rasch, schließlich wurde Merlini am 1. März 1623 gegen einflussreichen Widerstand zum päpstlichen Datar ernannt.

Der rasche Aufstieg Merlinis lässt sich erklären, und zwar nicht nur durch seine unbestrittenen Fähigkeiten, sondern auch durch die besondere Situation des Kardinalnepoten: angesichts des prekären Gesundheitszustandes seines Onkels fiel es Ludovisi nämlich durchaus nicht leicht, zuverlässiges Personal für die entscheidenden Vertrauensstellungen zu finden. Denn, so kalkulierte jeder einigermaßen begabte kuriale Karrierist – was käme nach dem Tod Gregors XV., wenn man sich allzueng an dessen Familie gebunden hatte und unter deren Entfernung von den Schalthebeln der Macht würde zu leiden haben? So taktierten viele ambitionierte Prälaten in diesen Jahren. Wer sich hingegen mit Haut und Haar den Ludovisi zu verschreiben bereit war, konnte auf reichen Lohn hoffen – die Konkurrenz war gering und die Dankbarkeit des Nepoten erzwungenermaßen groß. So stieg Clemente Merlini binnen kurzer Zeit vom einfachen Monsignore zum päpstlichen Datar auf. Wenige Wochen später verschlechterte sich der Gesundheitszustand Gregors XV. dramatisch. Angesichts des bevorstehenden Endes versuchte Kardinal Ludovisi seinen Onkel dazu zu bewegen, einige bewährte Mitarbeiter noch im letzten Moment ins Heilige Kollegium zu berufen. Dramatische Szenen spielten sich am Sterbebett des todkranken Pontifex ab, doch dieser blieb hart: keine Kardinalskreation *in extremis*, dieses ungeschriebene Gesetz der Kurie mochte Gregor XV. nicht brechen, so dass der tüchtige Clemente Merlini leer ausging, und zwar für immer. Allzu eindeutig hatte er sich im Dienste der Familie Ludovisi profiliert, als dass er für den Nachfolger, Urban VIII. Barberini, und dessen Anhang interessant hätte sein können. Und da dessen Herrschaft fast einundzwanzig Jahre dauern sollte, blieb für Merlini nurmehr ein Schattendasein an der Kurie, weitab von den inneren Zirkeln der Macht. Am 24. Juli 1642 starb Clemente Merlini. Sein Kollege und

Freund Fabio Chigi ließ ihm ein Grabmal in Santa Maria Maggiore errichten, dessen Inschrift die persönliche Integrität Merlinis feiert, eine Eigenschaft, die dem tüchtigen Prälaten nach dem unzeitigen Tod seines päpstlichen *padrone* wahrlich nichts mehr genützt hatte.

Erwies sich Clemente Merlini als das Opfer eines allzu frühen Todes seines päpstlichen Förderers, so konnte genauso gut die Wahl der falschen Person auf den Stuhl Petri das Ende aller Hoffnungen bedeuten. Antonio Albergati (1566–1634) etwa war ein ganz besonderer Pechvogel. Aus alter und renommierter Bologneser Senatorenfamilie stammend, hatte er eine kuriale Karriere eingeschlagen, die ihn für den ungewöhnlich langen Zeitraum von elf Jahren als päpstlichen Nuntius nach Köln führte. Auf diesem ebenso wichtigen wie heiklen Außenposten katholischer Reformbemühungen hatte sich sein diplomatisches Geschick glänzend bewährt, so dass er mit gutem Grund seine baldige Berufung ins Kardinalskollegium erwarten konnte, als kurz vor Ablauf der Amtszeit sein Schwager Alessandro Ludovisi im Februar 1621 zum Papst gewählt wurde, eben jener Gregor XV., unter dem Clemente Merlinis Karriere so rasante Fortschritte machen sollte.

Normalerweise stellte nun die Erhebung eines Verwandten auf den Stuhl Petri so etwas wie das große Los in der Lotterie um den gesellschaftlichen Aufstieg im Rom der frühen Neuzeit dar. Zudem konnte Albergati auf seine Erfolge und Erfahrung verweisen. Als umso tragischer sollte sich für ihn der Umstand erweisen, dass sein Neffe Ludovico Ludovisi wohl an begabten und loyalen Mitarbeitern interessiert war, nicht jedoch an politisch versierten Verwandten, die unter Umständen in der Lage waren, seinen Einfluss auf den päpstlichen Onkel zu schmälern. So zeitigte die Wahl des Ludovisi-Papstes für Albergati entgegen allen Erwartungen nicht einen nachhaltigen Karriereschub, sondern das jähe Karriereende. Hoffnungsvoll schrieb er dem jugendlichen Neffen bei der Rückreise von Bologna aus, er habe ein schweres Nierenleiden auskuriert und könne sich nun auf den Weg nach Rom machen. Doch die Antwort Ludovisis fiel mehr als kühl aus, und noch frostiger verlief der Empfang Albergatis in der Ewigen Stadt. Bei seinem Antrittsbesuch ließ ihn der ehrgeizige Neffe aller familiären Verbundenheit zum Trotz demonstrativ lange im Vorzimmer warten, und als er das Audienzzimmer verließ, standen dem alten Herren die Tränen in den Augen. Statt der erhofften Kardinalserhebung wurde ihm die Abschiebung auf den völlig unbedeutenden Außenposten eines portugiesischen Kollektors zuteil – eine bittere Demütigung für den verdienten Monsignore.

Mitunter waren es jedoch nicht einmal äußere Umstände, die eine Karriere scheitern ließen; manchmal war es nichts anderes als ein Übermaß an

Tüchtigkeit. Giacopo Altoviti (1604–1694) etwa besaß wahrlich alle Voraussetzungen, um seine Tätigkeit im Dienst der Kurie mit dem Kardinalat gekrönt zu sehen. Er entstammte einer alten und vornehmen Florentiner Familie, die seit langem schon einen Zweig in Rom etabliert hatte und über hervorragende verwandtschaftliche Verbindungen verfügte. Persönlich galt er als ebenso fleißiger wie intelligenter, ja geistreicher Prälat und entwickelte in verschiedenen Ämtern eine vielfältige und energische Tätigkeit. Von 1658 bis 1666 übernahm er als Nuntius die diplomatische Vertretung des Heiligen Stuhls in Venedig und bewährte sich auch bei dieser Gelegenheit, ohne dass ihm nach seiner Rückkehr, wie er gehofft haben mochte, zum Lohn der rote Hut verliehen wurde. Altoviti scheint die unholde Feengabe besessen zu haben, Verdacht zu erregen und Misstrauen zu erwecken auch dann, wenn es keinen objektiven Anlass dazu gab; jedenfalls geriet er in den Ruf eines hinterlistigen Intriganten – ein Image, das gerade zu vermeiden bekanntlich zu den besonders hoch entwickelten Fähigkeiten von Naturtalenten auf diesem Gebiet gehört. So zählte Monsignore Altoviti unter mehreren Päpsten zur mittleren Führungsebene an der Kurie, ohne dass ihm die ersehnte Berufung zum Kardinal zuteil wurde. Im Jahre 1686 jedoch schöpfte er noch einmal Hoffnung. Innozenz XI. Odescalchi (1676–1689), der bedeutende Reformpapst, schritt zu seiner zweiten Kardinalsernennung, und da seit der letzten volle fünf Jahre vergangen waren, gab es entsprechend viele freie Plätze im traditionellerweise 70 Mitglieder zählenden Kollegium. Doch als am 2. September tatsächlich 27 neue Purpurträger ernannt wurden, war Giacopo Altoviti abermals nicht darunter. In diesem Moment verlor der würdige Prälat die Nerven: „Er wurde zur Beute eines derart tierischen Zornes, dass er sofort einen Brief an den Papst und einen anderen an den Kardinal Cibo schrieb, in denen er sich mit Worten außerhalb des Schicklichen über die Ungerechtigkeit und Undankbarkeit des römischen Hofes beklagte." Mehr noch: er verzichtete sogleich auf all seine Ämter und brach noch am gleichen Tag auf, um seine Tage als Eremit zu beschließen. Von dieser Idee nahm er zwar recht bald wieder Abstand und zog sich in seine Villa im Arnotal zurück, aber mit seiner Karriere war es natürlich unwiderruflich vorbei.

Vier Beispiele unter zahllosen anderen für die Leichtigkeit, mit der eine Laufbahn im Dienst des Papsttums ein ebenso überraschendes wie definitives Ende finden konnte. Häufig lag das Scheitern an Kleinigkeiten, und so kann es nicht verwundern, wenn *prudenza*, die Klugheit, als zentrale Tugend an der Kurie galt. Die äußerste Vorsicht, mit der man agieren musste, wollte man nicht seine Aufstiegschancen in Gefahr bringen, führte dazu, dass in der Regel ein ganz bestimmter Karrieretypus erfolgreich war: zurückhaltend, abwägend, überangepasst. Originelle Köpfe mit eigenen Ideen und der Entschlossenheit, sie durchzusetzen, hatten es demgegenüber immer schwerer – die Auswahlkriterien der päpstlichen Wahlmonarchie sind in mancherlei Hinsicht mit denjenigen moderner demokratischer Systeme vergleichbar. Im 17. und mehr noch im 18. Jahrhundert dominieren am päpstlichen Hof die blassen Bürokraten.

Niccolo Forteguerri (1674–1735) gehörte nicht zu ihnen. Schon in jungen Jahren war er als talentierter Schriftsteller hervorgetreten, unter anderem mit dem Versepos „Ricciardetto“, das zwar in konservativen Kreisen als anzüglich galt, doch änderte das nichts an der Wertschätzung, die Clemens XI. Albani (1700–1721) dem jungen Prälaten entgegenbrachte. Zu Beginn der dreißiger Jahre schien das Kardinalat für Forteguerri in Reichweite. Dem Nepoten des regierenden Papstes Clemens XII. Corsini (1730–1740) zuliebe verzichtete er auf sein Amt als Sekretär der wichtigen Consulta-Kongregation, was ihm das Versprechen eintrug, bei der nächsten sich bietenden Gelegenheit mit dem roten Hut bedacht zu werden. Doch als Clemens XII. im Jahre 1634 vier neue Kardinäle ernannte, war Forteguerri nicht darunter.

„Der Schmerz, den er darüber empfand, war so groß, dass er krank wurde. Die Kräfte des Geistes und des Körpers verließen ihn, er verfiel der Melancholie und nach fünfmonatiger Krankheit stieg er als Opfer der höfischen Hoffnungen ins Grab. Als seine letzte Stunde nahte, schickte der Papst einen seiner Kämmerer, um ihn zu ermutigen und nochmals den so heiß begehrten Purpur zu versprechen. Bei diesem Versprechen drehte sich Forteguerri um, hob die Decke, mit der er bedeckt war, hoch, machte ein Geräusch, das Horaz als *truncus ficulnus* beschrieben hatte, und sagte dem päpstlichen Boten: ‚Das ist meine Antwort. Gute Reise für ihn und für mich!‘“

Künstlerleben

Volker Reinhardt

Tod und Verschleppung

Jeden Morgen seit sechzehn Jahren das gleiche Schauspiel am Corvi, am Rabenplatz. Im Morgengrauen schlurft ein Diener aus einem der engen und dunklen Häuser, die sich in den Mauerresten der Kaiserforen eingenistet haben, watet durch das Schweinegedärm, das die vielen Fleischer in die Gosse geworfen haben, weicht Fischköpfen und faulenden Kohlstrunken aus, soweit es das fahle Licht erlaubt, öffnet eine knarrende Stalltür und zieht ein Maultier ins Freie. Ist das Reittier gerüstet, tritt ein ganz in Schwarz gekleideter Mann hinzu, sitzt auf und setzt sich in Bewegung. Das Reisetempo ist langsam. Denn das Tier ist bejahrt, der Reiter uralt. Sein Gesicht mit der eingeschlagenen Nase hat etwas von Christus, wie ihn sich die Maler vorstellen, und erinnert zugleich an einen betagten Satyr. Nach einer guten Viertelstunde hat das eigentümliche Paar den Campo de' Fiori erreicht, biegt nach Norden ab, überquert den Tiber auf dem Ponte Sisto, bahnt sich den Weg durch das unübersichtliche Gassengewirr des Borgo und erreicht nach etwa einer Stunde die Basilika St. Peter auf dem Vatikanischen Hügel. Hier bietet sich ein seltsames Bild. Die vorderen Baulichkeiten der zwölfhundert Jahre alten Kirche, der Tradition gemäß Grabstätte des Apostelfürsten, mit dem riesigen Innenhof und dem Großteil des ausgedehnten Schiffs sind erhalten geblieben. An dessen hinterem Ende jedoch erheben sich riesenhafte Vierungspfeiler, über die sich eine nicht minder gigantische Kuppelkonstruktion schichtet – sie zählt 42 Meter im Durchmesser wie das Pantheon und ist jetzt, Anfang des Jahres 1564, bis zum Tambour fertig gestellt.

Auf dieser Baustelle hat das Wort des Uralten uneingeschränkte Autorität. Wehe denjenigen, die Widerworte wagen. Maurer und Steinmetzen bekommen seinen Jähzorn, besserwisserische Kardinäle seinen ätzenden Spott zu spüren – schwer zu sagen, was schlimmer ist. Nicht alle Kirchenfürsten nehmen es hin, sich in der versammelten Kongregation der *fabbrica di S. Pietro* von ihm wie Schuljungen zusammenstauchen zu lassen. Doch Proteste fruchten nichts. Denn der schreckliche Greis führt längst ein doppeltes Leben. Seine virtuelle Existenz ist in der Ewigen Stadt allgegenwärtig. In berühmten Bildern an hoch offizieller Stelle, in Vasaris Fresken im Saal der Hundert Tage des Cancelleria-Palastes sticht sein bärtiger Charakterkopf unter den würdigen alten Männern hervor, die von Papst Paul III. den verdienten Tugendlohn erhalten. Und auf einem anderen Fresko derselben Serie

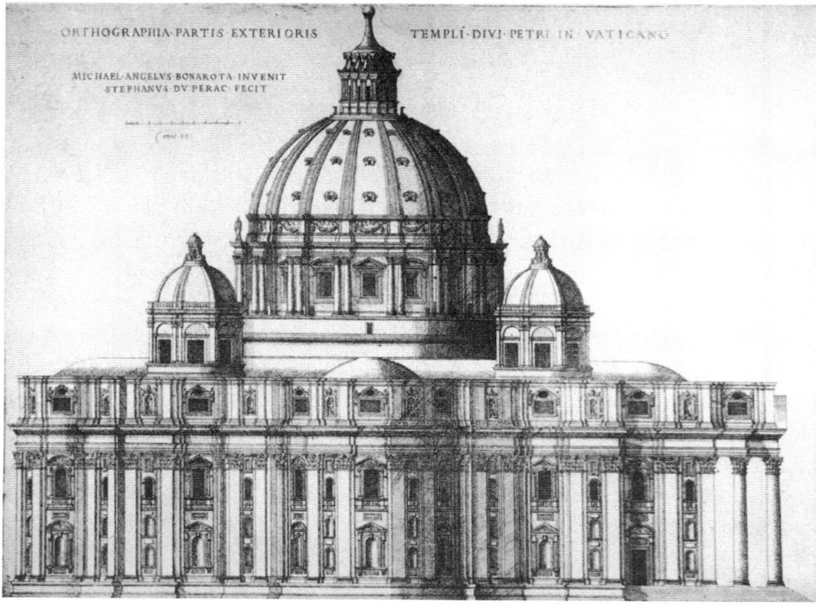

Aufriss der Außenansicht von St. Peter nach dem Michelangelo-Plan

Seit 1546 Architekt der Fabbrica di S. Pietro, sieht sich Michelangelo auf dieser größten Baustelle des Abendlandes von Feinden umgeben; vor allem den Clan der Sangallo, der hier vorher das Sagen hatte, macht er für mancherlei Sabotage verantwortlich. Am Ende aber ist es die Nachwelt, die den grandiosen Zentralbauplan des Meisters modifiziert. Sein Schüler Giacomo della Porta erhöht die Kuppel; und unter Paul V. Borghese, dessen Familienname die Fassadeninschrift beherrscht, stückt Carlo Maderno ein Langhaus an, das vom Petersplatz den Blick auf die Kuppel versperrt: Liturgie (d.h. die Notwendigkeit eines Predigtraums und einer Segensloggia) rangiert jetzt vor Ästhetik.

begeht derselbe Pontifex, wie ein Priesterkönig des Alten Testaments gewandet, die eben noch brachliegende Baustelle von St. Peter, die durch seine weise Verfügungsgewalt aus dem Dornröschenschlaf erweckt wird. Dieses neue Leben aber haucht dem stecken gebliebenen Riesenbau niemand anders als der greise Maultierreiter ein. Die Vollendung der neuen Basilika ist längst eine europäische Medienaffäre, ja eine maliziös ausgeschlachtete *cause scandaleuse.* Protestanten aller dogmatischen Richtungen – Lutheraner, Zwinglianer, Calvinisten – haben sich ihren spöttischen Vers auf diese überdimensionale Bauruine gemacht: dass sich das Papsttum, vom Teufel gestiftet und angestiftet, hier sein eigenes monumentales Grab errichtet habe, einen neuen Turm zu Babel, der das Rom des Pontifex maximus sinnbildlich als das auswies, was es schon immer war, das neue Babylon, Hort aller Verworfenheit, zum baldigen Untergang im nahenden Zeitenende bestimmt.

Im wüsten Streit der Theologen – und sie sind wahrlich nicht zimperlich – gewinnt ein Architekturproblem auf einmal kolossale symbolische Dimensionen. Letztendlich entscheidet eine Baustelle über nicht weniger als die Wahrheit unter den widerstreitenden christlichen Lehrgebäuden und über das Datum des Jüngsten Gerichts, keine kleine Last für die verantwortlichen Baumeister. Sie folgen sich vierzig Jahre lang in kurzen Abständen nach und scheinen – bei Stararchitekten bis heute nicht unüblich – mehr ihrem Ego, ihren persönlichen Profilneurosen verpflichtet; selten hat ein Entwurf eines Vorgängers längeren Bestand. Als die absehbare Katastrophe des Sacco di Roma die kleine Schar kreativer Geister wie Giulio Romano und Jacopo Sansovino in alle Winde zerstreut, die große Plünderung danach die Stadt verwüstet hat und zudem die päpstlichen Finanzen auf Jahre hinaus durch Lösegelder und andere abgepresste Summen erschöpft sind, stockt der Betrieb auf dem Vatikanischen Hügel für fast zwanzig Jahre – bis er, der große Retter, kommt: Michelangelo Buonarroti, florentinischer Bürger mit einer Vergangenheit, die sich in den Augen von Korrektheitswächtern am Arno wie am Tiber ziemlich verdächtig ausnimmt.

Respekt vor den Mächtigen und die Einhaltung verordneter Konformitätsregeln sind nicht gerade sein Markenzeichen. Als er vor mehr als fünfzig Jahren, in einem längst versunkenen Zeitalter lockerer Dogmen- und Moralvorstellungen, an der Decke der Sixtinischen Kapelle die Erschaffung des Menschen nebst zweifachem Sündenfall, den Apfelbiss Adams und die Trunkenheit Noahs malte und gleichzeitig an den Statuen meißelte, die Papst Julius II. della Rovere für sein gigantisches, alle Dimensionen sprengendes Grabmal in Auftrag gegeben hatte, ereignete sich eine erste skandalöse Insubordination: unerlaubte Abreise. Man könnte sogar sagen: der tief gekränkte Künstler wirft dem Papst den Bettel vor die Füße. So ungehörig dergleichen Temperamentsausbrüche auch waren, man konnte sie mittels gängiger Künstlerpsychologie immerhin noch entschuldigen: Maler, Bildhauer und Architekten waren demnach begabungs- und dadurch berufsbedingt ein kapriziöses, ungebärdiges Völkchen, dicht am Wahnsinn gebaut. Und zudem war auch der damals regierende Papst kein Kind von Traurigkeit; seine zur Gitarre am Lagerfeuer des Feldlagers vor Bologna gesungenen Trinklieder waren, so berichteten Soldaten, mit mancherlei Anzüglichkeiten gespickt.

Weitaus bedenklicher nahm sich demgegenüber schon aus, dass auch für die richtige politische Gesinnung des Greises niemand die Hand ins Feuer zu legen bereit war. Hatte er doch – und zwar nicht in jugendlicher Hitzköpfigkeit, sondern im reifen Alter von 55 Jahren – den Verteidigern der letzten Republik von Florenz anno 1530 als Festungsbaumeister gedient. Und dieser Freistaat war nicht wie die Serenissima an der Lagune honorig, also von gesetztem Adel regiert, sondern von wild fanatisierten Handwerkern dominiert, die felsenfest davon überzeugt waren, dass Jesus Christus, ihr gewähltes politisches Haupt, seine schützende Hand über sie hielt und nach dem finalen Sieg über die Kräfte des Bösen endlich das lang ersehnte Millennium, seine Herrschaft mit den Erwählten auf Erden, anbrechen werde. Überhaupt kommt das gefährlich doppeldeutige Motiv der Endzeit und des Gerichts irritierend oft im Zusammenhang mit dem großen Bildhauer, Maler und Architekten ins Spiel – die Gesinnungskontrolleure werden diesen heiklen Punkt doppelt und dreifach unterstreichen.

Als nächster Posten auf ihrer langen Liste schlagen eine Büste und eine große Lücke zu Buche: das Marmorbildnis eines hoch idealisierten Brutus, des Tyrannentöters schlechthin – und die konsequent durchgehaltene Weigerung, auch nur ein einziges Konterfei eines lebenden oder verblichenen Mächtigen zu malen oder zu meißeln. Als Porträts nämlich konnten die Grabmäler der schwächlichen Medici-Generationen mit den hochtrabenden Titeln – Giuliano, der jüngste Sohn des großen Lorenzo, und dessen gleichnamiger Enkel, beide wenig mehr als Marionetten der Medici-Päpste – in der Neuen Sakristei von S. Lorenzo in Florenz nie und nimmer durchgehen. Ähnlichkeit mit Gesichtszügen war hier nicht erkennbar, stattdessen viel Symbolik von verstörender Vieldeutigkeit, doch keinerlei regelgerechte Herrscherverherrlichung.

Entschieden erschwerend kommt der Umgang des Künstlers hinzu. Engeren Kontakt, so notieren die Spitzel, pflegt er mit in der Wolle gefärbten Republikanern, den letzten unbeugsamen Kämpfern für eine zugleich patrizische und volksnahe Republik, längst angesichts der solide etablierten Fürstenherrschaft Cosimos de' Medici eine Chimäre, jedoch eine würdevolle. Deren ideologischer Wortführer, Donato Giannotti, inspiriert Michelangelo zum Marmorbild des Cäsarmörders. Dieses musste man wohl als ein Attentat in Stein, als andauernde Aufforderung an eine idealistische Jugend auffassen, den Dolch im Gewande zu führen und den Erwürger der Freiheit in Florenz aus dem Weg zu räumen. Skrupel kannte die Gegenseite noch viel weniger. Die letzten Repräsentanten der untergehenden Opposition waren am Tiber ihres Lebens nicht sicher; gedungene Meuchelmörder lauerten ihnen nachts an einsamen Orten auf. Michelangelo aber stand auf keiner dieser schwarzen Listen – er wurde gebraucht, in Florenz wie in Rom. Seine Heimat wird er freilich erst drei Tage nach seinem – friedlichen – Tode wiedersehen, und zwar passend zum Leben: ohne Erlaubnis des Papstes.

Dort sah man – um das Register der Verdachtsmomente fortzuführen – auch über seine allzu innigen Kontakte zu Vittoria Colonna hinweg. Diese hochadelige Dame, seit 1525 Witwe des Marchese di Pescara, des legendären kaiserlichen Heerführers, dichtete nicht nur – was mit weiblichem Rollenverständnis der Zeit gerade noch vereinbar war –, sondern scharte zudem einen Kreis von religiösen Denkern und Mystikern um sich, deren Ideen sich gefährlich weit mit den Vorstellungen der protestantischen Ketzer zu vermengen schienen: Rechtfertigung des sündigen Menschen vor Gott alleine durch den Glauben, mystische Versenkung in dessen Geheimnisse nebst praktischer Caritas, die jedoch als Frucht der Gnade, nicht als zu deren Erlangung wirksam erachtet wurde. Seit der Gründung der römischen Zentralinquisition im Juli 1542 wurden dergleichen evangelikale Richtungen mit zunehmendem Misstrauen beäugt. Vittoria Colonna schützte ihr sozialer Rang – und vermutlich ihr Tod, der schon 1547 erfolgte.

Was die Rechtgläubigkeit Michelangelos betraf, so verdichteten sich in derselben Zeit die Bedenken. Und zwar vor allem aufgrund eines Bildes, des Bildes der Bilder schlechthin. Noch Clemens VII. Medici hatte 1533 für die Stirnwand der Sixtinischen Kapelle das Fresko mit dem Thema des Jüngsten Gerichts bei ihm in Auftrag gegeben. Warum dieser Tag des Zorns am Ende der historischen Zeit zum Abschluss eines Pontifikats, das durch Katastrophen ohnegleichen, nicht nur durch die große Stadtplünderung von 1527, sondern durch den Abfall halb Europas von der römisch-katholischen Kirche zu einem einzigen Desaster geworden war? Bedeutete dieses monumentale Bild zerknirschte Selbstkritik oder gar ein Schuldeingeständnis des Papstes, der, bereit vor seinen Richter zu treten, ein *mea culpa* bekennt und auf die Gnade des Höchsten hofft? Zu schön, zu andächtig, zu fromm gedacht; das Gegenteil dürfte gemeint sein: ein Fluch, ein ewiger Schuldspruch über die Feinde des Papsttums und der Medici.

Michelangelo aber malt – unerhört für einen Künstler der Zeit, der seinen Auftraggebern zu Diensten zu sein hat – sein eigenes Bild und seine eigene Glaubenswelt. Als das Riesenfresko am Vorabend vor Allerheiligen 1541 – seit sieben Jahren regiert Paul III. Farnese, Michelangelos engagiertester Förderer – enthüllt wird, herrscht bewunderndes, eingeschüchtertes, ungläubiges Schweigen. Ein Bild wie dieses hatte niemand je zu Gesicht bekommen: 391 völlig nackte Personen in einem machtvollen Strudel von Gnade und Verdammnis, gezeichnet von beklommener Zuversicht, zitternder und zagender Hoffnung auf Erlösung – und gemartert von bodenloser Hoffnungslosigkeit, abgrundtiefer Verzweiflung nach der Verdammung, gegen die es keinen Appell mehr gibt.

Nachdem sich die Erschütterung gelegt hat, kommen die studierten Theologen. Der Katalog der Fragen, die sie an das Bild richten, verzeichnet unbefriedigende und ausbleibende Antworten. Wo war die säuberliche Scheidung zwischen der Gelassenheit der Gerechten, deren Verdienste, durch Glauben und gute Werke gleichermaßen angesammelt, Erlösungssicherheit vor dem Höchsten garantierten, und der Masse der Verworfenen, die das universale Angebot der Gnade nicht genutzt hatten und jetzt die verdiente Strafe erhielten? Stattdessen bangen selbst die vornehmsten Märtyrer, die Werkzeuge ihrer Folter als Ausweis ihrer Glaubenstreue in den Händen, vor dem unwiderruflichen Spruch – als ob auch sie etwas zu befürchten hätten. Sollte damit etwa ein Abgrund zwischen Gott und den Gerechtesten der Gerechten bezeichnet sein? Gewiss, im Requiem, der Messe für die Toten, hieß es wörtlich, dass auch die Gerechten am Gerichtstag nicht sicher sein würden – doch ganz so wörtlich durfte man dieses *cum vix justus sit securus* doch wohl nicht auslegen, schließlich gab es noch die Mutter Kirche mit ihren heilsspendenden Sakramenten und die Schlüsselgewalt des Papstes. Die diplomierten Gottesgelehrten hatten zudem eine dunkle Formel des Erzketzers aus Wittenberg im Ohr: *simul justus et peccator*, auch der Gerechte bleibt Sünder, verschont nur durch die nicht erworbene, sondern einseitig verliehene Gnade des Herrn. War diese häretische Doktrin Luthers etwa im Allerheiligsten der römischen Kirche gemalt? Nicht auszudenken, wenn ja. Und überhaupt war in diesen ungeheuren Wirbel der wieder erwachenden, mit einem neuen Leib versehenen, vor das Tribunal getriebenen, gerecht gesprochenen oder in die Hölle abstürzenden Menschheit keinerlei Trennlinie eingezogen – nicht zwischen Heiligen und Sündern, ebenso wenig zwischen Gläubigen und Ketzern. Die Verdammten dieses Gerichtstags erregen nicht Abscheu, sondern tiefes Mitleid.

Aber das war noch längst nicht alles. Die Engel sind fluguntauglich, da ohne Flügel. Und vor allem diese penetrante Nacktheit. Gewiss, das Evangelium verhieß den Auferstandenen nach dem Schall der Trompeten einen neuen, geistlichen, von allen niedrigen Begierden losgelösten Körper. Doch musste man ihn so hüllenlos malen? Wurden die Sittlichkeitsempfindungen frommer Gemüter nicht dadurch beleidigt oder gar unzulässig auf die Probe gestellt? Dazu kam das verzerrte Selbstporträt des Künstlers auf der abgezogenen Haut des heiligen Bartholomäus, von ihm zu allem Überfluss noch in einem Gedicht kommentiert. Darin ist die Rede davon, dass die Seele im erneuerten Gewand frei, der irdischen Dinge ledig sei und dass vor dem Tod die Welt weniger als nichts zähle. Schön und gut, aber der Meister lebte ja noch – und trotzdem malte er sich jetzt schon als wieder geboren? Und aus welchen Quellen nährte sich diese Freiheit, die offenbar jetzt schon in Anspruch genommen wird? Aus Hochmut, aus Verachtung für die Welt?

Fragen über Fragen. Die strengsten der Bildinquisitoren plädieren für Zerstörung. Doch das geht natürlich nicht an. Das Geschick des Papsttums ist mit dem des Meisters der Meister unauflöslich verwoben. Wie würden die Ketzer in aller Welt triumphieren, wenn jetzt Bildverrat im Schoße der einzig wahren Kirche aufgedeckt wäre? Die Folgen wären unvorstellbar. So entscheidet sich Papst Pius IV. 1560 für einen Kompromiss, den Zeitumständen entsprechend. Das Konzil von Trient neigt sich allmählich dem Ende zu; die Kirchenversammlung hat ein strenges Bilderdekret erlassen: nur noch religionspädagogisch wertvolle, die einfachen Leute zur Frömmigkeit anleitende Kunstwerke sollen in Kirchen erlaubt sein. Das Volk aber braucht, um Bilder zu verstehen, vertraute Zeichen, bekannte Attribute, eine eingängige, schwarz-weiß zeichnende Komposition. Das alles hat das Jüngste Gericht nicht zu bieten, ganz im Gegenteil. Doch es wird nicht abgeschlagen, sondern nur an den peinlichsten, den nackten Stellen übermalt – Lendenschürze für den Jüngsten Tag, so lautet die seltsame Anweisung. Der bedauernswerte Künstler, der diesen Auftrag übernehmen muss, hat seinen Spottnamen für alle Zeiten: Hosenlatzmaler.

Haben die Bilderschnüffler Recht? Die Antwort ist schwierig und bleibt notwendigerweise vorläufig – im Gegensatz zu geschriebenen Glaubensbekenntnissen sind Bilder nicht so leicht auf Dogmen festzulegen. Die zentrale Botschaft des Jüngsten Gerichts aber ist keine ausgeklügelte, raffiniert versteckte häretische Doktrin, sondern eine bis heute den Betrachter überwältigende Heilsangst, die sich aus der Sündenverfallenheit des Menschen, seiner Schwäche im Fleisch und Geist ableitet. Diese Hinfälligkeit aber ist allen, gerade auch den Großen und Vornehmen, zu Eigen, Rang und Macht schützen somit vor Anfechtung nicht, im Gegenteil, sie gefährden das Seelenheil. Das gewaltige Schauspiel der Wiederauferstehung zum Gericht ist also ein Aufruf zur Einkehr, solange noch Zeit ist, zur Verachtung der Welt und ihrer Schätze – und setzt als letzte Hoffnung auf die Gnade des Richters. Am ehesten lässt sich darin Geist vom Geist Savonarolas, des Bußpropheten und Endzeitpredigers, wieder finden, den die Florentiner im Mai 1498 auf Geheiß Papst Alexanders VI. zuerst henkten und dann verbrannten – und dessen Verheißungen in der Republik der Jahre 1527 bis 1530 machtvoll wieder auflebten. Im jetzt beginnenden Konfessionellen Zeitalter aber sind solche Botschaften suspekt; wir oder sie, lautet jetzt das Gebot des Tages.

Am Ende arrangiert sich der Greis, dessen Nachleben lange vor seinem Tod begonnen hat, mit den herrschenden Gewalten, vor allem mit dem Herzog in Florenz. Dieser tut so, als sei nichts gewesen. Ob der Meister nicht die Freundlichkeit habe, die durch widrige Umstände – gemeint ist natürlich die letzte Republik – unterbrochene Arbeit an den Grabmälern der Neuen Sakristei von S. Lorenzo wieder aufzunehmen? Und überhaupt warteten in der alten Heimat die ehrenvollsten Aufträge auf den größten aller Künstler. In diesem gravitätisch gewundenen Briefwechsel wird auch Michelangelo ein Virtuose im Diskurs der verblümten Verbrämungen: Noch ein Jahr allenfalls, sicher nicht länger, sei er hier im Dienst des Papstes festgehalten, dann werde er ganz gewiss den Wünschen des durchlauchtigsten Fürsten willfahren. Nicht, dass er ernsthaft die immer wieder angemahnte Übersiedlung erwägt. Die Hofluft am Arno, wo sich die Künstler jetzt in der Gnadensonne Cosimos tummeln und auf schlüpfrigem Parkett auszurutschen Gefahr laufen, ist für den äußerlich anpassungsfähigen wie im Kern unbußfertigen Alten weiterhin Stickluft. Aber er versteht die Zeichen der Zeit und reagiert auf sie. Als ihm sein Neffe Lionardo 1547 von der drakonischen Ausnahmegesetzgebung gegen die letzten Republikaner im Exil schreibt, welche in Vorbereitung sei, antwortet Michelangelo – so empören sich seine Biographen bis heute – mit einer vollständigen Abschwörung, ja mit einem grenzenlos feigen Unterwerfungsakt. Er habe niemals Umgang mit diesen Hochverrätern gepflogen, habe immer nur freundlich gegrüßt und jedes verfängliche Gespräch vermieden. Krank darnieder sei er zudem nicht im Palazzo der Strozzi, notorischer Oppositioneller, sondern in einem Zimmer eines erprobten und unverdächtigen Freundes gelegen – und so weiter, an Peinlichkeit, so scheint es, nicht zu überbieten. Denn schließlich hatte er Roberto Strozzi seine beiden Sklavenstatuen geschenkt, von der Freundschaft mit Giannotti und anderen ganz zu schweigen. Hatte der alte Rebell seine Courage verloren, war er mit 72 Jahren doch noch zum Speichellecker der Mächtigen geworden? Und das, obwohl er selbst nichts zu fürchten hatte?

Genau das ist der springende Punkt. Michelangelo hatte Familie. Nach Weib und Nachwuchs stand ihm lebenslang der Sinn nicht, dafür aber hatte er einen Neffen mit Kindern, an deren Fortkommen er mit Leib und Seele hing. Das Menschheitsgenie als Familienmensch – das widerspricht dem romantischen Kult allein in die Schönheit und Ewigkeit verliebter Künstler aufs Schärfste. Und so hat noch jeder schwärmerische Schöngeist, der die Briefe des Meisters las, eine herbe Enttäuschung erlebt. Denn in dieser Korrespondenz ist fast nur von Geld, von vernünftigem, ja strategischem Umgang mit diesem und vor allem von eiserner Sparsamkeit die Rede. Diese predigt Michelangelo erst seinem Vater, dann seinen Brüdern und schließlich seinem Neffen. Dessen Geschenke aber nahm er gerne entgegen. Nicht von platonischer Kunstlehre, welche die Göttlichkeit des dem Höchsten nacheifernden schöpferischen Geistes predigt, sondern vom Erhalt einer Sendung Käse kündigt der letzte eigenhändige Brief vom 28. Dezember 1563 – er wird ihm nach der Arbeit an seiner letzten Pietà prächtig gemundet haben. Das alles ist keine Herabwürdigung, sondern selbstverständliche Norm der Zeit und damit sehr menschlich: Im Mittelpunkt aller Bestrebungen steht die Familie. Und um sie zu schützen, schreibt der alte Republikaner den Brief voller Devotheit und Verrat. Der Empfänger und der Herzog, der ihn zu lesen bekommen haben wird, wissen wie der Absender, dass nichts davon wahr ist, doch wird der Form Genüge getan, und diese Dezenz alleine zählt. Sie erlaubt es dem Künstler und dem Fürsten, ihre Korrespondenz in gravitätischen Formen weiterzuführen.

Am 14. Februar 1564 bleibt die Stalltür am Corviplatz (wo Mussolini dreihundertsiebzig Jahre später seine faschistische Plattenbau-Antike der „Triumphstraße“ anrichten wird) geschlossen. Michelangelo ist von einem schweren Unwohlsein befallen, Fieber kommt hinzu. Er lässt einen Hilferuf voller innerer Unruhe an seine Freunde senden. Sie sind alle zur Stelle, als er am Spätnachmittag des 18. Februar 1564, fast 89-jährig, stirbt, ohne den Tod zu spüren. Damit ist für die Agenten Cosimos de' Medici Plan X fällig geworden. Er sieht die Heimholung des Toten nebst prächtigem Begräbnis auf Kosten des Herrschers vor. Jetzt endlich ist der letzte Widerstand gebrochen – andere entscheiden über den Verbleib. Der Tote ist zu einer heiß begehrten Trophäe, zu einem Symbol der Versöhnung geworden. Zelebriert werden soll die wiederhergestellte Eintracht des alten und des neuen Florenz, der Republik und des Prinzipats, das sich in seinen ideologischen Verlautbarungen als deren bessere Fortsetzung darstellt. Und das ist sogar mehr als Ideologie. Als 1737 die männliche Herrscherlinie der Medici erlischt, beruft sich der letzte Großherzog der Familie auf diesen Pakt, der zwischen der Dynastie und dem Freistaat geschlossen worden sei – mit der Klausel, dass bei deren Aussterben die Republik wieder ins Leben treten müsse. Die europäischen Potentaten amüsieren sich königlich über diese seltsame Konstruktion; Michelangelo hätte sie vielleicht gefallen. Aber da die fürstliche Stellung der Medici anno 1564 noch jung, die Republik hingegen alt ist, braucht man den im Leben ungebärdigen Toten umso dringender. Seine ewige Ruhe in Florenz belegt die Legitimität des neuen Herren. Allein rechtmäßige Fürsten, so die politische Kunsttheorie der Zeit, fördern und ehren wahres Talent, Tyrannen hingegen verschmähen es und treiben Genies ins Exil. Kein Künstler der Antike wie der Gegenwart aber hat es jemals zu einem Ruhm gebracht, der dem Michelangelos auch nur nahe käme: Als einzigem Lebenden sind ihm Biographien gewidmet. Sie feiern ihn als den Vollender des Schönen und des Stils, als ragenden Gipfel der Künste, als Beweis, dass die Kurve der Zeiten aufwärts verläuft, die Moderne mehr vermag als die Antike, dass Fortschritt garantiert ist. Und so darf der tote Michelangelo in Rom nicht bleiben.

Wozu hatte Cosimo eine wohl trainierte Greiftruppe? Immerhin brauchte man dieses Opfer nicht zu töten, sondern nur zu verschnüren und bei Nacht und Nebel durch die Stadttore zu schmuggeln. Eine Kleinigkeit für die muskulösen Männer des Herzogs. Die Römer aber sind um eine Reliquie besonderer Art geprellt und entsprechend verärgert. In Florenz hat Cosimos einflussreichster Kunstberater, Giorgio Vasari, Michelangelos wortmächtigster Bewunderer und Biograph, schon alles für eine grandiose Totenfeier vorbereitet, bei der es von ruhmvollen Allegorien nur so wimmelt.

Die Nachlassverwalter in Rom finden in der verwaisten Wohnung des Toten eine Truhe mit 8000 Goldscudi. Davon konnte man einen prunkvollen Kardinalspalast kaufen. Die weiteren Vermögenswerte, nicht zuletzt die Liegenschaften, summieren sich nach heutiger Umrechnung zu weiteren Millionenwerten. Michelangelo selbst hat wie ein armer Handwerker gelebt. Nicht nur die Mächtigen seiner Zeit, auch das Geld hat er verachtet. Aber zugleich hat er es gesammelt: für die Familie. Diese errichtet damit in Florenz die Casa Buonarroti, deren viele Fresken eine Ruhmesgeschichte ihres Statusbegründers sind. Und doch ist die alte Widersetzlichkeit nicht für immer gestorben.

197 Jahre nach dem Tod des Meisters wird Filippo Buonarroti geboren. Er schließt sich 1796 in Paris dem Kreis um François Noël Babeuf (gen. Gracchus) an und wird nach der Hinrichtung des Tribunen zum Theoretiker. In seinem monumentalen Hauptwerk entwirft dieser lebenslange Revolutionär – bis zu seinem Tod 1837 der Nachtmahr Metternichs wie der nachrevolutionären restaurativen Gesellschaft und der Mächtigen und Reichen schlechthin – die erste minutiös durchgearbeitete Theorie einer kommunistischen Gesellschaft, in absoluter Gleichheit – und ohne Geld.

Volker Reinhardt

Abgeschlagene Köpfe und ein ausgestreckter Arm

Der Mann ist tot. Der fast unbekleidete muskulöse Henker geht mit ruhiger, fachmännischer Sachlichkeit seinem Beruf nach; seine Tätigkeit besteht darin, das Haupt, das ausgelitten hat, aber noch am Rumpf hängt, abzuschneiden. Denn die große Goldschale wartet. Getragen wird sie von einer jungen Frau, die gebannt, mit starrem Blick und halb geöffnetem Mund darauf wartet, die bestellte Kopf-Trophäe endlich einzusammeln. Auch den übrigen vier Anwesenden ist alles andere als wohl zumute. Die alte Frau hat die Hände an den Kopf geschlagen, in einer Geste der Trauer und des Entsetzens. Der Kerkermeister scheint gleichfalls angespannt; seine Stirn ist gerunzelt, der Blick gesenkt. Nichtsdestotrotz sind seine Anweisungen eindeutig: auf das Tablett mit dem Kopf! Obwohl er die Schlüssel des Gefängnisses am Gürtel trägt, ist er nicht Herr über Freiheit oder Gefangenschaft, geschweige denn über Leben und Tod, sondern ein untergeordneter Befehlsempfänger. Er wird sich also später rechtfertigen und sein Gewissen beruhigen können, wie immer in solchen Fällen – was vor sich ging, geschah auf Befehl von oben. Trotzdem wirkt er beklommen. Sein Bestreben, den blutigen Akt so schnell wie möglich zum Abschluss zu bringen, ist unübersehbar; der herrisch ausgestreckte Arm drückt Hektik aus. Die Geschichte soll endlich ein Ende haben.

Gerade dieses aber findet sie nicht. Getrennt durch eine lange Fläche düsteren Mauerwerks sind zwei Männer hinter einem Gitter Zeugen der soeben vollzogenen Hinrichtung geworden. Der Ausdruck ihrer Gesichter ist schwer zu deuten. Zumindest der Gefangene mit dem Stirnband reißt die Augen weit auf, blickt gefesselt auf die makabre Szenerie. Vor dem Fenster hängen zwei Schnüre herab, die durch einen breiten Eisenring gezogen sind. Für Kenner der hochnotpeinlichen Materie kann es keinen Zweifel an ihrer Funktion geben: Es sind die berüchtigten *corde*, mittels deren peinlich befragten Delinquenten die Schultergelenke ausgerenkt wurden. Es handelt sich also um Foltergeräte, wie sie überall zur Gerichtspraxis Europas vor der Aufklärung gehörten; sie gelten den damaligen Juristen als unverzichtbare Wahrheitsfindungsinstrumente. Damit kann kein Zweifel mehr daran bestehen, welches Schicksal die beiden eingeschlossenen Zuschauer erwartet: Sie sind die Nächsten, deren sich der Henker annehmen wird. Der Stoff ist tausendfach gemalt, die Geschichte von Salome und der Enthauptung Johannes

Caravaggio, Enthauptung Johannes' des Täufers

Wer die Sakristei der Co-Kathedrale St. John in La Valletta betritt, wird Zeuge eines Jusitzmordes. Nicht das Martyrium, sondern die Schuld der Überlebenden ist das Thema des gewaltigen Bildes, zu dessen Füßen die Gebeine der Malteserritter aus dem gesamten katholischen Europa ein gerechteres Urteil am Jüngsten Tag erwarten.

des Täufers aus der Bibel allgemein bekannt. Seit jeher haben christliche Theologen der kruden Geschichte einen tieferen, und das heißt: versöhnlicheren Sinn zu geben versucht. Der Täufer Christi ist zugleich sein Vorläufer, sein Martyrium heilsnotwendig; und natürlich wartet auf ihn, das unschuldige Opfer einer unzüchtigen Prinzessin und ihres lüstern-schwächlichen Vaters, die ewige Glorie im Himmel. Von all dem ist hier nichts zu sehen. Salome, die Anstifterin der Untat, erscheint im Bild nicht als Fürstin, sondern wie eine Magd. Was ihr an äußerem Glanz abgeht, hat ihre prächtige Goldschale im Überfluss. Theologisch mag das angehen, sie ist immerhin ein Reliquiengefäß. Trotzdem wirkt der Kontrast zwischen der Ärmlichkeit, ja Jämmerlichkeit der Personen sowie ihrer Umgebung und dem Prunkgegenstand obszön. Wenn die Prinzessin ihres Frevels nicht froh wird, wer dann? Die Frage nach der Schuld, die hier gemalt ist, bleibt offen – und aktuell. Denn der Justizmord findet in einem durch und durch römischen Ambiente statt; das mächtige rustizierte Portal und das kolossale Fenster sind unverkennbar zeitgenössische Palastarchitektur am Tiber. Durch die Erzählung einer uralten Geschichte im Gewand der Gegenwart überspringt das Ereignis die Zeiten und wird zeitlos. Genau diese Beklommenheit befällt den Betrachter bis heute; man muss nicht einmal so weit gehen und sich SS-Uniformen anstelle des Kerkermeister-Wamses vorstellen, um diesen Eindruck wieder und wieder zu empfangen: Unrecht im Namen des Staates, ein Ewigkeits-Schauspiel.

Und noch eine makabre Pointe: dort, wo das Blut des getöteten Eremiten sein Rinnsal zieht, steht die (durch spätere Beschädigung nur teilweise lesbare) Signatur des Malers: Michelangelo Merisi da Caravaggio. Ein Name, in Blut geschrieben. Ist das eine verklausulierte Anklage, ein bekennendes Selbstzeugnis – auch ich kenne Kerker von innen – oder etwa ein Ausdruck der Zustimmung, der Gewaltbesessenheit oder gar Gewaltbewunderung? Stellt man das Werk, das den Betrachter in seinen Sog hineinzieht, weit ausgreifende Assoziationen provoziert und zu sehr intuitiven Ausdeutungen verleitet, in Beziehung zum Leben des Malers, so scheinen alle drei Interpretationen möglich. Blut nämlich zieht sich wie ein roter Faden durch diese kurze, nur von 1571 bis 1610 dauernde Vita, die wie kaum ein anderes Künstlerleben von Legenden umwoben ist.

Harte Fakten hingegen überliefert ein römisches Nachrichtenblatt (*avviso*) vom 31. Mai 1606:

„Seit längerer Zeit wurden in Rom Streitigkeiten nicht mehr mit einem so blutigen Handgemenge ausgetragen wie letzten Sonntag im Stadtteil Campomarzo (= an der heutigen Via della Scrofa, etwa in Höhe des Palazzo Firenze, V.R.) zwischen dem Maler Michelangelo da Caravaggio und einem gewissen Ranuccio Ranuccio. Sowohl Anlass wie Ablauf sind daher einer Erzählung wert. Die Ursache bestand darin, dass der Maler dem Ranuccio zehn *scudi* schuldete, die Zahlung dieser Summe nach einem Streit jedoch hinauszögerte. Zudem hatte derselbige Caravaggio vorsorglich 600 *scudi* beiseite gelegt, um sich für erlittene Unbill zu rächen, vor allem aber, um schlagartig das Weite suchen zu können – falls ihm ein letzter spektakulärer Coup gelingen sollte. So aber ging er mit seinen Freunden zum Hause des nämlichen Ranuccio. Dieser wurde seiner gewahr, bewaffnete sich und stürzte auf die Straße, um Mann gegen Mann zu kämpfen. Dem verwundeten Maler kam der Hauptmann Petronio zur Hilfe, dem Ranuccio sein Bruder, auch er Hauptmann. So standen auf beiden Seiten schließlich jeweils zwölf Kämpfer. Am Ende strauchelte Ranuccio, wurde von einem Degenhieb getroffen und fiel tot zu Boden, bevor ihn sein Bruder retten konnte. Der Hauptmann Petronio wurde schwer verwundet verhaftet."

Ein weiteres *avviso* vom selben Tag berichtet im Kern denselben Tatbestand, mit einem interessanten Zusatz: Die zehn *scudi*, die auf dem Spiel standen (zwei Monatseinkommen eines Handwerkers), hatte Ranuccio bei einem Ballspiel gegen Caravaggio gewonnen. Solche Matches waren – das ist gerichtsnotorisch – neben Trinkgelagen und Raufhändeln eine Lieblingsbeschäftigung des Malers. Die zitierte Meldung lässt nur einen Schluss zu: Vorsatz, gezielte Provokation des Opfers, im Voraus geplante Flucht. Demnach ging es nur noch um einen sensationellen Abgang von der römischen Bühne, mit Waffengetöse – und mit Blut. Für den Wahrheitsgehalt dieser Nachricht spricht der Auszug aus Caravaggios Strafregister.

Die wichtigsten Eintragungen der vorangehenden drei Jahre nämlich lauten wie folgt. Vom 11. bis 15. September 1603 Haft im Gefängnis Tor di Nona auf Anzeige des Malers Giovanni Baglione; Anschuldigung: Verbreitung von Verleumdungen zu dessen Nachteil. Im Verhör – der einzigen Textstelle, in der Caravaggio selbst redet – werden die Talente verschiedener Maler diskutiert, höchstwahrscheinlich mit sarkastischen Untertönen, schließlich wird Baglione dabei gelobt. Anscheinend ist das Ergebnis der Untersuchungen, bei denen der Vernommene sich offenbar bewusst widersprüchlich ausdrückt, für diesen nicht günstig. Er wird zwar nach vierzehn Tagen durch die Intervention des französischen Botschafters freigelassen, steht aber unter Hausarrest und darf Rom nicht ohne Erlaubnis verlassen – sonst warten auf ihn die Galeeren.

Die gewünschte Besserung des Sozialverhaltens bleibt aus. Der Maler ist Teil einer Künstlerclique, deren Manieren nicht zimperlich sind. Sein Busenfreund Onorio Longhi trägt den vielsagenden Spitznamen „verrückte Ente". Caravaggio selbst zieht mit Dolch, Degen und einem großen schwarzen Hund namens Krähe, der allerlei Kunststücke beherrscht, durch die römischen Straßen und Tavernen; aus einer von diesen kann ihn sein Malerkollegen Cigoli gerade noch herausholen, bevor ihn seine Feinde zusammenschlagen. Im April 1604 schleudert er in der Osteria del Moro in Trastevere einem Kellner eine Platte mit Artischocken an den Kopf und bedroht diesen dann mit dem Schwert. Ein halbes Jahr später bewirft er einen Gegner mit Steinen, im Monat darauf wird er verhaftet, weil er einem Korporal der – bei der römischen Bevölkerung verhassten – Sbirren seine Erlaubnis, Waffen zu tragen, nicht zeigen will und stattdessen ausfällig wird. Seinen erfolgreichen Kollegen Guido Reni fordert er bald darauf zum Duell, weil ihm dieser „seinen Stil gestohlen habe". Als Reni, von sanfterer Gemütsart, den Zweikampf verweigert, setzt Caravaggio auf die schon im Fall Baglione bewährte Karte: Verleumdung. Bei einer der vielen Verhaftungen zeichnet der Gerichtsschreiber die Markenzeichen des Angeklagten in die Gerichtsakten: Degen und Dolch, selbst gekritzelt beide ziemlich furchterregend.

Im Juli 1605 macht der streitlustige Maler dann wieder vom Degen Gebrauch. Er verletzt einen Notar namens Pasqualone am Kopf, der ihm bei einer jungen Römerin in die Quere gekommen sein soll. Der Polizeibericht führt sie als „Lena, die auf der Piazza Navona steht und Caravaggios Freundin ist" auf. Das klingt nach Straßen-, besser: Platz-Prostitution und regelrechter Zuhälterei. Warum aber dann der Gewaltausbruch? Eine spätere Version der Episode berichtet, Lena sei die Verlobte des Notars und der Maler in sie verliebt gewesen. Was auch immer es damit auf sich gehabt haben mag, Caravaggio wird der römische Boden zu heiß unter den Füßen und er geht nach Genua – die letzte Lebensphase deutet sich an. Wieder findet er einflussreiche Fürsprecher, die ihm die Rückkehr erlauben. Am 24. August 1605 ist er schon wieder am Tiber. Aber auch seine treuesten Protektoren verlieren jetzt die Geduld. Kardinal Francesco Maria del Monte, zusammen mit dem Marchese Vincenzo Giustiniani und dessen Bruder Kardinal Benedetto sein wichtigster Patron, bezeichnet ihn als einen „überaus exzentrischen Kopf". Er schüttelt den seinen darüber, dass Caravaggio es abgelehnt hat, für das fürstliche Entgelt von 6000 *scudi* den Palast der Familie Doria zu freskieren – so hoch gestellte Persönlichkeiten brüskiert man doch nicht durch eine schnöde Absage.

Mit dem Straßenkampf vom Mai 1606 aber ist das Maß voll; keine Hand rührt sich mehr für den notorischen Totschläger. Caravaggio setzt sich Richtung Süden ab, nach Neapel und schließlich nach Malta, wo das Bild mit der Hinrichtung des Täufers entsteht (und bis heute in einer Kapelle der Co-Kathedrale St. John von La Valletta hängt). Das karge Felseneiland zwischen Sizilien und Afrika lockt, weil hier ein Ritterorden regiert; die großen Familien des katholischen Europa schicken ihre überzähligen Söhne, vor allem die ungebärdigen, mit Vorliebe dorthin. Hier können sie ihr aggressives Potential unschädlich, ja zum Heil der Christenheit gegen die Türken ausleben. Und tatsächlich schafft es Caravaggio, im Juli 1608 als Ritter aufgenommen zu werden. Ausschlaggebend dafür sind allerdings nicht seine martialischen, sondern seine künstlerischen Talente; neben dem Johannesbild entsteht ein Porträt des damaligen Großmeisters Alof de Wignacourt. Doch es hält den frisch gebackenen Cavaliere nicht auf der Insel. Eine Spur aus Bildern und Gewalt hinter sich lassend, zieht er weiter. Und nochmals scheint ihm das Schicksal gnädig. Kardinal Ferdinando Gonzaga aus der Herrscherfamilie von Mantua verwendet sich für ihn und erwirkt die Erlaubnis zur Rückkehr nach Rom. Doch Caravaggio ist vorsichtig und reist per Schiff vorerst nur

ganz in die Nähe des Kirchenstaats; er verlässt sein Schiff in Porto Ercole am Monte Gargano, das zu Spanien gehört.

Dort findet er einen Tod, der an ein absurdes Theaterstück gemahnt. Der begnadigte Missetäter wird mit einem gesuchten Verbrecher verwechselt, eingesperrt und, nach Aufklärung des Irrtums, einige Tage später wieder freigelassen. Inzwischen aber hat das Schiff mit seinem Gepäck abgelegt. Wütend und ungeduldig auf die nächste Passage wartend, läuft er in der Julihitze am Strand auf und ab. Hinter diesem aber lauert eine brackige Lagune mit Millionen von Mücken. Fremde finden den kopflos Umherirrenden im Fieberdelirium – ein sanfter Tod für einen derartig gewalttätigen Menschen, so zumindest denken fromme Zeitgenossen.

Zurück zur Ausgangsfrage: Anklage oder Verherrlichung von Gewalt in Bildern? Die zweite Antwort legt ein anderes Hauptwerk Caravaggios verführerisch nahe. In einem weiteren Martyrienbild, der Ermordung des heiligen Matthäus in der Contarellikapelle der französischen Nationalkirche von S. Luigi dei Francesi (ganz in der Nähe der Straßenschlacht von 1606 gelegen), scheint geradezu ein Geständnis, wenn nicht ein Steckbrief in eigener Sache gemalt. So tröstlich der auf einer Wolke ins Mordgeschehen hineinfliegende Engel mit der Blutzeugenpalme auch den himmlischen Lohn des Opfers anzeigt, erst muss gestorben werden, und zwar dramatisch, ja brutal genug. Der wiederum fast nackte gedungene Mörder hat das Schwert schon gezückt und den abwehrend erhobenen Arm des Apostels gepackt. Der tödliche Streich ist in den entsetzten Reaktionen des Knaben unter der Wolke bereits vorweggenommen. Doch so vor Schreck erstarrt die meisten Zeugen auch auf den Tathergang blicken, einige bleiben auffällig unbeteiligt. Das gilt für den federgeschmückten Jüngling am oberen linken Bildrand, der wie ein berechnender Höfling weit eher die praktischen Folgen als die moralische Dimension des Verbrechens zu erwägen scheint, und vor allem für das hinterste, sinnend geneigte Haupt. Seine Identität steht außer Frage, es sind die Züge des Künstlers selbst. Und auch seine im Bild übernommene Rolle lässt

◀ Caravaggio, Porträt des Maltesergroßmeister Alof de Wignancourt

Der Großmeister des Malteserordens war bis zu Napoleon Bonaparte, der diesem Staatswesen 1798 ein Ende bereitete, souveräner Herrscher über sein winziges Inselterritorium. Der Orden fungierte nicht zuletzt als Versorgungsinstitution für nachgeborene Adelssöhne, die man hier prestigeträchtig und kostengünstig unterbringen konnte; und auch so mancher ungebärdiger Aristokratensprössling ließ sich nach Verstößen gegen Gesetz und Ordnung hierhin zwecks diskreter Wahrung der Familienreputation abschieben. Aus ganz ähnlichen Gründen kommt Caravaggio auf das abgelegene Eiland. Wäre er nur hier geblieben – sein Leben hätte vermutlich länger gedauert.

kaum Zweifel aufkommen: er verkörpert gemäß dem zugrunde gelegten Text der Legenda aurea den äthiopischen König, dessen unsauberen Gelüsten der Heilige im Wege steht. Selbstporträt als Auftraggeber eines Mordes aus abgefeimter Staatsräson – haben wir hier das lang gesuchte *mea culpa*, das definitive Eingeständnis verbrecherischer Neigungen und damit den Schlüssel zu Leben und Werk gefunden? Kann man die Akten über den Maler, der ein Mörder war, also schließen? Es heißt nicht, modischer correctness zu frönen, wenn man andere Deutungswege aufzeigt – im klaren Bewusstsein, dass auch sie in die Irre führen können.

Caravaggios Delinquenz trägt einen bezeichnenden sozialen Stempel: den des Verbrechers aus verlorener sozialer Ehre. Die Familie Merisi nämlich genießt um 1570 einen ansehnlichen Status. Der Vater des Künstlers ist *maestro di casa* eines Grafen Sforza aus der Seitenlinie des ehemaligen Mailänder Herzogsgeschlechts. Aus einer solchen Position der gehobenen Mitte aber ließen sich gerade im 16. Jahrhundert erfolgreiche Laufbahnen und damit weit reichende soziale Aufstiege bewältigen, umso mehr, wenn diese Stellung wie im Falle der Merisi durch ausgedehnten Landbesitz gestützt war. Dass dieser Wohlstand durch viele Pesttode 1576/77 und weitere familiäre Unglücksfälle in der Jugend des Malers schnell zerrinnt, ändert nichts am damit verknüpften Anspruch auf vornehme, ja man kann sagen: aristokratische Lebensführung. Und genau diese Selbsteinschätzung dürfte Caravaggio lebenslang vorführen: am sichtbarsten durch seinen martialischen Aufzug einschließlich Waffen und Hund, zuvor schon durch seine Weigerung, eine längere Lehrzeit als Maler zu absolvieren, wie auch später durch die schroffe Ablehnung lukrativer Aufträge. Und nicht zuletzt ist das Ballspiel, bei welchem der Künstler die ominösen zehn *scudi* verliert, eine aristokratische Freizeitbeschäftigung – wie denn auch dem Adeligen überhaupt der Degen so locker sitzt wie ihm. Schließlich deuten der Ehrgeiz, Malteserritter zu werden, wie der Erfolg dieser Bestrebungen auf ein solches Selbstverständnis hin.

Dann aber klärt sich so manches. Für einen Maler mit Ritterallüren, der in den sozialen Niederungen einer abhängigen Auftragstätigkeit einen stolzen Begriff von Ehre bewahren will, sind Händel ohne Ende vorprogrammiert. Und selbst die morbide anmutende Faszination der abgeschlagenen Köpfe

Caravaggio, Madonna dei Pellegrini ▶

Dass niedrige Geburt kein Hindernis für göttliche Erwählung bedeutet, zeigt seine Madonna dei Pellegrini eindringlich. Die Gottesgebärerin – gemalt als schöne Römerin aus dem Volk, der Legende nach Caravaggios eigene Geliebte – erscheint nicht den Reichen und Mächtigen, sondern einem armen Ehepaar, dem die Last eines elenden Lebens von der Hornhaut der Füße abzulesen ist.

lässt sich dann aus dem Zusammenhang von Normen, als Passion eines Mannes, der das Schwert wie den Pinsel zu führen weiß, erklären. Und dennoch bleiben Widersprüche. So aristokratisch ausgerichtet sich das Selbstverständnis Caravaggios auch ausnehmen mag, einige seiner bekanntesten Bilder scheinen für die Gegenseite, das entrechtete, ausgebeutete Volk Partei zu nehmen. So erscheint in seinem bis heute populärsten Gemälde die Madonna zwei armen, abgerissenen Pilgern, welche die Last und das Leid der Welt in ihren verhärmten Gesichtern eingeschrieben, ja in ihren schwieligen Fußsohlen geradezu eingebrannt tragen. Dabei ist die Gottesgebärerin unter dem römischen Torbogen nicht weniger plebejisch, vielleicht sogar mit Lena-Zügen gezeichnet: eine schöne Römerin aus der Hefe des Volkes. Dieses aber pflegen die Staatsgelehrten des 17. Jahrhunderts mit dem Maultier gleichzusetzen, das man angemessen belasten und am Zügel führen müsse, damit es nicht über die Stränge schlägt und sich den Hals bricht. Der Maler jedoch nimmt unübersehbar für die Armen und Geschundenen Partei, sie sind die wahre Kirche. In Caravaggios Gemälden sind Körper von Schweiß, Schmutz, Gestank gezeichnet, auch und gerade dann, wenn sie tot sind. Er zeigt den Tod der Maria nicht, wie es der kirchlichen Lehre entspräche, als schmerzloses Dahinscheiden beziehungsweise als Aufstieg in die Sphäre ewiger Seligkeit, sondern rückt einen Leichnam mit von der Totenstarre aufgequollenen Waden und Füßen ins Bild. Eine Frühform des sozialistischen Realismus mit revolutionären Anklängen, wie marxistisch orientierte Kunsthistoriker gemeint haben? Vorsicht ist geboten: das Licht, wo immer es in Caravaggios Gemälde einbricht, ist nicht von dieser Welt. Verständnis, ja begeisterten Zuspruch fand seine Kunst zudem nur in exklusiven Zirkeln aristokratischer Kunstkenner. Und letztendlich ist auch die Parteinahme für die Mühseligen und Beladenen mit adeligem Ethos vereinbar.

Einen Fingerzeig zu einer dritten Deutung bietet ein weiteres Bild der Contarelli-Kapelle. Es zeigt die Berufung des Matthäus zum Apostelamt. Dessen Beruf gibt Luther in seiner Bibelübersetzung mit „Zöllner“ an, wir würden heute wohl sagen: Geldeintreiber, ein verachtetes, bei den einfachen Leuten verhasstes Gewerbe. Dementsprechend hockt der künftige Apostel in einer trüben römischen Taverne im Kreise seiner zwielichtigen Kumpane. Gier, Geiz, Gewalt und Geckenhaftigkeit drängen sich um diesen Tisch; der vordere Spießgeselle trägt einen kecken Degen (gemäß Gerichtszeichnung: Caravaggios Degen) und sieht so aus, als wolle er von ihm Gebrauch machen – gegen den Eindringling, der in dieses düstere Ambiente einbricht, von einem älteren Mann, der ungläubig seinem Arm folgt, begleitet: Christus mit Petrus, dem Fürsten der Apostel. Der Arm Christi aber ist der Arm Adams aus Michelan-

Caravaggio, Berufung des hl. Matthäus

Folge mir – die Aufforderung Christi an den vom Alkohol benebelten Spieler mit übel beleumdetem Beruf macht aus dem Zöllner einen Apostel. Das römische Kneipenmilieu war dem Künstler, der vor allem in den Spelunken im Viertel um die Reformkirche der Chiesa Nuova gern gesehener Gast war, bestens vertraut.

gelos Erschaffung des Menschen von der Decke der Sixtinischen Kapelle. Hier bezeichnet er die göttliche Gnade, die aus einem notorischen Sünder einen Erwählten macht. Auf sie könnte auch der Maler, der von seinen Verstrickungen in Sünde und Gewalt wusste und malte, gesetzt haben.

Das ist zugegebenermaßen ein versöhnlicher Schluss. Geschlossen ist die Geschichte des Lebens und der Bilder damit nicht. Offen bleibt sie, solange Menschen durch Kirchen gehen und ergriffen, erschrocken, entsetzt oder entzückt vor diesen Bildern voll künstlerischer Gewalt stehen bleiben und ins Grübeln geraten.

Arne Karsten

Der Großtyrann und das Gerücht

Der Gemütszustand Francesco Mochis schwankte zwischen besinnungsloser Wut und müder, resignierter Verzweiflung. Hatte er es den Herren Kardinälen nicht hundert Mal gesagt, hatte er sie nicht gebeten, beschworen, angefleht, etwas zu tun? Aber all diese Eminenzen, die vielleicht das eine oder andere von Kunst, sicherlich jedoch viel von Politik verstanden, hatten sie ihm jemals mehr geantwortet als ein halb bedauerndes, halb gelangweiltes „Man wird sehen"? Er, Francesco Mochi, wusste, wie es ausgehen würde, auf Kosten seiner Statue nämlich, die früher oder später den Nachstellungen des Tyrannen zum Opfer fallen musste. Am Ende griff Mochi zu Papier und Feder und schrieb einen Brief, weniger, weil er an den Nutzen glaubte, als um überhaupt etwas zu tun und seiner Wut Luft zu machen. Er schrieb an die Kardinalskongregation, die für die Ausstattung der Peterskirche zuständig war.

Francesco Mochi war Bildhauer, einer der begabtesten unter den vielen, die Italien in der ersten Hälfte des 17. Jahrhunderts hervorbrachte. 1580 im toskanischen Montevarchi geboren, hatte er seine wichtigsten Werke im Dienste Ranuccio Farneses, Herzog von Parma und Piacenza, geschaffen, bevor er 1629 den Auftrag seines Lebens erhielt. So zumindest war es ihm seinerzeit erschienen, als die Kardinalskongregation von St. Peter ihm angeboten hatte, eine der monumentalen Statuen zu schaffen, die für die Kapellen in den Vierungspfeilern der Peterskirche vorgesehen waren. Die Neugestaltung der Vierung sollte den würdigen Rahmen bilden für Berninis gewaltigen Baldachin, der sich nach jahrelangen Arbeiten der Vollendung näherte. Mochi war der Auftrag für die Figur der heiligen Veronika zugedacht, die das Schweißtuch Christi gefunden hatte. Weit überlebensgroß, an prominenter Stelle in der wichtigsten Kirchev der Christenheit aufgestellt, versprach die Gestaltung dieser Statue eine Menge Geld und unsterblichen Ruhm. So dachte Mochi damals. Wie oft hatte er seitdem seine Entscheidung, nach Rom zu gehen, verflucht!

Denn da es nicht nur um eine, sondern um vier Monumentalskulpturen ging, war Mochi nicht der einzige Bildhauer, an den sich die Kardinäle gewandt hatten. Die Arbeiten sollten sich nicht ewig in die Länge ziehen, und angesichts der Größe der zu schaffenden Statuen war es geraten, den Auftrag an vier verschiedene Fachkräfte aufzuteilen, die freilich unter der Leitung eines Hauptverantwortlichen zusammenarbeiten mussten. Nach Lage der

Gianlorenzo Bernini, Hochaltar von St. Peter

Mit dem nach Plänen Berninis geschaffenen mächtigen Baldachin erhielt die Peterskirche ihren Aufsehen erregenden Mittelpunkt, und dieser Mittelpunkt gibt bereitwillig Auskunft darüber, wem er seine Existenz zu verdanken hat. Überall erkennt der Betrachter das Wappentier der Papstfamilie Barberini, jene Bienen, die zwischen 1623 und 1644 in unübersehbaren Schwärmen den Römern als Ruhmesboten ihrer Auftraggeber ins Auge stechen sollten. Noch während am Baldachin gearbeitet wurde, begannen die Planungen für die Gestaltung der ihn einfassenden Vierung des Petersdomes.

Dinge kam auch für diese Aufgabe nur Gianlorenzo Bernini in Frage, der schon seit einigen Jahren eine unumstrittene Führungsposition in der römischen Kunstszene erlangt hatte. Die Familie Barberini mit dem regierenden Papst Urban VIII. an der Spitze wachte eifersüchtig darüber, dass Bernini seine schier unerschöpfliche Arbeitskraft ausschließlich in ihrem Dienst einsetzte, denn seine Skulpturen hatten ihn in ganz Europa berühmt gemacht, und dieser Ruhm fiel nicht zuletzt auf seine *padroni* zurück. So sah sich selbst der englische König gehalten, einen höflich bittenden Brief an den Papst zu senden, wenn er eine Porträtbüste seiner Person von der Hand des unvergleichlichen Cavaliere Bernini wünschte.

Kein Wunder also, wenn Bernini in diesen Jahren dazu neigte, sich mehr und mehr als „Herr der Welt" zu fühlen, und glaubte, sich beinahe alles erlauben zu können. Und noch viel weniger erstaunlich war es, dass ihm die Oberaufsicht und künstlerische Gesamtgestaltung der Vierung von St. Peter zufiel. Darüber hinaus erhielt er auch den Auftrag für eine der vorgesehenen Skulpturen, den heiligen Longinus. Weiterhin sollte der in Brüssel gebürtige, aber schon seit Jahren in Rom etablierte François Duquesnoy die Statue des heiligen Andreas anfertigen, der Berninischüler Andrea Bolgi die heilige Helena. So der Beschluss der Kardinäle, die bald darauf einen Entwurf von der Hand Berninis akzeptierten, wie die Nischen zu gestalten seien, welche die gewaltigen Skulpturen aufnehmen sollten. Das war im Mai 1628 geschehen. Man konnte nun darangehen, die Bildhauer ihre Modelle fertigen zu lassen.

Im Verlauf der Arbeiten zeigte sich recht bald, dass Bernini nicht im Geringsten gesonnen war, seinen Kollegen irgendwelchen Einfluss über die Gestaltung ihrer Skulpturen hinaus einzuräumen. Seine Position wurde noch stärker, als 1629 Carlo Maderna, der bisherige Chefarchitekt von St. Peter, gestorben war und Bernini, wie allgemein erwartet, zu dessen Nachfolger berufen wurde. Eifersüchtig und autoritär wachte er über seine Stellung als allein verantwortlicher Architekt, was schon bald zu Spannungen zwischen ihm und seinen Mitarbeitern führte. Der zeitgenössische Künstlerbiograph Giambattista Passeri charakterisierte den mit quasi diktatorischen Vollmachten ausgestatteten Chefkünstler des Hauses Barberini folgendermaßen: „Jener Drache, der unermüdlich über die Gärten der Hesperiden wachte, stellte sicher, dass kein anderer nach den Äpfeln päpstlicher Gunst greifen konnte."

Besonders Francesco Mochi war über die Arroganz des Egozentrikers empört, aber auch Duquesnoys Verhältnis zu Bernini verschlechterte sich rasch. Es kam zu Auseinandersetzungen über stilistische Fragen, und Bernini ließ sich keine Gelegenheit entgehen, den Kollegen Knüppel zwischen die Beine zu werfen, gerade weil er ihre künstlerischen Qualitäten deutlich genug erkannte. In seinen Augen stellten Mochi und Duquesnoy eine Bedrohung seiner unangefochtenen Stellung als Superstar unter den römischen Künstlern dar, und er war entschlossen, dieser Gefahr mit allen Mitteln zu begegnen. Als ein Modell der Andreas-Skulptur in Originalgröße aus der für sie vorgesehenen Nische in St. Peter geschafft wurde, um für die weiteren Arbeiten in die Werkstatt Duquesnoys transportiert zu werden, kam es zu einem Unfall, bei dem das von Duquesnoy, der als langsamer und sorgfältiger Arbeiter bekannt war, geschaffene Werk zerbrach. Jedenfalls lautete die offizielle Erklärung, es habe sich um einen bedauerlichen Zwischenfall gehandelt, doch die Gerüchte wollten nicht verstummen, in Wahrheit hätten die Transportarbeiter den 'Unfall' im Auftrag Berninis arrangiert.

Gerüchte gab es bald schon weitere. Die Arbeiten zogen sich in die Länge, weil die Marmorlieferungen für die Statuen sich verzögerten. Verantwortlich für die Bereitstellung des Marmors war Bernini, der behauptete, daran keine Schuld zu haben – aber seltsam war es schließlich doch, dass Francesco Mochi das Material erst erhielt, als sich die anderen Bildhauer bereits seit acht Monaten an der Arbeit befanden. So dauerte es bis zum Beginn der vierziger Jahre, bevor alle Statuen fertig waren; bei der ersten Besichtigung von Mochis „Heiliger Veronika" war es dann zu einem Wortwechsel gekommen, der fast mit Handgreiflichkeiten geendet hätte und das ohnehin schon äußerst gespannte Verhältnis zwischen Mochi und Bernini endgültig zerrüttete.

Kurz zuvor hatte eine Baukommission Risse in der Peterskuppel entdeckt, Risse, die ein neuerliches Gerücht zur Folge hatten: nämlich dass Bernini, der die Nischen in den tragenden Vierungspfeilern hatte vergrößern lassen, um Raum für die Skulpturen zu schaffen, nicht genügend Rücksicht auf die Statik des Baues genommen und damit die Kuppel an den Rand des Einsturzes gebracht habe. Bernini war empört, wahrscheinlich nicht zuletzt deshalb, weil er kein ausgebildeter Architekt, sondern Bildhauer war und sich durch diese Vorwürfe tödlich getroffen fühlte. Die Situation war nicht unbedrohlich für ihn, und so machte er sich unverzüglich daran, den Kritikern entgegenzutreten. Ein *avviso* vom 24. Januar 1637 wusste zu berichten:

„Der Cavaliere Bernini, der eigentlich hatte aufhören wollen, Komödien zu schreiben (was Bernini über seine Tätigkeit als Architekt, Bildhauer, Maler und Dekorateur hinaus mit großem Eifer und Erfolg tat), schreibt nun doch eine höchst unterhaltsame, deren Thema der Riss in der Kuppel von St. Peter sein wird und die Gerüchte, die ihm die Schuld dafür geben. Man glaubt allerdings, dass der genannte Bernini alles vorbereitet hat, um nach Neapel zu flüchten und seine Person in Sicherheit zu bringen für den Fall, dass es mit der Kuppel ein größeres Unglück geben sollte."

Francesco Mochi, Statue der hl. Veronika, St. Peter, Rom

Die monumentale Statue der heiligen Veronika, die nach der Auffindung des Schweißtuches Christi aus ihrer Nische herauszustürzen scheint, gehört zu den bemerkenswertesten und expressivsten Skulpturen des römischen Hochbarock. Mochis Meisterwerk trug ihrem Schöpfer freilich kein Glück ein. Wie viele andere Künstler litt er unter der beherrschenden Stellung, die Bernini in den Jahren des Barberini-Pontifikats zwischen 1623 und 1644 in der römischen Kunstszene erlangte. So fürchtete Mochi nicht ohne Grund, dass der übermächtige Konkurrent nicht einmal vor einer mutwilligen Beschädigung der Veronika-Statue zurückschrecken werde.

Die Angelegenheit war also eine Zeit lang Stadtgespräch, und auch als sich langsam die Wogen glätteten, werden die Risse in der Peterskuppel kaum zu Berninis bevorzugten Konversationsthemen gehört haben.

Einige Jahre später, zu Beginn des November 1640, hatte nun Francesco Mochi trotz aller Widrigkeiten und Behinderungen, trotz aller Gerüchte über die Intrigen, die der Großkünstler gegen ihn und Duquesnoy spann, seine Skulptur der heiligen Veronika vollendet. Eine gewaltige Menschenmenge hatte sich am Tag versammelt, da sie enthüllt werden sollte, darunter auch Bernini mit seinem Gefolge aus Mitarbeitern und Handlangern. Mit leicht abschätziger Kennermiene betrachtete er das Werk des Konkurrenten, um sich schließlich in demonstrativer Höflichkeit an Mochi zu wenden: „Ein sehr schönes Werk, Meister Mochi, wirklich, sehr ansprechend. Aber sagen Sie mir doch bitte eines: Wo kommt eigentlich der Wind her, der das Kleid der Heiligen in so unerklärlicher Weise nach hinten weht?" Mochi musste sich zusammennehmen, um bei seiner Replik einigermaßen ruhig zu bleiben, so erregt war er, zugleich vor Wut und aus dem Bewusstsein heraus, sie würde tödlich treffen: „Nun, Cavaliere, es wundert mich denn doch, dass ich das gerade *Euch* erklären muss: aus den Rissen natürlich, die in der Kuppel aufgetreten sind!"

Wir wissen nicht, wie Bernini drauf reagierte, aber angesichts seiner in diesen Jahren zur Genüge unter Beweis gestellten Neigung zum Jähzorn braucht es nicht viel Phantasie, um sich vorzustellen, seine Assistenten hätten in diesem Moment alle Mühe gehabt, ihn davon abzuhalten, auf Mochi loszugehen. Am Ende mag es bei hasserfüllten Blicken geblieben sein.

Für den Augenblick zumindest. Denn kurze Zeit nach diesem erregten Wortwechsel brodelte die Gerüchteküche am Tiber erneut. Diesmal ging es, besonders spannend, um Geld, und zwar um ziemlich viel Geld. Die Künstler hatten ihre gewaltigen Skulpturen für die Vierung von Sankt Peter weitgehend fertig gestellt und forderten berechtigterweise ihre Bezahlung. Die erfolgte in Raten und bald hieß es, dass diese Raten höchst unterschiedlich hoch seien: während Bernini für seinen „Heiligen Longinus" astronomische Summen einstrich, erhielten Mochi und Duquesnoys für ihre Arbeiten, die doch genauso groß und ebenso aufwendig waren, viel weniger Lohn – man munkelte von der Hälfte.

Wieder einmal war nichts zu beweisen. Die Zahlungen wurden nach Berninis Abrechnungen von der zuständigen Kardinalskongregation bewilligt, und die war nicht gesonnen, ihre Rechnungen offen zu legen. Auch hier war Berninis Position praktisch unangreifbar. Den Vorsitz unter den Kardinälen führte nämlich niemand anders als sein mächtiger Förderer Francesco Barberini, Neffe Papst Urbans VIII., und der war nicht im mindesten daran interessiert, seinen Lieblingskünstler, der so viel für die werbewirksame Selbstdarstellung des Hauses Barberinis geleistet hatte, zu kompromittieren. Heute wissen wir, dass die Gerüchte zumindest in diesem Falle auf einem wahren Sachverhalt beruhten. Während Bernini für den „Longinus" die gewaltige Summe von etwa 5000 *scudi* erhielt, wurden Duquesnoy kaum mehr als 3000 *scudi* für seine nicht weniger aufwendige – und auch nicht weniger aufsehenerregende – Skulptur des heiligen Andreas gezahlt.

Doch alles das war es nicht, was Francesco Mochi letztlich zur Verzweiflung trieb. Es war schlimm genug, ärgerlich genug, aber was das Fass wirklich zum Überlaufen gebracht hatte, war etwas anderes gewesen. Denn als er sich an die Arbeit gemacht hatte, das Sockel-Piedestal für seine Skulptur anzufertigen, was hatte man ihm da gesagt? Diese Mühe brauche er sich nicht zu machen, das Postament werde von Steinmetzen der Bauhütte von St. Peter geschaffen! Unter Berninis Leitung! Als er das Resultat sah, fand er seine schlimmsten Befürchtungen bestätigt: miserabler Pfusch. Niemals würde dieser Sockel in der Lage sein, seine „Veronika" zu tragen. Und als wenn das immer noch nicht genügte, hatte man kurz darauf begonnen, die Statuen wöchentlich entstauben zu lassen. Es war klar, dass dabei leicht ein „Unglück" geschehen konnte, zumal bei einem derartig schlechten Postament. Aber offensichtlich hatte es jemand darauf geradezu angelegt …

Verständlich, dass Mochi der Verzweiflung nahe war. Das Ergebnis mühevoller, jahrelanger Arbeit, in die er all sein Können investiert hatte, schien von der sicheren Zerstörung bedroht, und so griff er schließlich zur Feder und schrieb an die Kardinalskongregation von St. Peter. Der Brief schließt mit den beschwörenden Sätzen: „Und weil unterfertigter Bittsteller auf das Äußerste besorgt ist im Hinblick auf die Sicherheit des genannten Werkes, bittet er, dass man sich die Mühe mache, für diese Sicherheit zu sorgen, wegen der Fehlerhaftigkeit des Postamentes, das in keiner Weise in der Lage ist, das Gewicht zu tragen, wie Euren Eminenzen schon viele Male gesagt worden ist." Des Weiteren sei die wöchentliche Reinigung seiner Statue, bei

Gianlorenzo Bernini, Statue des hl. Longinus ▶

Berninis eigener bildhauerischer Beitrag zur Gestaltung der Vierung von St. Peter zeigt den „Großtyrann" unter den römischen Barockkünstlern auf dem Höhepunkt seiner Schaffenskraft. Die Skulptur des Longinus, der mit seiner Lanze Christi Seite geöffnet hatte und sich nach der Kreuzigung zum Christentum bekannte, steht in ihrer dynamischen Bewegung der Veronika-Statue an Pathos nicht nach; sehr wohl jedoch, was die Sorgfalt der Ausarbeitung betrifft. Wo Francesco Mochi seine Figur mit penibler Genauigkeit sauber polierte, beließ Bernini unbekümmert die Schlagspuren des Meißels – was ihm die höhnische Kritik seines Konkurrenten eintrug.

der so leicht ein Schaden entstehen könne, schlechterdings nicht nötig, denn da sie sorgfältig gearbeitet und poliert sei, habe der Staub keine Gelegenheit, sich auf ihr abzusetzen – eine Feststellung, mit der Mochi seiner Wut über Bernini Luft machte, denn dessen „Longinus“ war keineswegs mit ähnlicher Sorgfalt poliert worden und lässt an vielen Stellen noch die Schlagspuren des Meißels erkennen.

Ob Mochis Klage etwas genutzt hat, ist nicht bekannt. Es ist eher unwahrscheinlich angesichts der Freiheiten, die sich Gianlorenzo Bernini erlauben konnte, der in den späten Jahren der Barberini-Herrschaft tatsächlich so etwas wie ein Großtyrann der römischen Kunstszene war. Immerhin, *eine* Befürchtung Mochis erfüllte sich nicht, *ein* Gerücht fand nicht seine spätere Bestätigung: Die Veronika fiel nicht den Nachstellungen seines Widersachers zum Opfer. Noch heute stürzt sie voll Begeisterung über die Auffindung des Schweißtuches Christi den Besuchern der Peterskirche entgegen, in ihrem rauschenden Gewand, das „vom Wind aus den Rissen der Kuppel durchweht wird“.

Kultur und Konflikte

Volker Reinhardt

Der Tage-Dieb

Die Aktionsgemeinschaften gegen die Sommerzeit zählen in allen europäischen Ländern Tausende von Mitgliedern. Die Vorverschiebung des Tages und damit der Arbeitszeit um eine Stunde löste 1920 in Turin sogar eine Streikwelle gegen diese – so die Anführer – hinterhältige Manipulation zwecks effizienterer Ausbeutung aus. Motto: ihr mögt (noch) die Herren eurer Fabriken sein, die Zeit hingegen gehört euch nicht, sondern wie die Zukunft den Arbeitern. Die der heimtückischen Verkehrung der naturgewollten Ordnung bezichtigten Kapitalisten mochten noch so sehr betonen, dass damit dringend benötigte Energie gespart würde und zudem das Prinzip gelte „Was dir der Frühling nimmt, gibt dir der Herbst". Es nützte alles nichts. Denn mit der Zeit hat es seine besondere Bewandtnis. Wer sich ihrer durch neue Zählung bemächtigt, tritt mit dem Anspruch auf, die Welt neu zu deuten, ihr einen neuen Sinn zu schenken – ob sie ihn nun annehmen will oder nicht. So schafften die radikalen französischen Revolutionäre im September 1792 nicht nur die christliche Jahreszählung ab – um bei eins zu beginnen, versteht sich –, sondern tilgten die Monatsnamen, ja selbst die Bezeichnungen der Tage nebst der Wochengliederung gleich mit. Doch den sakralen Charakter der Zeit konnten sie trotz aller Entchristianisierungsbemühungen nicht beseitigen. In den esoterischen Untergrund abgedrängt, lebt diese mystische Verehrung heutzutage ungebrochen fort, wie die öffentlich inszenierte Exaltiertheit zum Jahreswechsel 1999/2000 zeigte. Dass nicht nur die Zeitmessung, sondern die Zeit selbst relativ ist – diese einsteinsche Erkenntnis ist zu schwierig und, gemessen an der täglichen Erfahrung, zu unglaubhaft, um Wandel zu bewirken. Stattdessen leben viel ältere Überzeugungen fort: dass jeder Mensch eine letzte Stunde hat, die ihm gnädigerweise verborgen bleibt. Allenfalls kann man – auch hier diktiert Hollywood die Spielregeln – dem Tod ein paar Stunden abschmeicheln, wenn er in so smarter Gestalt wie Joe Black auftritt. Doch ihrer spotten lassen die Mächte nicht, welche die Zeit in Händen halten. So betrachtet, wäre die revolutionärste aller Zeitneubestimmungsmaßnahmen, wie sie Papst Gregor XIII. Boncompagni (1572–85) anno 1582 dekretierte, heute am vielstimmigen Protestchor der Bedenkenträger- und -innen gescheitert – mit Kirche und Gewerkschaften in trauter Abwehr-Union. Denn die Tage, die damals gestohlen wurden, kehrten – so hatte es zumindest den Anschein – bis heute nicht zurück.

Der bezeichnende Widerspruch zwischen Kopf und Bauch, Verstand und Gefühl bestand schon damals. Denn nicht nur für beobachtende Astronomen, sondern für alle Menschen, die mit offenen Augen durch die Jahreszeiten gingen, war klar ersichtlich, dass die Zeiten nicht nur auseinander drifteten, sondern bereits beträchtlich auseinander klafften: die Zeit der Natur, der Blüte und Ernte, und die Zeit des Menschen, also ihre Fixierung im Kalender. Damit hätte man leben können; beängstigend ins Bewusstsein drang die Abweichung dadurch, dass Ostern – obwohl an den vorgeschriebenen Daten gefeiert – offensichtlich immer frühlingshafter wurde, und das, obwohl sich das Klima alles andere als freundlicher, sondern im Gegenteil rauer gestaltete. Unübersehbar war das Verhältnis von ablaufender Zeit und Heilszeit aus dem Gleichgewicht geraten. Das aber war keine Kleinigkeit: nicht zuletzt über die unterschiedliche Berechnung des Ostertermins hatten sich um die Mitte des 11. Jh. die griechische und die römische Kirche in feindliche Hälften gespalten. Tage waren nicht austauschbar, sondern schicksalsentscheidend. Das zu verkünden wurden auch die Astrologen nicht müde, die gegenüber der reinen Astronomie zumindest zu Beginn des 16. Jh. noch einen klaren Prestigevorsprung besaßen: als die – so würde man im heutigen Politikerjargon wohl sagen – praxisorientiertere Wissenschaft. So hatte Papst Julius II. die Grundsteinlegung der Peterskirche im Jahre 1506 auf einen von den Astrologen ausdrücklich als heilbringend ausgewiesenen Tag im April gelegt. Sollte die peinliche Stockung des Riesenbaus etwa damit zusammenhängen, dass sich auch in diese Kalkulation der ominöse Störfaktor eingeschlichen hatte?

Die seriösen Astronomen hatten die richtige Antwort längst parat. Auch wenn die Theorie, dass sich die Erde um die Sonne drehte – und daher ein Jahr die Dauer der Umlaufbahn unseres Planeten um seine Wärme- und Lichtquelle ausmacht –, erst seit wenigen Jahrzehnten auf dem Meinungsmarkt präsent war und erst ganz allmählich als Hypothese ernster genommen wurde, lag die Ursache für die Kalendermisere klar zu Tage. Wie auch immer man es maß – das Jahr war kürzer als die 365 Tage plus Schalttag alle vier Jahre, die von Julius Cäsars Kalender zugrunde gelegt wurden. Und zwar um exakt elf Minuten und zwölf Sekunden. Das klingt harmlos. Doch wurden daraus in gut sechzehn Jahrhunderten seit der Einführung des julischen Kalenders volle zehn Tage. Das alles wie gesagt war nicht neu. Und auch dass man Hand anlegen müsse – an den Kalender, nicht an die Zeit –, war längst die gemeinsame Meinung der Bildungsträger. Aber sie alle übten sich jahrzehntelang in einer wohl berechneten Abstinenz. Und in wohlmeinenden Beteuerungen: eine Bereinigung der Zeitrechnung, so Martin Luther, sei wie ein simpler Uhrmachereingriff in eine schleppend laufende Maschinerie und mitnichten eine religiöse Materie, also auch keinen theologischen Streit wert. Doch die protestantischen Geistlichen und Obrigkeiten lassen die Finger von dieser Operation. Und auch das Konzil von Trient erklärt sich für überlastet; neben so vielen Dogmen kann für die Zeit nicht auch noch Zeit bleiben. Sollen sich doch die Päpste mit ihrer Vollgewalt darum kümmern. Ein Danäergeschenk? Selbst der strenge Alles-Reformierer Pius V. Ghislieri (1566–1572) hat einen zu vollen Terminkalender. Dabei haben offiziell berufene und selbst ernannte Experten längst Tausende von Denkschriften ausgearbeitet – und Rezepte zur Abhilfe. Doch erst unter Pius' Nachfolger Gregor XIII. schlägt dem Jahr die Stunde.

Er hat ein besonderes Verhältnis zur Zeit. Mit siebzig gewählt – und damit in einem Lebensalter, welches die wenigsten seiner Vorgänger überhaupt erreicht haben –, erweist er sich als ein Kirchenmanager großen Stils. Skrupel, für die allein selig machende Religion und damit, so seine Sicht der Dinge, für den Heilserwerb der wahren Gläubigen auch extreme Maßnahmen zu ergreifen, plagen ihn dabei nicht. Das reicht bis zum Bildbetrug. So feiern Vasaris sensationelle Fresken in der Sala Regia – bis heute Empfangsraum des Papstes für die Mächtigen dieser Erde – den Massenmord an den französischen Hugenotten in der Bartholomäusnacht des Jahres 1572 als Ausmerzung teuflischen Ungeziefers im Auftrag des Papstes. Wovon in Wirklichkeit keine Rede sein kann – Rom sanktioniert das Massaker erst im Nachhinein, allerdings freudigen Herzens. Wer so zupackt, macht auch vor der irregehenden Zeitzählung nicht Halt. Über die Einholung von Meinungen in der ganzen katholischen Christenheit hinaus wird eine Expertenkommission aus Theologen-Astronomen eingesetzt; unter ihren Mitgliedern ragt der Jesuit Christopher Clavius als europäische Berühmtheit heraus. Und dieses Gremium hat nicht, wie heute so oft, den Auftrag zu verschleppen, sondern nach Anhörung aller Einschätzungen konkrete Vorschläge auszuarbeiten. Sie lassen nicht lange auf sich warten.

Ihre Aufgabe ist so sehr Chefsache, dass – nachdem die Erkrankung des Kommissionspräsidenten eine lästige Verzögerung verursacht hatte – alles sehr schnell gehen muss. Der Beauftragte der Expertenrunde wird nach Frascati in die Villa Mondragone zitiert, damit der dort weilende Papst das entscheidende Papier endlich unterzeichnen kann. Am 24. Februar 1582 ist es so weit. Die heilende Amputation des Jahres – für die Gegner die frevelhafte Verstümmelung der Zeit – ist unwiderruflich beschlossen.

Dass man künftig – die erste Hauptbestimmung der Kalenderreform – in vollen Jahrhunderten den 29. Februar nur einfügt, wenn sie durch vier teil-

Camillo Rusconi, Grabmal Papst Gregors XIII. Boncompagni, St. Peter, Rom

Einhunderteinundvierzig Jahre nach dem großen Ereignis gemeißelt, ist Camillo Rusconis Relief der gregorianischen Kalenderreform auf dem Grabmal des Boncompagni-Papstes (1723) aktueller denn je. Denn jetzt erst kann das Papsttum seinen Triumph über die irregehende Zeit – im Sinne des Kalenders wie des Glaubens – mit vollen Zügen genießen. Haben doch anno 1700 die meisten protestantischen Territorien des Reiches die Korrektur des Ostertermins und damit des Jahres nachvollzogen, während in anderen nichtkatholischen Ländern die Abwehrfront in voller Aufweichung begriffen ist. Und das Papsttum hat doch immer Recht – diese Botschaft lässt man sich in Rom im Zeichen sinkender Macht natürlich nicht entgehen.

bar sind, stört niemanden. Denn das Jahr 1600, in dem diese Veränderung erstmals zum Tragen kommt, ist noch weit. Alle Angst und aller Hass konzentrieren sich auf den harten Schnitt, der in exakt 222 Tagen bevorsteht. Dann nämlich soll der Kalender vom 4. auf den 15. Oktober überspringen. Ein Monat bzw. ein Jahr um zehn Tage verkürzt; ging das noch mit rechten Dingen zu? In der katholischen Welt waren die gravierendsten Einwände von der Sorbonne, der maßgeblichen Hochschule des französischen Katholizismus und einer der ersten theologischen Adressen Europas, vorgebracht worden. Ihr Kernargument ist der Einspruch der Traditionalisten zu allen Zeiten: Wenn man einen solchen revolutionären Eingriff vornimmt, widerlegt, delegitimiert, ja blamiert man die Vorväter und ihre Bräuche. Macht man doch durch die operative Entfernung der zehn Tage aller Welt publik, dass sich die heilige Mutter Kirche und so viele Generationen aufrichtig frommer Christen bei der Abhaltung ihres höchsten Feiertages schlicht geirrt haben. Man stelle sich das Triumphgeheuel der Ungläubigen vor, nicht nur der Nichtchristen, sondern auch der Häretiker, der Lutheraner und Calvinisten. Behaupteten diese doch seit einem halben Jahrhundert, dass die Tradition der Kirchenväter und Heiligen ohnehin gegenüber der allein verbindlichen Bibel keinen Heilswert besitze. Konnte man ihnen durchschlagender Recht geben als mit diesem Eingeständnis von Fehlern und Fehlbarkeit? Mit solchen Vorhaltungen musste man bei einer so traditionsbewussten Institution wie dem Papsttum, deren ganzer Kredit auf der These von der Bruchlosigkeit einer Führungsmission von den Tagen Christi und Petri an beruhte, potentiell auf offene Ohren stoßen. Und alles spricht dafür, dass man diese Bedenken an der Kurie auch sehr Ernst nahm. Es zeigt jedoch die ungewöhnliche Innovationskraft Roms in diesen Jahren, dass man den verlockenden Einflüssen der Beharrungsfraktion nicht nachgab, sondern, im wahrsten Sinne des Wortes, den kühnen Sprung nach vorne wagte: um zehn Tage, die eine neue kulturelle Welt bedeuten. Denn was wäre die Alternative gewesen? Augen zu und im Gleichschritt in ein immer sommerlicheres Ostern marschiert? Statt dieser bequemen Lösung wählt man den harten und schnellen Schritt. Dass jetzt alles sehr rasch, ja überhastet vonstatten geht, ist geradezu ein Merkmal dieser rasanten römischen Reformzeit: Wer, wenn nicht wir, wann, wenn nicht jetzt? Fast hat man den Anschein, als ob Gregor seinen Nachfolgern so viel Entschlusskraft nicht mehr zutraute – und es auch selber hinter sich bringen möchte.

Für so viel Willenskraft winkt zudem reicher Lohn – er wird in Prestigeeinheiten ausbezahlt: Gregor, der Papst, der das Wiederauferstehungsfest berichtigt, der Papst, der dem Erlöser am richtigen Tag das Gedächtnis der Gläubigen zurückbringt. Kurz und knapp: der Papst als Herr der christlichen Zeit. Unter diesem Blickwinkel betrachtet, steht hinter dem Widerstand der französischen Eliteuniversität mehr. Seit mehr als anderthalb Jahrhunderten betrieb der französische Klerus, meist mit tatkräftiger Unterstützung der allerchristlichsten Könige, eine Politik, die auf eine permanente Minderung der römischen Rechtsprechungsgewalt in der Kirche abzielte. Und so macht es Sinn, Gregor diesen Triumph über die Zeitverfälscher nicht zu gönnen. Denn über den Zugewinn an Reputation hinaus bietet die Kalenderreform beispiellose Propagandachancen. Der römischen Auffassung vom doppelten Primat über Heil und Herrschaft wunderbar entsprechend, konnte sich Gregor als Wiederhersteller einer gottgewollten Ordnung präsentieren, der das

Verhältnis von Mensch, Kosmos und Schöpfer wieder ins Gleichgewicht setzt, Heil und Zeit wieder zusammen fügt und damit eine Universalität zum Ausdruck bringt, die man dem Papst vonseiten der abgefallenen Konfessionen, aber auch der französischen Bischöfe längst nicht mehr einzuräumen bereit war.

Und noch ein weiteres Argument der katholischen Reformverweigerer wischte Gregor vom Tisch: dass sich die Naturforscher über Gebühr aufgewertet fühlen würden, ja sich künftig zu Herren über Wahrheit oder Irrtum der heiligen Schriften aufschwingen würden. Diese Befürchtungen schienen 1582 nicht nur übertrieben, sondern geradezu wahnhaft. Und aus heutigem Blickwinkel prophetisch. Denn der Physiker, der als Erster genau diesen Anspruch, dass die Interpretation der Bibel in natürlichen Dingen vom Fachmann, dem Mathematiker und Physiker, nicht aber von den unwissenden Theologen vorgenommen werden sollte, war 1582 gerade einmal achtzehn Jahre alt. Anders ausgedrückt: die Kirche hatte noch fast ein halbes Jahrhundert, um Argumente gegen Galilei zu sammeln.

Zudem war die Reaktion der Gelehrten anno 1582 nicht besserwisserischer Hochmut, sondern Bewunderung. Das galt sogar für die Andersgläubigen, genauer: für wenige große Geister unter ihnen. So signalisierte die Weltautorität in Sachen Sternenkunde schlechthin, der dänische Meisterastronom Tycho de Brahe auf seiner futuristischen Sternwarte Uraniborg im Öresund ganz überwiegend Zustimmung, gepaart mit milder Detailkritik. Genau wie sein künftiger Famulus Johannes Kepler sah er aufgrund minutiöser Berechnungen voraus, dass auch die neue Regelung langfristig Probleme aufwerfen musste: in 3333 Jahren nämlich würde auch unter den neuen Zählbedingungen wieder eine Differenz um einen Tag auftreten. Doch bis dahin war im Kattegat wie im Tiber viel Wasser hindurchgeflossen; dieses Problem mochte man also getrost den kommenden Generationen überlassen, die Stichhaltigkeit der Reform von 1582 stand dennoch außer Frage. Doch die protestantische Welt war nicht beruhigt, im Gegenteil. Tycho war schließlich kein Gottesgelehrter, sondern ein äußerst selbstbewusster aristokratischer Standesherr, der mit Königen von gleich zu gleich verkehrte, aus Prestigebedürfnis der Kollaboration mit dem Feind stets verdächtig. Und als er dann 1599 nach Prag an den Hof des katholischen Kaisers Rudolf II. zog und dort als Diplomat agierte, wusste man vollends, was man von ihm zu halten hatte. Noch schlimmer sah die Akte Kepler aus. Hier stand notorischer Widerspruch gegen geistliche Autoritäten verzeichnet – nebst dem irritierenden Beharren auf einer eigenen Meinung in allen Dingen, die möglichst auch noch aus verschiedenen Glaubenssystemen zusammengesetzt ausfiel.

Und so bricht ein Sturm los. Feindbilder und tief verwurzelte Ängste verquicken sich zu einer brisanten Gemengelage. Das bündigste Reizwort lautet wie gehabt: Babylon, Antichrist. War der perfide Nachäffer des Herrn in der Offenbarung des Johannes nicht als der große Betrüger, als Verwirrer und Verkehrer aller Werte geweissagt worden, der sich in unstillbarer Machtgier der Welt bemächtigen und die Menschen vom rechten Weg abbringend ins Verderben führen würde? Konnte man das heimtückischer als mit der Auflösung der Zeit tun, Gottes ureigener Schöpfung, die allein in Seiner Hand ruhte? Ja, spottete man nicht Seiner, indem man den Jüngsten Tag frevelhaft vorverlegte? Und schließlich: was war das ganze Datumsgerangel doch für ein verblendeter Aktionismus! Würde die Zeit doch ohnehin bald zu Ende gehen, wie Körner in der Sanduhr verrinnen. Leugnete der Papst nicht mit der Streichung von zehn Tagen das Anbrechen der Endzeit – oder viel schlimmer noch: versuchte er gar den Anbruch des Millenniums, der seligen tausend Jahre Christi mit seinen Gerechten auf Erden durch diese verbrecherische Vordatierung zu verhindern? Würde der Erlöser überhaupt kommen, wenn man mit der Zeit solche ruchlosen Spiele trieb? Selbst das heraldische Symbol Gregors XIII., der Drache, musste für finstere Zukunftsvisionen herhalten. Was sollte man von einem Papst, der das Untier der Apokalypse im Wappen führte, schon anderes erwarten als Unheil? Hier – so der einhellige Tenor der reformierten Geistlichen aller Couleur – half nur äußerster Widerstand, Flagge zeigen: Kalender-Blockade. Die Wege nach Rom abschnüren. Doch völlig absperren ließen sie sich nicht. Katholische Reichsfürsten wie der Herzog von Bayern beeilten sich, als fromme Söhne der Kirche Pluspunkte zu sammeln, für die sich kirchenpolitische Zugeständnisse Roms eintauschen ließen, und führten die neue Zeitrechnung ein. Auf diese Weise wurde die ohnehin konfliktträchtige Lage im Reich, das allmählich auf einen kolossalen Krieg zusteuerte, noch heikler. Wenn die verfeindeten politisch-konfessionellen Parteien nicht einmal mehr dasselbe Datum unter ihre Briefe setzten, dann schien die letzte Hoffnung auf Verständigung erloschen. Und wie sollte man künftig Reichstage einberufen, ohne Gefahr zu laufen, dass sich zwei Versammlungen an verschiedenen Tagen zusammenfinden würden? Am allerschlimmsten aber sah es in den paritätischen Reichsstädten aus, wo Protestanten und Katholiken, ohnehin schon spannungsreich genug, innerhalb eines Mauerrings zusammenlebten. Musste der Alltag nicht zum Krieg aller gegen alle werden, wenn man Ostern nicht nur nach getrenntem Ritus und in verschiedenen Kirchen, sondern jetzt auch noch an unterschiedlichen Tagen feierte? Und das alles, weil in Rom ein Papst in greisenhafter Jugendfrische klüger zu sein glaubte als seine Vorgänger!

Aber auch dort wie im übrigen katholischen Europa traten unvorhergesehene Schwierigkeiten auf. Gregor hatte in echt römischer Manier das Privileg, die verbesserten Kalender zu drucken, nämlich dem Bruder eines inzwischen verstorbenen Gelehrten übertragen, der sich um die Vorarbeiten der Reform Verdienste erworben hatte. Der Ausstoß dieses Kalender-Monopolisten aber kam nicht in Gang. Zum anderen war der Termin denkbar knapp, hatte das zu verkürzende Jahr doch bereits begonnen. Die Folge war ein heilloses Chaos. Einige katholische Monarchen wie Philipp II. griffen zur Selbsthilfe und stellten eigene bereinigte Jahrestabellen her. Dornige Probleme, auch ganz unerwartete, stellten sich dennoch allenthalben ein. Bei Tagelöhnern ging die Bezahlung noch an, doch wie sollte man bei den vielen tausend Domestiken der reichen und vornehmen Familien verfahren, die ein monatliches Salär bezogen? Hatten diese Anspruch auf ein volles Gehalt bis ultimo – oder durfte die Herrschaft den Lohn um ein Drittel kürzen? Und diejenigen, die vom 5. bis 14. Oktober Geburtstag hatten? Wann sollten sie feiern – oder etwa gar nicht? War in diesen Fragen Pragmatismus und gegebenenfalls Verzicht gefragt, so hegten die Theologen andere, noch viel schwerer wiegende Bedenken. Würden es die Heiligen, deren Festtage in die übersprungene Dekade fielen, verzeihen, dass ihre liturgischen Feiern 1582 einfach gestrichen wurden? Oder würden sie diesen Verehrungskahlschlag als Aufkündigung von Huldigung auffassen und entsprechend beleidigt reagieren? Stand also eine Gottesstrafe ins Haus, weil zehn bewährte Fürsprecher- und -innen nicht mehr den stets berechtigten Zorn des Herrn gegen die sündhaften Menschen abmildern würden? War Gregor wirklich sicher, dass die Befriedigung des Schöpfers über die Berichtigung der Zeit groß genug sein würde, um diesen Ausfall von Protektion zu kompensieren? Und wie stand es mit den Seelenmessen an den Gedenktagen der Toten?

So viele Besorgnisse, so viele Fragen – und immer dieselbe Antwort: es muss sein. Und so heftig der aufgehetzte Mob im protestantischen Europa auch tobt, die Einsicht, dass der gregorianische Kalender nicht dreiste Willkür, sondern Reform im guten alten Wortsinn, nämlich die Wiederherstellung der geheiligten Tradition ist, bricht sich doch allmählich Bahn. Dass die Kalenderreform auf dem 1723 errichteten Grabmal Gregors XIII. einen hervorstechenden Ehrenplatz einnimmt, bezeichnet diesen Triumph – und ist zugleich eine zeitgeschichtliche Anspielung ersten Ranges. Denn die Einführung der neuen Zeitrechnung in protestantischen Ländern ist geradezu ein Gradmesser für die Abschwächung des Konfessionellen Zeitalters, also der Epoche der europäischen Geschichte, in der die theologischen Orthodoxiesysteme ihre intensivste Bindekraft entfalteten. So wird die Datumskorrektur anno 1700 in den meisten deutschen Reichsterritorien sowie im Doppelkönigreich Dänemark und Norwegen, in England 1752 (das heißt ein volles Vierteljahrhundert nach dem Tod Isaac Newtons, der die Kräfte der Gravitation definiert!) und in Schweden 1753 eingeführt. Wäre das Russische Reich beizeiten gefolgt, gäbe es im Geschichtsunterricht für das Jahr 1917 keine Oktober-, sondern eine Novemberrevolution zu memorieren; damals war die Abweichung im Übrigen auf dreizehn Tage angewachsen. Heute ist das einzige Gebiet Europas, in dem der alte Kalender noch in Kraft ist, das abgeschiedenste von allen: die Klosterrepublik Athos auf dem östlichsten der drei Halbinsel-Finger der Chalkidike.

Die vielleicht kühnste kulturelle Erneuerung Roms in seiner dynamischsten Zeit spiegelt auf diese Weise wider, wie sich im frühneuzeitlichen Europa Fortschritt vollzieht: unter dem drängenden Antrieb von Heilszwängen. Das hatte schon Machiavelli mehr als ein halbes Jahrhundert zuvor erkannt. Um elementare Veränderungen im Staat durchzusetzen, müsse man sie der Masse gegenüber als Willensvollstrecker der Gottheit ausgeben. So betrachtet, ist die Nutzanwendung für Politiker in heutigen Massendemokratien niederdrückend – wie soll sich ein Premier oder Kanzler als Götterbote legitimieren? Wer im akademischen Smalltalk glänzen möchte, der hingegen schuldet Gregor Dank. Denn er kann Konversationslexika widerlegen. Laut Brockhaus nämlich sind Shakespeare und Cervantes am selben Tag, dem 23. April 1616, gestorben. Doch das ist eben schlicht ein Rechenfehler: in Spanien galt schon der gregorianische, in England noch der julianische Kalender. Mit anderen Worten: Cervantes lebte zehn Tage weniger. Er wird es verschmerzt haben.

Volker Reinhardt

Fast eine Sternstunde. Ein Gespräch über die Welt und seine Folgen

Was geschah in Rom am 26. Februar 1616? Keine Chronik vermerkt unter diesem Datum besondere Vorkommnisse. Und doch fand an diesem Tag eine außergewöhnliche Begegnung statt. Denkwürdig ist dieses Treffen nicht vorrangig durch das dabei geführte Gespräch – dieses dürfte von formeller Knappheit gewesen sein –, sondern durch das intellektuelle Potenzial der beiden Männer, die sich hier zum ersten und einzigen Male sehen. Diese geistigen Ressourcen aber werden kaum genutzt. Ihren Rang und Reiz gewinnt die Zusammenkunft weit mehr durch das, was nicht gesagt wird, aber hätte ausgesprochen werden können, wenn die beiden Protagonisten – um es in die optimistische Diktion unserer Tage zu kleiden – in einem herrschaftsfreien Diskurs zueinander gefunden hätten. Davon aber kann keine Rede sein, im Gegenteil. Die dürre notarielle Aktennotiz (*imbreviatura*), die über die Unterredung angelegt wurde – als eine von zwei Quellen, die im entscheidenden Punkt nicht übereinstimmen –, vermerkt den folgenden Sachverhalt:

> Freitag, 26. Februar 1616, im Palast des aller durchlauchtigsten Herrn Kardinals Bellarmin. Herein gerufen wird der oben (= im vorangehenden Aktenstück, V.R.) erwähnte Galilei. In Gegenwart des ehrwürdigen Bruders Michelangelo Seghizi vom Predigerorden, Generalkommissar des Heiligen Officiums (= der Inquisition, V.R.), unterrichtete der allerdurchlauchtigste Herr Kardinal den besagten Galilei, dass seine oben erwähnte Meinung irrig sei und er von ihr Abstand zu nehmen habe. Und unmittelbar darauf befahl der genannte Pater Kommissar in Gegenwart des allerdurchlauchtigsten Herrn Kardinals, der Zeugen und meiner selbst dem besagten Galilei im Namen des Heiligen Vaters und der gesamten Kongregation des Heiligen Officiums, dass er die oben aufgeführte Meinung, dass nämlich die Sonne Mittelpunkt des damals erschließbaren Kosmos und zudem unbeweglich sei, die Erde sich aber bewege, ganz und gar aufzugeben habe und sie darüber hinaus in keinerlei Art und Weise vorzutragen, lehren oder verteidigen dürfe. Sonst werde gegen ihn vonseiten des Heiligen Officium vorgegangen werden. Dieser Anweisung unterwarf sich derselbe Galilei und versprach zu gehorchen.

Sprache der Akten, der Juristen, der Hierarchien: dem Vorgeladenen wird nicht einmal der Titel *dominus*, Herr, gegönnt, er schrumpft zum Gegenstand der Ermahnung, zum Objekt, dem Willfährigkeit auferlegt wird. Doch es kommt anders. Nicht nur, dass der Herbeizitierte sich in der Folge alles andere als unterwürfig verhalten wird. Im entscheidenden Augenblick wird er sogar bestreiten, dass die Order, wie oben formuliert, überhaupt ergangen sei. Hat die Inquisition den Vermerk also nachträglich gefälscht?

In der Nähe der Villa Medici auf dem Pincio verkündet eine Bronzestele des späten 19. Jahrhunderts, dass hier Galileo Galilei gefangen saß, schuldig der Erkenntnis, dass sich die Erde um die Sonne dreht. Zu ergänzen ist: angeklagt von einer machtgierigen, unbelehrbaren, die wahren Verhältnisse der Welt verdrehenden, den Platz des Menschen in ihr verzerrenden Kirche, deren weltliche Macht nach 1870 endlich gebrochen und deren geistige Autorität im Verlöschen ist. Da ein Meisterwerk der deutschen Literatur des 20. Jahrhunderts, Brechts „Leben des Galilei", dasselbe sagt, gilt diese beneidenswert einfache Diagnose zum Fall Galilei gerade in Deutschland bis heute als reine Wahrheit.

Die Wirklichkeit ist schwieriger, ja man darf sagen: geheimnisvoller. Damit sollen nicht raunende Esoteriker auf den Plan gerufen, sondern Merkwürdigkeiten und Widersprüche aufgezeigt werden, die sich wie ein roter Faden durch diesen Fall der Fälle hindurch ziehen. Sie werden nicht von mysteriösen Kräften verursacht, sondern erklären sich aus einer ungewöhnlich verdichteten Konfliktlage. Mit anderen Worten: allzu viel stand für mächtige Personen und Institutionen in einer Debatte auf dem Spiel, in der es auch, aber nicht vorrangig um den Aufbau des Kosmos ging. Selbst der späte Friedensschluss der Kirche mit Galilei verunklärt die Dimensionen des Widerstreits. Dass sein Hauptwerk – achtundsiebzig Jahre nach Aufhebung der formellen Verdammung – 1835 vom Index der verbotenen Bücher genommen und der große Physiker vom regierenden Papst Johannes Paul II. 1979 und nochmals 2000 regelrecht rehabilitiert wird, das alles löst den Knoten, der in den Jahren 1616 bis 1633 geschürzt wird, nicht auf. Zumindest eine der damals ergangenen Verurteilungen nämlich ist *ex cathedra* gesprochen, päpstliche Lehramtsentscheidung und damit dem Selbstverständnis der Institution entsprechend unaufhebbar. Statt endgültiger Versöhnung also eine unendliche Geschichte, die stets aufs Neue aufzurollen ist.

Ihre ersten Kapitel spielen nicht in Rom. Galilei, als Sohn eines Musikers und Musiktheoretikers 1564 in Pisa geboren, ist von 1589 bis 1592 an der Hohen Schule seiner Heimatstadt, danach bis 1610 an der venezianischen Staatsuniversität von Padua tätig. 1597 tritt er zum kopernikanischen Glaubensbekenntnis über, er vertritt von jetzt an also mit steigendem Nachdruck die Überzeugung, dass die Erde eine zweifache Bewegung vollzieht, um die eigene Achse und um die Sonne als Mittelpunkt. Diese Meinung ist am Ende des 16. Jahrhunderts nicht mehr neu, aber umstrittener denn je. Einem europäischen Gelehrtenpublikum vermittelt wird dieses heliozentrische Weltbild 1543 im Hauptwerk des Posener Domherren Nikolaus Kopernikus, dessen Namen es bis heute trägt; bekannt waren diese – ausdrücklich als solche vorgetragenen – Hypothesen allerdings schon einige Jahrzehnte zuvor. Da man mit ihrer Hilfe manches theoretische Problem der Himmelsmechanik wie auch praktische Berechnungen, etwa der Navigation, zu bewältigen vermochte, wurden sie überwiegend freundlich aufgenommen. Mit Galilei aber wandeln sich dieser Deutungsanspruch und seine Präsentation revolutionär. Seine Kernaussage lautet nicht mehr: so könnte es sein. Er verkündet: so ist es.

Galilei ist ein Genie der spitzen Feder, Astronom beziehungsweise Physiker und, modern ausgedrückt, Wissenschaftsjournalist von höchsten Graden, unerbittlich gegen seine Feinde, denen er mit seinen Wort-Hieben nie verheilende Wunden zufügt. So aber bringt er fast die gesamte zeitgenössische Wissenschaftsszene gegen sich auf, schon damals eine gefährliche Frontstellung.

Kreativ ist Galilei nicht nur als Theoretiker, sondern auch als Praktiker. Er erfindet das Fernrohr nicht, richtet es aber ab 1610 in verbesserter (gleichwohl im Vergleich zu heutigen Teleskopen rudimentärer) Ausfertigung als Erster konsequent auf den Erdtrabanten und die Planeten. Was er dort sieht, ist eine Weltsensation: die unebene Oberfläche des Mondes, die Jupitermonde und vieles mehr. Und wieder spaltet sich die Welt der Gelehrten in Traditionalisten und mehr oder weniger skeptische oder begeisterte Modernisten. Das alles wäre Professorengezänk geblieben, hätte Galilei nicht aus seinen Himmelsbeobachtungen zusätzliches Beweismaterial für seine Lieblingsmeinung, das kopernikanische Weltsystem, zu gewinnen versucht. Zudem hatte er bereits 1604 mit der Theorie, dass ein neu aufgetauchter Stern (in der heutigen Fachsprache eine Supernova) jenseits der Umlaufbahn des Mondes anzusetzen sei, das aristotelische Gefüge der sieben übereinander geschichteten Himmelssphären nebst Fixsternen gehörig durcheinander gebracht.

Mit der Feindschaft der Aristoteliker, so einflussreich diese auch waren (und noch lange danach blieben), hätte es sich notfalls leben lassen. Heftig erschüttert wird Galileis Forscherdasein hingegen, als die Theologen sich der Sache annehmen. Ihr misstrauisches Interesse wiederum ist in hohem Maße eine Folge der veränderten Zeitverhältnisse. Anfangs nämlich hatte sich die Amtskirche den Hypothesen des Kopernikus gegenüber eher milde abwartend als ablehnend gezeigt. Ästhetisch ansprechende Gedankenspiele hatten für die damalige Kurie durchaus ihren Reiz, umso mehr, wenn diese wie im Fall des heliozentrischen Weltbildes bereits von antiken Autoren angestellt worden waren. Wenn man es wagen durfte, die Unsterblichkeit der Seele als mit natürlichen Mittel unbeweisbar zu deklarieren wie Pietro Pomponazzi, das Papsttum für den Verlust aller Religiosität in Italien verantwortlich zu machen wie Niccolò Machiavelli oder die Geschichte der Kirche von Kaiser Konstantin bis zur Gegenwart als einen einzigen Verfallsprozess darzustellen wie Francesco Guicciardini, dann regten die ebenso verführerisch wie verstiegen anmutenden Ansichten eines hinterwäldlerischen Kanonikus am Tiber niemanden sonderlich auf. Im sich nach 1540 verschlechternden Klima der miteinander konkurrierenden Konfessionen allerdings schärft sich die Wahrnehmung von Abweichungen – und das Misstrauen gegen sie. So betont das Konzil von Trient das Bibelauslegungsmonopol und damit, modern ausgedrückt, die Weltdeutungshegemonie des Papsttums mit aller Entschiedenheit, gleichwohl noch ohne jede Stoßrichtung gegen Kopernikus und seine Jünger.

Wozu auch? Die Diskussion über die Erde oder die Sonne als Mittelpunkt des Weltsystems verläuft ja weiterhin überwiegend akademisch. Denn sie gestaltet sich zunehmend komplizierter. Die aus den Beobachtungen des großen dänischen Aristokraten-Astronomen Tycho de Brahe gewonnenen Daten lassen sich immer weniger mit dem alten ptolemäischen Konzept der unbeweglichen Erde im Zentrum vereinbaren. Tycho selbst schlägt einen Kompromiss vor, der zur Zeit Galileis, hätte man eine repräsentative Wissenschaftlerbefragung veranstaltet, vermutlich mehrheitsfähig gewesen wäre: Planetenbahnen um die Sonne, die jedoch weiterhin um die Erde kreist. Doch damit nicht genug: es gibt im Laufe des 17. Jahrhunderts viele weitere Zwischenlösungen. Zusammenstellungen kommen auf nicht weniger als ein Dutzend Weltmodelle. Und dabei verlaufen die Fronten von Befürwortern und Gegnern oft genug schief. Ins Visier der Theologen und damit der 1542 eingerichteten römischen Zentralinquisition, des Heiligen Officiums, geraten die Wortführer des heliozentrischen Systems vor allem durch die unermüdlichen Werbekampagnen Galileis, genauer: durch die Rückschlüsse, die er aus dessen Verteidigung und Behauptung zieht.

Niedergelegt in zwei Briefen, an den Astronomen Benedetto Castelli und an Christina, Großherzogin der Toskana, weisen sie eine beispiellose argumentative Schärfe und, durch die Gegenüberstellung von Wissenschaft und Theologie bzw. Wissen und Glauben bis heute höchste erkenntnistheoretische Aktualität auf: Die in diesen umstürzenden Texten für verbindlich erklärte Hierarchie von exakter Naturforschung und Gottesgelehrsamkeit kann keine Kirche, gleich welcher Konfession, jemals akzeptieren. Dass es Sache des Naturwissenschaftlers alleine sei, die Dinge der Welt zu erklären und zu bestimmen; dass sich die Auslegung der Bibel bequemen müsse, diesen Erkenntnissen Folge zu leisten, ja dass die Interpretation von Passagen der Heiligen Schrift, welche der Erdbewegung entgegenzustehen scheinen, dem neuen Wissen angepasst werden müsse – für die Theologen aller Glaubensrichtungen klingen diese kühnen Forderungen von Anfang an ketzerisch. Als vollends unerträglich wird empfunden, dass der selbst ernannte Theologe Galilei solche Umdeutungen der Bibel gleich mitliefert – und was für welche! Wenn etwa in Josua 10 vom wundersamen Stillestehen der Sonne die Rede sei, so spreche Gott hier auf dem beschränkten Bildungsstand eines Nomadenvolks; in Wirklichkeit habe der Schöpfer, so die kühne Exegese des Physikers, die Erddrehung dadurch zum Halten gebracht, dass er die Eigenrotation der Sonne gestoppt habe. Mochte man im Einzelnen davon halten, was man wollte: dass sich die nach dem Konzil von Trient dogmatisch wieder erstarkte römische Kirche, ihr Haupt eingeschlossen, den Theorien des Herrn Galilei zu unterwerfen habe, war eine unerhörte Provokation, mochte dessen Akkomodationstheorie noch so akkurat mit Zitaten des Kirchenvaters Augustin unterlegt sein. Mit der Wahl dieses Gewährsmannes hatte sich der Pisaner wiederum keinen Gefallen getan, war der Bischof von Hippo doch ein Hauptgewährsmann der lutherischen Reformation.

Unvermeidlicherweise wird diese Herausforderung von römischer Seite nach den vorhersehbaren Denunziationen gegen Galilei aufgenommen, allerdings in einer anfangs erstaunlich moderaten, geradezu milden Form. Als oberste Autorität in Sachen der Doktrin befragt, fasst Kardinal Roberto Bellarmin – Jesuit, Neffe Papst Marcellus' II. (1555) und künftiger Heiliger und Kirchenlehrer – den Kern des Problems luzide zusammen: Alles hänge davon ab, ob man in der Weltbilderfrage Hypothesen aufstelle oder Wahrheitsansprüche vertrete; im ersteren Falle bleibe die Kirche duldsam, im letzteren müsse sie mit Entschiedenheit einschreiten. Dann nämlich werde dem Wortlaut der Heiligen Schrift, wie ihn die Gesamtheit der Kirchenväter seit jeher ausgelegt habe und wie er daher verbindliche Lehrmeinung sei, fundamental widersprochen. Das aber bedeute eine dreiste Anmaßung eines dazu nicht Berufenen und Abweichung von der verpflichtenden Glaubenslehre, mit einem Wort: Häresie – und ein fatales Exempel, dem Unzählige folgen würden. Dieser unauflösliche Widerspruch ergibt sich, so weiter Bellarmin, bei einer Auslegung der Bibel *ad litteram*, also unter Zugrundelegung des einfachsten, wörtlichen Sinns, wie sie von allen Exegeten bislang vorgenommen worden sei. Und darauf sei auch zu beharren, es sei denn, neue unumstößliche Erkenntnisse über das Himmelssystem zwängen zum Umdenken.

Das klingt modern, ja liberal, nach der von Galilei geforderten Anpassung der Doktrin an den Stand der exakten, methodisch fundierten, auf Experiment, Hypothese, Überprüfung und Ausformulierung eherner Gesetze gegründeten Naturforschung. Bellarmin ist zu diesem Zeitpunkt 73 Jahre alt und blickt nicht nur auf eine steile Laufbahn, sondern auch auf eine bewegte intellektuelle Vergangenheit zurück. In seinen Anfängen wie seinen mittleren Jahren nämlich hatte er sich als Wortführer damals neuer, den veränderten Verhältnissen verpflichteter Meinungen einen großen, aber auch umstrittenen Namen gemacht. Seine Schrift über die indirekte Macht des Papsttums in politischen Dingen etwa war dem überaus autoritären, machtbewussten Papst Sixtus V. (1585–1590) so übel aufgefallen, dass dieser daran dachte, das Buch verbieten zu lassen – und das, obwohl darin im Grunde dem Pontifex maximus nur dazu geraten wird, seine von Christus verliehene Oberhoheit über die Welt den gekrönten Häuptern gegenüber allein bei unerträglichen moralischen Missständen auszuüben. Jetzt, im höchsten Greisenalter aber ist Bellarmin nachgerade zur Inkarnation katholischer Rechtgläubigkeit und verbindlicher Lehrmeinung geworden. Die lebenslang erprobte Elastizität und Komplexität seines Urteils hat er darüber nicht eingebüßt, im Gegenteil. Auch im Falle Galileis verbindet er Flexibilität in der Form mit Härte in der Sache.

Denn der Kardinal macht keine Konzession an den unaufhaltsamen Fortschritt der Wissenschaft, den Galilei als erster Mensch der Geschichte überhaupt am Werke sieht. Auf die scheinbar verbindliche Wendung nämlich folgt postwendend die entscheidende Einschränkung. Er glaube nicht, so der gelehrte Jesuit, dass eine solche Beweisführung, das Wesen natürlicher Gesetze und damit der Bewegung der Erde um die Sonne betreffend, jemals möglich sei, und zwar aus Gründen, welche auf die Erschaffung der Welt durch Gott grundsätzlich zurückgehen. Mit anderen Worten: die Ratschlüsse des Höchsten sind unerforschlich und die äußeren Umstände trügerisch. Ergo sei es dem Menschen, auch dem scharfsinnigsten, nie und nimmer gegeben, den göttlichen Schöpfungsvorgang nachzuvollziehen, geschweige denn in unumstößlichen Regeln zu erfassen. Auch wenn dem forschenden Geist seine selbst abgeleiteten Theorien noch so einleuchten, für Gott sind sie Schall und Rauch. De facto könne es also ganz anders, nach den unbekannten Vorgaben einer höheren Wirklichkeit zugegangen sein. Mehr oder weniger unausgesprochen bleibt die eigentliche Konsequenz aus diesen Überlegungen, doch ist sie zwischen den Zeilen zu erschließen: Gewiss ließe sich die Doktrin der Kirche einer veränderten Sicht des Kosmos anpassen, man könne ja die Bibel nach mancherlei Sinn übertragen auslegen. Doch zu einer solchen Umdeutung nötigen lassen will sich die Kurie um keinen Preis, erst recht nicht von Gelehrten eines neuen, durch unbändiges Selbstvertrauen in die eigene Methode verdächtigen Typs.

Die maßgebende theologische Autorität des Katholizismus hatte gesprochen. Und trotz aller Sanftheit der Diktion zeichneten sich für Galilei jetzt einschneidende Folgen ab. Die Experten der Inquisition beeilen sich, dem Spruch des Kardinals beizupflichten: das kopernikanische Weltbild ist formell häretisch. Aller Wahrscheinlichkeit nach hat der regierende Papst Paul V. eine Woche später, am 25. Februar 1616, diese Sentenz des Heiligen Officiums bestätigt. Veröffentlicht wird die Entscheidung allerdings nicht von der Inquisition, sondern von der ursprünglich mit dem Fall befassten Indexkongregation, und zwar am 5. März in einem etwas abgemilderten Tenor: Das heliozentrische System widerspreche der Heiligen Schrift und Werke, die es vertreten, werden bis zur Korrektur aus dem Verkehr gezogen, unter anderem der inzwischen dreiundsiebzig Jahre alte Haupttext des Kopernikus selbst. *Rom locuta, causa non finita.* Eine Lehramtsentscheidung mit dem Anspruch auf inhärente Unfehlbarkeit ist damit gefällt, aber der Fall ist nicht beendet, im Gegenteil.

Galilei wird in diesen Texten mit keinem Wort erwähnt. Doch es geht nicht zuletzt um ihn; er hat es geahnt und ist deshalb seit November 1615 in der Ewigen Stadt. Denn natürlich weiß man dort von seiner wahren Überzeugung. Gewiss, sie ist prinzipiell häretisch, doch fehlt es nicht an Entschuldigungen. Immerhin haben einige namhafte Theologen seine Meinung als mit der Bibel vereinbar angesehen, ketzerische Absichten dürfen ihm also nicht unterstellt werden. Zudem ist Galilei erster Mathematiker und Philosoph des Großherzogs der Toskana, also eine Persönlichkeit, die man nicht wie einen dubiosen Wanderprediger einfach in den Kerker werfen kann. Dies umso weniger, als der herrschende Papst aus der Familie Borghese immer noch davon träumt, eine dynastische Verbindung der Seinen mit den Medici, ihren ehemaligen Landesherren, knüpfen zu können. Auch der Nepotismus, die innere wie äußere Achse des Systems Rom, lässt also Zurückhaltung ratsam erscheinen. Sie kommt Galilei voll und ganz zugute. Und sie führt zur eingangs erwähnten Begegnung.

Paul V. nämlich bittet Bellarmin, den berühmten Physiker zu einem Gespräch einzuladen, ihn bei dieser Gelegenheit von der Entscheidung der Inquisition in Kenntnis zu setzen – und, hart in der Sache, doch geschmeidig im Ton, zur Unterwerfung unter diese Sentenz aufzufordern. Sei diese *charitativa monitio*, diese liebevolle Ermahnung erfolgt, solle man den Gelehrten nicht länger mit dieser widrigen Angelegenheit behelligen. Unter dem Datum des 3. März meldet Bellarmin Vollzug, alles sei wie vorgesehen vonstatten gegangen, Galilei also von der falschen Behauptung abgerückt. Der Doktrin ist Genüge geleistet, die Form gewahrt. Den äußeren Erfordernissen vermochte sich also auch Galilei anzupassen; er ist nicht nur ein begnadeter Polemiker, sondern bei Bedarf auch ein geschmeidiger Höfling, hat er doch in seiner Laufbahn die Segnungen der Patronage reichlich erfahren.

Am 26. Februar 1616 steht also eine ausgebliebene Sternstunde zu Buche. Gestattet man sich den ebenso verschwiegenen wie verstiegenen Traum, ohne den niemand Historiker wird, nämlich die Zeit zurückzudrehen und dieselbe Situation nach den eigenen Regieanweisungen zu gestalten, so ergibt sich die folgende Konstellation. Bellarmin und Galilei behalten die Hauptrollen, allerdings in einem Wunsch-Vakuum ohne Inquisition und Hierarchien und ohne die lästigen Zeugen; stattdessen agieren sie in einem offenen Gespräch, im freien Schlagabtausch der Argumente. So aber hätte sich eine faszinierende Diskussion entfalten können. Zwei Konzeptionen der Natur wären aufeinander getroffen, wie sie unterschiedlicher nicht sein könnten. Im Gegensatz zu Bellarmins Auffassung, dass die Welt allein ihrem Schöpfer selbst begreiflich sein kann, sieht Galilei die Natur aus dessen Händen mit Gesetzen entlassen, welche unveränderlich, ja unerbittlich sind. Selbst von Gott werden diese einmal geschaffenen Regeln nicht mehr übertreten, würde doch jede Aufbrechung dieses in sich geschlossenen Systems die Perfektion des Kosmos vermindern. Damit sind auch die Wunder aus der Welt gestrichen. Was die Menschen als Mirakel betrachten, sind unbekannte Gesetze der Natur, welche eine strikt mathematisch beziehungsweise physikalisch ausgerichtete Methode zu entschlüsseln angetreten ist – mit Erfolg schon jetzt und mit unfehlbarer Sicherheit in der Zukunft. Der Naturwissenschaftler schwingt sich damit zur Weltdeutungshoheit auf, eine Rangfolge zeichnet sich ab, die heute unanfechtbar besteht oder, im Zeichen einer neuen verquasten Esoterik, gelinde ins Wanken gerät, nach einem halben Jahrtausend einschneidender Weltveränderung durch die exakten Naturwissenschaften.

Doch das alles wird, wie gesagt, im Palast Bellarmins nicht besprochen; allenfalls steht es – wenn man es etwas pathetisch ausdrücken will – in diesem römischen Spätwintertag des Jahres 1616 im Raum. Und dass von hier aus, um Goethes Wort zum Jahr 1792 zu paraphrasieren, eine neue Epoche der Weltgeschichte, ja die einzige Revolution, die diesen Namen verdient, der wissenschaftliche Methodenumsturz, einsetzt, hat außer Galilei, der nicht an Selbstunterschätzung leidet, gewiss niemand bemerkt, auch der kluge Bellarmin nicht. Dementsprechend unspektakulär verläuft dieser 26. Februar 1616, der Tag der Begegnung.

Galilei nämlich geht unbescholten von dannen, lässt sich sogar von Bellarmin bescheinigen, er sei nicht verurteilt, sondern nur liebevoll unterrichtet worden; das ist ein wirkungsvoller Schutz gegen Konkurrenten und Neider, die nur auf seinen Sturz warten. Stattdessen geht es die nächsten knapp vierzehn Jahre unaufhaltsam aufwärts. Galilei wird ein lebendes Kultursymbol Italiens, er wird nicht zuletzt von der Kurie als Ausweis der römischen Zeitgemäßheit hofiert. Die Einvernahme beim purpurgeschmückten Experten der Inquisition, die Schatten von Prozess, Gefängnis, Abschwörung, wenn nicht gar Scheiterhaufen: das alles dürfte ihm inzwischen, so steht es zu vermuten, wie ein böser Traum erscheinen. Der Erfolg scheint dieser Einschätzung Recht zu geben: dass alles eine Zeremonie, in gravitätischen, wenn nicht einschüchternden Formen gewiss, doch eben vor allem Ritus gewesen sei, mit welchem sich die Kirche der lästigen Pflicht, den Schein zu wahren, entledigt hat – doch ohne die Absicht darauf zu beharren, also die weitere Entwicklung der Diskussion ernstlich zu behindern. Allerdings fehlt es nicht an warnenden Zeichen. Wie wir aus einer späteren Tagebuchaufzeichnung wissen, kommen sie von unerwarteter Seite, sogar von hoch gestellten Bewunderern. So etwa legt Kardinal Maffeo Barberini Widerspruch gegen Galileis Vorgehen ein, die Heilige Schrift auf die Erkenntnisse der Naturforschung festzulegen; diese Verwahrung zielt darauf ab, die Freiheit des göttlichen Willens, der alles ganz anders, als es dem Menschen scheint, geschaffen haben kann, und damit den alten Deutungsvorrang der Theologen zu wahren – Meinungen, die Galilei überholt vorkommen müssen. Und die er in den Wind schlägt, so bedenkenlos, dass er 1630 die kirchliche Druckerlaubnis für seinen Dialog über die vorrangigen Weltsysteme beantragt, in welchem die überwältigenden Vorzüge des kopernikanischen Systems nur noch unter einem sehr dünnen Schleier aus literarischer Fiktion verhüllt liegen.

In anderer Hinsicht wird dieser sogar völlig fallen gelassen, ja geradezu brutal gelüftet. In diesem Gespräch echter und selbst ernannter Kosmologie-Experten nämlich vertritt ausgerechnet der notorisch dümmste, schlechthin unbelehrbare Redner mit dem sprechenden Namen Simplicio, Schwachkopf, die Thesen Kardinal Barberinis, der inzwischen als Papst Urban VIII. regiert. So kann ein Klient mit seinem Protektor nicht umspringen. Entzug aller Gnaden ist die unabwendbare Folge eines derartig gravierenden Fauxpas. Galilei, der Höfling, muss das gewusst haben. Blackout, Selbstüberschätzung, wenn nicht Größenwahn? Das Rätsel bleibt bestehen. Der blamierte Pontifex maximus hat zudem noch weitere Gründe, gegen seinen einstigen Schützling vorzugehen. Hatte der Barberini-Papst sich lange in der Pose des großherzigen Schützers von Gelehrten und Künstlern gefallen, auch wenn diese gelegentlich über die Stränge schlugen, so hatte es mit dieser liberalen Kulturpolitik jetzt ein jähes Ende. Physiker, Literaten und die sie protegierenden römischen Adeligen fallen den Turbulenzen der politischen Großwetterlage zum Opfer.

Ein Ungewitter nämlich bricht über den Papst im Konsistorium vom 8. März 1632 herein, als der Kardinal Gasparo Borgia im Namen des Königs von Spanien ihm mit Konzil und Absetzung droht – unter eklatanter Verletzung seiner Pflichten als gemeinsamer Vater der Christenheit habe er einseitig die französische Politik im seit 1618 tobenden europäischen Krieg begünstigt und damit den Siegeszug des mit Frankreich verbündeten schwedischen Ketzerkönigs überhaupt erst ermöglicht. Für den gegen den Papst erhobenen Vorwurf der laxen Amtsführung werden rasch Sündenböcke gefunden. Galilei bietet sich für diese undankbare Rolle wie kein anderer an. Im gegen ihn ab 1632 geführten Prozess spielt wiederum die Unterredung vom 26. Februar 1616 eine entscheidende Rolle: Was hat Bellarmin befohlen, was Galilei zu befolgen gelobt? Die Ankläger operieren mit der zitierten notariellen *imbreviatura*, welche bezeugen soll, dass dem Gelehrten verboten worden sei, das kopernikanische System auch nur zu erörtern. Galilei hingegen bringt eine anders lautende Bescheinigung bei, welche nur dessen Lehre als erwiesene Gewissheit verbietet. Zähneknirschend müssen die Inquisitoren hier den Rückzug antreten – Dokument steht gegen Dokument.

Andere Vorwürfe hingegen erweisen sich als haltbarer; kein vernünftiger Leser kann im Ernst bestreiten, dass im Dialog über die Weltsysteme die Verfechter der Heliozentrik die weitaus besseren Argumente vorbringen, Galilei also nicht neutral ist, sondern entschieden Position bezieht. Dennoch kommt es im Laufe des Prozesses zu merkwürdigen Widersprüchen – nicht alle Kardinäle unterschreiben die entscheidenden Schriftstücke, zudem weichen diese seltsam voneinander ab. Die Strafe für den fast siebzigjährigen Physiker fällt am Ende ziemlich milde aus. Am 22. Juni 1633 schwört Galilei im Dominikanerkonvent bei der Minervakirche vor den Kardinälen der Kongregation des Sacrum Officium ab. Kurz darauf wird diese dürre Absage in Rom öffentlich verkündet. Die Römer werden es mit Fassung getragen haben. Dass die Kirche sich in diesem Augenblick die schlimmste Selbstverstümmelung der Neuzeit zufügte – wie es aus dem Rückblick scheinen mag –, ist niemandem bewusst, wiederum mit der möglichen Ausnahme des Verurteilten selbst. Die ihm noch beschiedenen neun Lebensjahre darf er unter Hausarrest in seiner toskanischen Villa verbringen. Böse oder aber, auf das Papsttum bezogen, apologetische Zungen behaupten, ohne diesen heilsamen Zwang wäre das Epoche machende Hauptwerk des Gelehrten, seine Mechanik, nicht entstanden.

Der Einbruch der Weltbilderkontroverse in den römischen Alltag bleibt für diesen folgenlos, für die weitere Entwicklung der Wissenschaft, ja der Kultur in Italien hingegen, so scheint es zumindest den Späteren, folgenschwer. Für die ebenso zornigen wie melancholischen jungen Männer des Risorgimento um 1800 sieht es so aus, als sei die Gedankenfreiheit aus Italien ausgetrieben worden und der Absturz der Nation in abseitige geistige Abhängigkeit die Folge – was heute wiederum als schwarzer Mythos bestritten wird. Der Fall der Fälle kommt nicht zur Ruhe.

Arne Karsten

Bilderkrieg im Vatikan, oder: Von den Gefahren der Gelehrsamkeit

„Wo man Bücher verbrennt, verbrennt man bald auch Menschen“ – die Feststellung Heinrich Heines hat ihre Gültigkeit im 20. Jahrhundert auf furchtbare Weise bewiesen. Neu jedoch war die Erkenntnis schon zu Heines Zeiten nicht. Im 17. Jahrhundert musste das ein ebenso fleißiger wie tüchtiger Gelehrter erfahren. Sein Name: Felice Contelori. Sein Beruf: Archivar der vatikanischen Archive. Eine beschauliche Tätigkeit, so sollte man meinen. Und doch berichtet der römische Chronist Giacinto Gigli in seinem Tagebuch im Januar des Jahres 1636: „Man ließ das Buch Conteloris durch den Henker öffentlich verbrennen und auf seinen Kopf setzte man eine Prämie aus für denjenigen, der ihn umbrächte.“ Stellen sich drei Fragen: was hatte Contelori Aufsehen Erregendes geschrieben, wen hatte er damit gereizt und schließlich: warum fiel die Reaktion auf seinen Text so überaus aggressiv aus?

Beginnen wir mit der Antwort auf die zweite Frage. Der Ort der erwähnten frühneuzeitlichen Buchverbrennung war Venedig, die Stadt in der Lagune, an sich bei den Zeitgenossen als Ort der Liberalität, ja der Gedankenfreiheit bekannt. Seit jeher das Zentrum eines weitreichenden Handelsnetzes und dadurch an guten wirtschaftlichen Beziehungen mit dem Orient interessiert, lag der Markusrepublik traditionellerweise wenig an weltanschaulichen oder religiösen Fundamentalismen. Die Vielzahl prächtiger Kirchenbauten, die den Venedigbesucher noch heute beeindrucken, stand in auffälligem Kontrast zur Gelassenheit, mit der man an der Lagune Andersgläubigen begegnete; umso auffälliger wirkt die Härte, mit der die Venezianer auf das Buch unseres Archivars reagierten. Was die Frage nach dem Inhalt von Conteloris Werk nur noch dringender macht. Und die Antwort, zumindest auf den ersten Blick, umso unverständlicher. Denn in der kleinen Schrift mit dem alles andere als reißerischen Titel „Conciliae inter Alexandrum III S. P. et Fridericum I imperatorem Venetiis confirmatae narratio“ ging es um nicht mehr als die Frage, ob die Inschrift, die sich unter einem großen Freskengemälde in der Sala Regia des vatikanischen Palastes befand, einen historischen Sachverhalt aus dem weit zurückliegenden Jahr 1177 korrekt beschrieb oder nicht.

Dieses Fresko, 1564 von Francesco Salviati und Giuseppe della Porta geschaffen, zeigt die Versöhnung zwischen Papst Alexanders III. und Kaiser

Francesco Salviati, Die Versöhnung zwischen Papst Alexander III. und Kaiser Friedrich Barbarossa, Rom, Sala Regia des Vatikans

Das großflächige Fresko in der Sala Regia des Vatikans, in der die Päpste hohe und höchste Besucher zu empfangen pflegten, zeigt ein lang zurückliegendes Ereignis. Die Aussöhnung zwischen Papst Alexander III. und Kaiser Friedrich Barbarossa in Venedig hatte im Jahre 1177 stattgefunden, was dem Bild jedoch nichts an politischer Brisanz nahm. Doch nicht am Gemälde selbst – in dem der Kaiser in demonstrativ demütiger Haltung vor dem Papst kniet – entzündete sich im 17. Jahrhundert ein schwerer diplomatischer Konflikt zwischen Rom und Venedig, sondern an der unter dem Fresko befindlichen Inschrift.

Friedrich Barbarossa im Jahre 1177 in Venedig. Im Palast der Päpste darf man auf einem Gemälde dieser Art ein eindeutiges Hierarchiegefälle zwischen *Sacerdotium* und *Imperium* erwarten, und in der Tat: von einer Versöhnung kann genau genommen nicht die Rede sein, dargestellt ist vielmehr die knie-, nein: fußfällige Unterwerfung eines Kaisers, der nicht einmal ein Gesicht hat: Die Figur Friedrich Barbarossas wendet dem Betrachter den Rücken zu und versinkt damit in der anonymen Verkörperung eines Typus, des weltlichen Herrschers nämlich, der seine bedingungslose Unterordnung unter die Macht des Papsttums vorbehaltlos anerkennt. Auffällig ist nicht so sehr die visuelle Deklassierung des Kaisers – an Darstellungen dieser Art konnten die päpstlichen Auftraggeber im 16. Jahrhundert gar nicht genug bekommen; auffällig ist, dass neben dem würdigen Pontifex das Gemälde eine zweite Hauptfigur besitzt, im Gegensatz zum jugendlich blonden (und eben: gesichtslosen) Kaiser weißhaarig und -bärtig wie der Papst, ja: diesem geradezu aus dem Gesicht geschnitten. Bei dieser Figur handelt es sich um den venezianischen Dogen, der mithin eine zentrale Rolle spielt. Mehr noch: Das Gemälde, seinerzeit unter der Leitung und auf Kosten des venezianischen Kardinals Amulio entstanden, wurde mit einer ausführlichen Inschrift versehen, welche die Verdienste der Venezianer um die Aussöhnung zwischen Kaiser und Papst emphatisch würdigte. Ein wenig zu emphatisch, so der Befund des Kirchenhistorikers und Kardinals Cesare Baronio, der in seinen Annales Ecclesiastici zu Beginn des 17. Jahrhunderts die Ansicht vertrat, von einer derartig prominenten Rolle der Venezianer könne schlechterdings nicht die Rede sein. Der entscheidende Satz der Inschrift, *Ita Pontifici sua dignitas Venetae Reipublicae beneficio restituta*, „so wurde durch die Wohltaten der Venezianischen Republik die Würde des Papstes wiederhergestellt", er sei eine maßlose Übertreibung.

In Venedig war man empört. Man hatte seinerzeit dem Papst zunächst Asyl gewährt, und anschließend war durch das diplomatische Geschick des Dogen Sebastiano Ziani die Aussöhnung zwischen dem geistlichen und dem weltlichen Oberhaupt der Christenheit gelungen, wodurch beide, vor allem aber der Papst beziehungsweise das Papsttum als Institution der Serenissima dauerhaft verpflichtet waren – dies die Sicht der Dinge an der Lagune. Und eben nicht nur der gelassene Blick auf lang vergangene Zeiten, sondern auf ein Ereignis, das für das Selbstverständnis, ja Selbstbewusstsein der Venezianer eine zentrale Rolle spielte: mit der damals so erfolgreich gespielten Schiedsrichterrolle hatte man sich nicht nur unsterbliche Verdienste erworben, sondern seinen Status als eine Macht von überragender Bedeutung unter Beweis gestellt. Denn der Schiedsrichter, dessen Urteilsspruch sich die Parteien vorbehaltlos unterwerfen, steht *per definitionem* über ihnen. Kein Wunder also, das man sich für die Sichtweise des Baronius nicht im Geringsten begeistern konnte.

In römischen Augen hingegen stellte sich die Sache ganz anders dar. Papst Urban VIII. Barberini (1623–1644) war nicht nur eine hochgebildete Persönlichkeit, er besaß auch einen ausgeprägten Sinn für die politische Würde des Papsttums und die Notwendigkeit, ihr zu einer angemessenen Darstellung zu verhelfen. Im Falle des Freskos in der Sala Regia entpuppte sich das doppelte

Interesse des Pontifex für Gelehrsamkeit und Politik als explosive Mischung. Freilich erst im Laufe der Zeit, denn als Urban VIII. 1627 eine Gelehrtenkommission ins Leben rief, um eine ganze Reihe von Inschriften im Vatikan auf ihren historischen Wahrheitsgehalt hin überprüfen zu lassen, da machten sich die fleißigen Archivare an die Arbeit, ohne dass dies jemand außerhalb der staubigen Bibliotheken des Vatikans zur Kenntnis nahm. Felice Contelori, geboren 1588, wurde die Leitung der Recherchen übertragen, und er war genau der richtige Mann für diese Aufgabe: unermüdlich fleißig, sorgfältig bis zum Kleinlichen – was ihm von Seiten des berühmten Gelehrtenkollegen Lucas Holsten den spöttischen Vorwurf eintrug, er wache über die Bücher der vatikanischen Bibliothek wie ein eifersüchtiger Drache – präzis und geduldig. Alles Eigenschaften, die als Resultat seiner Bemühungen eher ein Werk von wissenschaftlicher Solidität als von Aufsehen erregender Wirkung erwarten ließen. Und dennoch tickte eine Zeitbombe.

Ihre Zündung erfolgte in drei Stufen. 1629 befahl der Papst, die alte Inschrift weiß übertünchen zu lassen, was der venezianische Botschafter in Rom zum Anlass nahm, sich wiederholt nachdrücklich zu beschweren. Drei Jahre später dann erschien das Buch Conteloris, in dem er mit akribischer Sorgfalt nachwies, dass die historische Wahrheit auf Seiten der römischen Sicht der Dinge lag. Inzwischen hatte ein neuer Botschafter die diplomatische Vertretung der Markusrepublik am Tiber übernommen, und seine Reaktion war dieselbe wie die seines Vorgängers – energischer Protest beim Papst nebst ausgiebigem Lamento gegenüber dem Senat der Heimatstadt mit dem Tenor: dieser Papst sucht das Ansehen Venedigs zu schädigen, wo er nur kann.

Doch erst 1635 kam es zum Eklat, als nämlich Urban VIII. anordnete, das Gemälde mit einer neuen Inschrift zu versehen, in der nun gar nicht mehr auf die Verdienste Venedigs um die Aussöhnung zwischen Kaiser und Papst hingewiesen wurde. Der venezianische Senat sah das Fass nunmehr endgültig als ein übergelaufenes an und schreckte dieses Mal nicht vor Aufsehen erregenden Gegenmaßnahmen zurück: Alle Pfründe, welche die Papstfamilie Barberini im venezianischen Herrschaftsgebiet innehatten, wurden mit Beschlag belegt, der Botschafter in Rom unverzüglich abberufen. Mehr noch: die Stimmung in der Lagunenstadt wurde unruhig, es kam zu der eingangs beschriebenen Bücherverbrennung nebst Aussetzung eines Kopfgeldes auf den unglücklichen Archivar Contelori.

Unübersehbar war man in Venedig entschlossen, dem Gelehrten seine Forschungen heimzuzahlen. Doch gleichzeitig setzten auch Überlegungen ein, wie der unerfreuliche und nunmehr grundsätzliche Konflikt zu beheben sei. Schon bald verfiel man an der Lagune auf eine Lösung, die in mancherlei Hinsicht aufschlussreich ist dafür, wie man dort die politischen Verhältnisse des Kirchenstaates einschätzte. Statt einem Botschafter, der ja nunmehr aus Gründen des Prestiges abberufen war, sollten die Verhandlungen mit dem Papst einem Kardinal, und zwar einem venezianischen, übertragen werden. Bereits gegen Ende des Jahres 1635 wurden Stimmen laut, man solle den Venezianischen Patriarchen und Kardinal Federico Cornaro (1579–1653) zu diesem Zweck nach Rom schicken. Damit hätte man über einen Unterhändler verfügt, der aufgrund seiner Stellung in der kirchlichen Hierarchie und eines guten persönlichen Verhältnisses zum Papst in Rom über eine starke Position verfügen würde; andererseits aber blieb er als Angehöriger einer überaus angesehenen Familie der venezianischen Nobilität zur Loyalität gegenüber seiner Heimatstadt verpflichtet. Doch war die Zeit für die Entsendung Cornaros nicht reif. Vielmehr eskalierte der Streit weiter: 1637 wurde auch der venezianische Sekretär in Rom abberufen, so dass die Serenissima über keinerlei offizielle diplomatische Kontakte zur Kurie verfügte, und etwa zur gleichen Zeit erschien auch noch eine „Vita di Alessandro III.“ aus der Feder des Giovanni Francesco Loredan. In ihr fand sich abermals zugespitzt die Betonung der venezianischen Rolle bei den Konflikten zwischen Papst- und Kaisertum, und das sorgte natürlich in Rom für neuerliche Erbitterung.

1638 dann schienen die Ereignisse eine Wendung zum Guten zu nehmen, jedenfalls aus der Sicht unseres Gelehrten: Krieg brach aus zwischen Venedig und dem Osmanischen Reich, und in dieser Situation sah sich Urban VIII. gehalten, Zugeständnisse zu machen. Endlich konnte die Reise des Kardinals Cornaro an die Kurie erfolgen, und seinem Verhandlungsgeschick gelang es, zumindest die Übertünchung der neuen Inschrift zu erwirken. Man sollte meinen, ein für alle Beteiligten akzeptabler Kompromiss: durch die prominente Darstellung des Dogen weit über dem Kaiser konnten die Venezianer mit dem Bild zufrieden sein, der Papst seinerseits stand ohnehin im Zentrum des Gemäldes. Ende gut, alles gut?

Nicht ganz, und eigentlich – zumindest aus der Sicht Felice Conteloris – ganz und gar nicht. Im Jahre 1644 starb nämlich Urban VIII. Barberini. Für Contelori war das schon an sich ein schlimmer Schlag, denn er hatte gehofft, von diesem Papst, dessen Vertrauen er besaß und für den er, so musste es ihm erscheinen, im Inschriftenstreit den Kopf hingehalten hatte, zum Kardinal ernannt zu werden. Doch statt des roten Hutes gab es neuen Ärger. Denn Urbans Nachfolger Innozenz X. Pamphili (1644–1655) ließ schon bald nach Pontifikatsbeginn keinen Zweifel daran, dass er die Bereicherungsstrategien der Familie Barberini mit aller Härte zu ahnden gedachte. In Ungnade fielen dadurch nicht nur die Angehörigen des verstorbenen Papstes, sondern ebenso ihre Klienten. Für Contelori konnte kein Zweifel bestehen, wie es um seine weiteren Karriereaussichten stand: schlecht. Aber der Pontifikatswechsel sollte für ihn noch weitaus unangenehmere Konsequenzen zeitigen. Schon im Dezember 1644, nicht einmal ein halbes Jahr nach dem Tod Urbans VIII. und gerade einmal drei Monate nach der Wahl seines Nachfolgers, berichtet unser Gewährsmann Giacinto Gigli in seinem Tagebuch:

„Auf Anweisung von Papst Innozenz wurde die Inschrift, die man übermalt und dann geändert hatte (...), wiederhergestellt; in ihr ist die Rede von den Verdiensten der Venezianer um Papst Alexander III., wegen deren Änderungen sich die Venezianer furchtbar aufgeregt hatten, wie ich es im Jahr 1636 aufschrieb; und Monsignore Contelori, der die Ursache des ganzen Streites war, wurde zu Hausarrest verurteilt, und alle seine Schriften beschlagnahmt."

Auf diese Weise wurde Felice Contelori zum zweiten Mal ein Opfer der großen Politik. In der Situation des Herbstes 1644 eröffnete das Prestigegeschenk an die Venezianer Innozenz X. die Möglichkeit, sich eines weiteren Bundesgenossen im Kampf gegen die Familie seines Amtsvorgängers zu versichern. Die Kalkulation des Papstes war ebenso simpel wie einleuchtend: tue ich den Venezianern den kleinen Gefallen, die vermaledeite Inschrift wieder aufmalen zu lassen, so kann ich mir bei der Auseinandersetzung mit den Barberini ihrer Unterstützung sicher sein. Dementsprechend begrüßte er den neuen venezianischen Botschafter Angelo Contarini bei dessen Antrittsbesuch im Dezember 1644 mit den Worten, er habe keinen größeren Wunsch, als der Republik Venedig die Genugtuung zu verschaffen, die alte Inschrift wiederhergestellt zu sehen; ein Ausspruch, der wohl als Musterbeispiel einer rhetorischen Übertreibung gelten kann, aber seine Wirkung tat, denn keine Frage wurde in den ersten Monaten der Herrschaft Innozenz' X. von den diplomatischen Vertretern der Markusrepublik aufmerksamer behandelt als eben der Ausgang des Inschriftenstreites. Entsprechend groß war der Jubel, als man sich schließlich durchgesetzt hatte.

Damit entpuppte sich der propagandistische Angriff, den Urban VIII. rund ein Jahrzehnt zuvor im Interesse der päpstlichen Herrschaftsansprüche geführt hatte, unversehens als ein fataler Bumerang für seine Familie. Nicht weniger freilich für den Gelehrten Contelori, der übrigens schon bald wieder freigelassen wurde und seiner beschaulichen Tätigkeit in den vatikanischen Archiven nachgehen durfte. Mit der Karriere war es allerdings vorbei. Die letzten Lebensjahre bis zu seinem Tod am 28. September 1652 verbrachte er desillusioniert über den Lauf der Welt mit seinen Studien und mag darüber nachgedacht haben, wie überaus unheilvoll sich in seinem Falle die Bedeutungssteigerung erwiesen hatte, die historische Forschungen immer dann gewinnen, sobald ihre Ergebnisse von grundlegender Relevanz für die Selbstwahrnehmung und -darstellung politischer (Staats-)Einheiten sind. Als pflichtbewusster und sorgfältiger Archivar hatte er schließlich nichts anderes getan, als nach allen Regeln der Zunft Quellen zu sichten und sie im Hinblick auf ihre Glaubwürdigkeit sorgfältig gegeneinander abzuwägen! Das Ergebnis seiner Recherchen war über jeden Zweifel erhaben, seine Arbeitsweise kann auch nach heutigen wissenschaftlichen Maßstäben geradezu als vorbildlich gelten. Doch was bedeutet schon die wissenschaftliche Korrektheit und sachlich-nüchterne historische Wahrheit, wo es um politische Lebensinteressen der Gegenwart geht?

Die Welt des kleinen Mannes

Arne Karsten

Chaostage im barocken Rom

Im Jahre 1642 drohten die Spannungen, die seit längerem zwischen dem Kirchenstaat und dem Herzog Odoardo II. von Parma und Piacenza bestanden, zu eskalieren. Auf beiden Seiten wurden fieberhafte Anstrengungen unternommen, sich mächtiger Bundesgenossen zu versichern und Truppen auszuheben. Angesichts der geringen Disziplin der Söldner, die oft genug in Friedenszeiten ihr Brot als Banditen erwarben, kann es kaum überraschen, wenn es in Rom schon bald zu Übergriffen und Anschlägen aller Art kam. In seinem Tagebuch berichtet der zeitgenössische Chronist Giacinto Gigli von besonders Aufsehen erregenden Ereignissen am 21. April 1642:

„In Rom hielt sich ein Possenreißer auf, der in der Lage war, zum Vergnügen und Erstaunen der Leute fünfzehn oder auch zwanzig Brotlaibe einen nach dem anderen zu essen, ohne etwas anderes dabei zu sich zu nehmen. Dieser Mann wurde von einer Gruppe schwerer Panzerreiter (Kürassiere) gerufen, die sich zu Füßen der Salita di S. Onofrio, in der Nähe der Kirche S. Spirito in Sassia befanden, und nachdem sie ihn eine große Menge Brot hatten essen lassen, wollten sie auch, dass er tränke, und als dieser ablehnte, weil er nichts trinken konnte, wollten ihn die Soldaten zwingen, zu trinken; und während man so in Streit geriet, hielten einige korsische Söldner an, die in Trastevere wohnten und gerade vorbeikamen, und sagten jenen Soldaten, sie sollten es bleiben lassen, ihn zum Trinken zu zwingen, denn er könne daran sterben."

Zeitgenossen, die die Szene beobachtet haben mögen, werden in diesem Moment bereits nichts Gutes vorausgesehen haben. Die Bolognesen hatten in Rom seit jeher den Ruf, hochmütig und arrogant zu sein, was sich bei Soldaten nicht zuletzt in einer leichten Reizbarkeit äußerte, die Korsen ihrerseits galten insofern als gute Söldner, als sie von einer selbst für die frühneuzeitliche Gesellschaft ungewöhnlichen Rustikalität waren. So geringfügig der Zündstoff in Gestalt des armen Fresskünstlers war, man konnte auch ohne große prophetische Gaben absehen, dass es Streit geben würde, der denn auch nicht auf sich warten ließ:

„Darüber kam es zu gegenseitigen Beschimpfungen, und bald zu einem Handgemenge, in dessen Verlauf einer der Korsen, ein Leutnant, von den Kürassieren getötet wurde, und einer seiner Kumpane erlitt eine so schwere Verletzung, dass er nach einigen Tagen starb. Als die Korsen, die in Trastevere in der Nähe der Piazza vor der Sixtusbrücke stationiert waren, davon hörten, machten sie sich auf, um es den Kürassieren heimzuzahlen, und es wäre größeres Unheil geschehen, wenn nicht der Kardinalkämmerer Antonio Barberini, aufgrund der Abwesenheit seines Bruders, des Fürsten Taddeo Barberini, Befehlshaber der Miliztruppen, sich mit einigen anderen Kardinälen in der Sakristei der Peterskirche befunden hätte und, als er von den Unruhen hörte, sofort herbeigeeilt kam; er ließ die Kürassiere festhalten und die Korsen umkehren, und darauf die einen wie die anderen in ihren Quartieren festsetzen: dann befahl er ihnen, Frieden zu schließen und sich nicht weiter zu beleidigen. Aber die Korsen, die ein wildes Volk und rachsüchtig sind, beschlossen eine Verschwörung, um an einem bestimmten Tag einen Überfall auf die Kürassiere zu unternehmen und ein Massaker zu veranstalten."

Die beschriebenen Ereignisse spielen sich zu einer Zeit ab, da sich in Deutschland der Dreißigjährige Krieg in seiner anarchischen Endphase befand. Jede Gesellschaft, jede Staatsform führt eine ihren Strukturen entsprechende Art des Krieges. Die frühneuzeitlichen Staaten waren schwach und voll innerer Widersprüche. Entsprechend war der Krieg: von wüster Irrationalität. Die kalte, perfektionierte Disziplin, die es ihren modernen Nachfolgern gestattete, mit maximaler Effizienz zu töten, konnten die Feldherren des 17. Jahrhunderts nur erträumen. Golo Mann hat in seiner meisterlichen Wallenstein-Biografie die vermutlich zutreffende Überlegung angestellt: „Die Summe der Leiden, könnte man sie nennen, möchte in allen großen Kriegen ziemlich die gleiche gewesen sein, wenn auch anders zusammengesetzt. Die Perfektion bringt Gräuel mit sich, welche die ungeschickte, höchst unperfekte Kriegführung des 17. Jahrhunderts nicht brachte; dafür andere."

Das Ausmaß des Schreckens, das der Krieg dieser Epoche in der Bevölkerung hervorrief, lässt sich ermessen, wenn wir uns vor Augen halten, wie gering die Disziplin der frühneuzeitlichen Soldateska war. Giacinto Giglis Bericht spricht davon, dass ein völlig nichtiger Anlass zu bürgerkriegsähnlichen Szenen führt, in deren Verlauf zwei Soldaten von ihren Kameraden umgebracht werden. Wobei noch Schlimmeres nur verhindert wird durch das zufällige persönliche Eingreifen ihres Oberbefehlshabers, dessen Befehle, sich in Zukunft in Ruhe zu lassen – wohlgemerkt: es ist von Soldaten desselben Heeres die Rede –, nicht einmal in Rom, also unter den Augen des päpstlichen Staatsoberhauptes, genug Autorität haben, um den Streit wirklich zu schlichten. Denn Gigli fährt fort:

„Am 2. Mai hatten die Korsen, die in Trastevere stationiert waren, sich mit anderen Korsen, deren Unterkunft sich an der Piazza Fiametta befand, abgesprochen, um 19.00 Uhr zu den Kürassieren zu gehen, die bei Santo Spirito untergebracht waren, sie zu überfallen und ein großes Massaker zu veranstalten. Und die Korsen von der Piazza Fiametta entdeckten einige Kürassiere auf der Via Tor di Nona und begannen, sie zu verfolgen; die Kürassiere waren in der Unterzahl, und obwohl sie sich verteidigten, wurden sie tödlich verletzt, und besonders einer von ihnen, aus Perugia gebürtig, warf sich vor einer Toreinfahrt zu Füßen eines Augustinermönches nieder, und während er beichtete, stürzte sich einer der Korsen von hinten auf ihn, der ihn mit großer Grausamkeit (indem er ihm auch die Kleider vom Leib riss und den Mönch verletzte, der ihn aufforderte, einzuhalten) mit vielen Verletzungen umbrachte."

Man spürt den religiösen Schrecken Giglis angesichts dieser Szene, denn es handelt sich nicht 'nur' um die Anwendung körperlicher Gewalt, sondern auch um geistliche Sünde. Indem der Soldat in seiner Todesangst vor einem Mönch zu beichten beginnt, sucht er die Scheu seines Mörders vor dem Sakrament wachzurufen und hofft zugleich auf den Schutz durch den Geistlichen. Doch ist dem Korsen in seiner berserkerhaften Wut im wahrsten Sinne des Wortes nichts mehr heilig, ja, der Augustiner muss den Versuch einzuschreiten seinerseits mit einigen Schlägen und vielleicht Schlimmerem bezahlen. Doch damit ist der Gewaltexzess noch längst nicht zu Ende:

„Nachdem die Korsen bei der (Engels-)Brücke angekommen waren, griffen sie die (bisher völlig unbeteiligten, A. K.) Soldaten der Engelsburg an, um sich Einlass zu verschaffen und in den Borgo zu gelangen."

Der ‚Borgo', das zwischen St. Peter und der Engelsburg gelegene Stadtviertel, galt seit jeher als der eigentlich ‚päpstliche' Teil Roms, doch man sieht, was diese Oberhoheit des Papstes angesichts des entfesselten Furors der eigenen Truppen nützte.

„Auf der anderen Seite waren die Korsen aus Trastevere auf der Via della Lungara unterwegs zu den Unterkünften der Kürassiere, so dass es gerade eben noch gelang, die Tore zu schließen, um ihnen den Zugang zu verwehren, und darauf wurden sie mit vielen Musketen beschossen. In der Zwischenzeit versuchte der Kardinal Antonio Barberini den Tumult zu beenden, indem er zu Pferd mit anderen Truppeneinheiten herbeieilte; es kam zu einem heftigen Feuergefecht, und einige Soldaten starben, und endlich wurden viele der in Rom anwesenden Korsen festgenommen; aber von denen aus Trastevere gelang vielen die Flucht nach San Pietro in Montorio, wo sie sich verschanzten und sich behaupteten, und am Ende flohen sie aus Rom. Der Schrecken war groß in der Via dei Coronari und einigen anderen Gegenden in der Nähe der (Engels-)Brücke, und überall verschloss man die Haustore, aus Furcht, dass die Soldaten beginnen könnten, die Häuser auszuplündern."

Erst jetzt, nachdem halb Rom in Angst und Schrecken versetzt worden war, wie sie bei der Plünderung durch feindliche Truppen nicht viel schlimmer sein könnten, griff die Obrigkeit energisch durch; die Brutalität ihres Vorgehens stand dabei derjenigen der Korsen nicht viel nach:

„Am 3. April (gemeint: Mai, A. K.), dem Tag des Heiligen Kreuzes, einem Samstagnachmittag, wurden im Borgo nahe dem Hospital von Santo Spirito Galgen aufgerichtet, und hier wurden acht von den Korsen exekutiert, darunter derjenige, der den Soldaten abgeschlachtet hatte, der dabei war zu beichten, und den Mönch verletzt hatte, und ihm wurde der Kopf mit einer Keule zertrümmert, während die übrigen sieben aufgehängt wurden. Viele andere wurden (als Rudersklaven, A. K.) auf die Galeeren geschickt, und schließlich wurden alle Korsen, die sich am 5. Mai in Rom befanden, aus dem Dienst entlassen; nachdem man ihnen die Waffen abgenommen hatte, wurden sie in ihre Heimat geschickt, aber sehr viele von ihnen waren zuvor im Besitz ihrer Waffen geflüchtet."

„Wurden sie in ihre Heimat geschickt" – Giglis Formulierung ist leicht missverständlich; aus dem Dienst entlassen wurden die korsischen Söldner, ohne Habe, ohne Geld, vor die Stadttore gejagt, und mussten dann sehen, wie sie zurechtkämen. Deswegen betont unser Gewährsmann auch, dass viele von ihnen rechtzeitig mit den Waffen geflüchtet waren. Diese Waffen waren nicht nur ihr einziger Besitz, sondern auch ihr Arbeitsgerät, und wenn man sich mit dem rechtzeitig aus dem Staub machte, war es leichter, wieder ins 'Berufsleben' zurückzufinden; jetzt nicht mehr im Dienste eines Staates, oder zeitgemäßer: eines Herrschers, sondern als Freiberufler, so, wie viele dieser Soldaten gearbeitet hatten, bevor sie den päpstlichen Offizieren gefolgt waren, die den Auftrag hatten, Söldner für den Krieg gegen den Herzog von Parma anzuwerben. Wer sich bei solcher Gelegenheit in die Werbelisten eintrug, hatte häufig bereits einige Erfahrung im Waffenhandwerk, weil er es zuvor schon als Bandit oder als *bravo,* als gedungener Mörder ausgeübt hatte. Als solcher war er zwar von der Staatsgewalt verfolgt, aber die war schwach, und positiv fiel als Argument für diese Beschäftigung ins Gewicht, dass die Einkünfte besser und regelmäßiger waren, als die Bezahlung durch den Herrscher, wenn man in einer regulären Armee Dienst tat. Die chronischen Zahlungsrückstände der frühneuzeitlichen Heeresorganisation trugen nicht wenig zur Disziplinlosigkeit der Soldaten bei, die natürlich unzufrieden waren, und nach Möglichkeiten suchten, sich anderweitig schadlos zu halten. Um einen Eindruck zu vermitteln, wie es um die Bezahlung der Söldner in dieser Zeit bestellt war, sei noch einmal unser Gewährsmann Giacinto Gigli zitiert. Während der Pestepidemie des Jahres 1632, so berichtet er, seien besondere Wachen an den Stadttoren Roms aufgestellt worden, um den Zuzug von Pestkranken zu verhindern. Diese Wachen bestanden aus jeweils „einem Kommissar und vier bezahlten Soldaten". Die außergewöhnliche Tatsache, dass diese Söldner regelmäßig bezahlt wurden, ist also für Gigli bemerkenswert und nur damit zu erklären, dass ihnen eine besonders verantwortungsvolle Aufgabe übertragen worden war, die sie unbestechlich ausführen sollten.

Angesichts solcher Umstände waren manche Truppenteile in Kriegszeiten ihrem Betragen nach nicht von den Verbrecherbanden zu unterscheiden, die während des Friedens ihr Unwesen trieben, und die ja auch zum großen Teil aus demselben Personal bestanden. Wie fließend der Übergang zwischen Hauptmann und Räuberhauptmann im 17. Jahrhundert sein konnte, wird nicht zuletzt deutlich, wenn wir in Giacinto Giglis Tagebuch noch ein bisschen weiterlesen:

„Wenige Tage vor den beschriebenen Ereignissen geriet der Herr Kardinal Antonio Barberini in große Lebensgefahr, als er versuchte, einen anderen Tumult zu schlichten, und es wurde wirklich für ein Wunder gehalten, dass er nicht verletzt wurde. Denn als er in seiner Kutsche an der Trajanssäule, nahe der Kirche Santa Maria in Loreto vorbeifuhr, sah er einige Soldaten, die in ein Handgemenge mit Banditen geraten waren; auf der Piazza waren um die hundert Personen zusammengelaufen, und er (der Kardinal) öffnete eilig die Kutschentür und stürzte sich auf die Menge, und im Moment, da er die Kutsche verließ, glitt ihm der Kardinalsrock von den Schultern, und er verlor seinen Hut; sofort griff er einen der Soldaten, der in die Schlägerei verwickelt war, bei den Haaren, indem er ihm befahl, einzuhalten, der aber wandte sich ihm mit der Waffe in der Hand zu und erkannte ihn nicht, so dass wenig fehlte, dass er ihn verletzt hätte; als er sich zu erkennen gab und sagte, er sei der Kardinal Antonio, warf sich der Soldat vor ihm auf die Knie und bat, ihm zu vergeben, und er vergab ihm. Die Banditen waren eine große Menge, und sie waren im Palazzo des Fürsten von Gallicano untergebracht (...). Diese Banditen verschwanden nach ein paar Tagen alle aus Rom, und auch der Fürst von Gallicano reiste ab, um sich zum Kardinal Colonna nach Bologna zu begeben.“

Das alles klingt in unseren Ohren sehr seltsam, um nicht zu sagen: unglaubwürdig. Kardinal Antonio Barberini war als Neffe des in diesen Jahren regierenden Papstes Urban VIII. einer der einflussreichsten Männer des Kirchenstaats. Dennoch zögerte er nicht, sich persönlich ins Mittel zu legen, um eine Straßenschlacht zu beenden und dabei in Lebensgefahr zu geraten. Schlaglichtartig lässt diese bemerkenswerte Situation deutlich werden, wie das Leben der Menschen in der Frühneuzeit im Vergleich zu späteren Epochen unmittelbarer, weniger kontrolliert war, weder durch staatliche Instanzen, die es schwer genug hatten, ihre Regelungskompetenzen durchzusetzen, noch durch jene Selbstzwänge, deren zunehmende Wirksamkeit für den Prozess der Zivilisation kennzeichnend ist. So konnte auch ein Kirchenfürst mit Soldaten und Banditen – sofern hier eine scharfe Trennung überhaupt zu machen ist – handgemein werden, wenn ihn der Anblick einer Schlägerei entsprechend aufregte. Man tat sich „keinen Zwang" an, oder jedenfalls weit weniger, als das in modernen Industriegesellschaften der Fall zu sein pflegt.

Auch der Fürst von Gallicano tat das offensichtlich nicht, der die Schlägerbanden in seinem römischen Palazzo beherbergte. Durch diesen Umstand wird erklärlich, warum sie sich unter den Augen der päpstlichen Herrschaft herausnehmen konnten, mit den regulären Soldaten, von denen sie sich freilich nach Herkommen und Sitten nicht unterschieden, eine Straßenschlacht zu beginnen. Der Fürst von Gallicano war ein Mitglied des altadeligen, mächtigen Fürstenhauses Colonna, das auf seinen Ländereien eigene Miliztruppen unterhielt, und auch hier ist es nicht leicht, die Grenzlinie zu ziehen zwischen diesen Milizen und Verbrecherbanden. Wahrscheinlich betrachtete der Fürst die Bewaffneten, die in seinem Palazzo hausten als seine Soldaten, und lediglich aus der Perspektive des römischen Bürgers Giacinto Gigli erscheinen sie als Banditen. Schlechter als die Korsen scheinen sie sich nicht betragen zu haben, und der einzige Unterschied zwischen diesen und den Colonna-Milizen dürfte darin bestanden haben, dass sie vom Papst als dem Staatsoberhaupt angeworben worden waren, der jedoch bei weitem nicht der Einzige war, der im Kirchenstaat des 17. Jahrhunderts Söldner unterhielt. Wie in ganz Europa, so dauerte es auch in Italien Jahrhunderte, bis sich der Herrscher gegenüber den konkurrierenden großen Adelshäusern so weit durchgesetzt hatte, dass ihm allein die Aufstellung und Unterhaltung von Truppen gestattet war. Und erst nach Abschluss dieses säkularen Prozesses war es möglich, zwischen Soldaten und Banditen klar zu unterscheiden.

Arne Karsten

Delikatessen, oder: Die berühmten Würste aus Norcia

Seit jeher gelten in Italien Würste aus der kleinen umbrischen Stadt Norcia als besonders gut. Die Identifizierung exzellenter Wurstwaren mit diesem Ort geht so weit, dass noch heute ein Laden, in dem Würste und Schinken verkauft werden, im Italienischen als „Norcineria" bezeichnet wird. Dem hervorragenden Ruf des Produktes konnte auch ein Aufsehen erregender Lebensmittelskandal in Rom nicht nachhaltig schaden, der am 23. Februar 1638, es regierte Papst Urban VIII. Barberini, mit der Bestrafung der Schuldigen auf der Piazza vor dem Pantheon endete. Dort war am Tag zuvor ein großes Podest errichtet worden, auf das man die beiden Delinquenten führte, bei denen es sich um zwei Schlachter aus, wie könnte es anders sein, Norcia handelte.

Die beiden waren in ganz Rom für ihre Wurst berühmt, die allen Konkurrenzprodukten geschmacklich so überlegen war, dass die Produktionskapazitäten ihrer nach allen Regeln der Handwerkskunst arbeitenden *bottega* die Nachfrage kaum befriedigen konnte; die Köche der bedeutendsten Adelsfamilien und angesehensten Kardinäle kauften hier und stritten sich geradezu um die Ware. Alle Versuche der Konkurrenz, hinter das Betriebsgeheimnis, sprich: das außergewöhnliche Rezept der beiden Norcianer zu kommen, scheiterten daran, dass die beiden schwiegen wie ein Grab.

Dafür hatten sie freilich gute Gründe, und zwar nicht nur solche, welche die Ausschaltung der Konkurrenz betrafen, sondern noch viel elementarere. Ihre Wurst enthielt nämlich nicht gestattete Zusatzstoffe. Nun gab es im Europa der Frühneuzeit noch keine Reinheitsgebote, die vorschrieben, was in die Wurst gehörte. Dem einzelnen Schlachter war großer Spielraum gelassen, und obwohl die Quellen nicht viel darüber berichten wird man davon ausgehen können, dass dieser Spielraum auch genutzt wurde. So wie die Qualität des Brotes stark variierte, je nachdem, ob es für den Verzehr durch die kleine Oberschicht bestimmt war oder der Sättigung des einfachen Volkes diente, so dürfte auch die Güte anderer Nahrungsmittel höchst unterschiedlich ausgefallen sein, ja nachdem, für welchen Kundenkreis sie bestimmt waren.

Die Wurst unserer beiden Norcianer Fleischer war allerdings, wie wir sahen, in den Spitzen der Gesellschaft ein begehrtes Gut. Das Problem lag also nicht darin, dass hier minderwertiges oder gar verdorbenes Fleisch in den Wurstkessel wanderte. Vielmehr war es ein ganz besonderer Zusatzstoff, der Verwendung fand. Um der Wurst den richtigen Geschmack zu geben, setzten ihr die Schlachter Menschenfleisch zu.

Im Keller unter ihrem Geschäft befand sich ein Raum, den die beiden den „Heizungsraum“ nannten, und dort ging es in der Tat heiß her, denn hier wurden nicht nur die Schweine geschlachtet. Es befanden sich auch einige Tische mit Fleisch und Wurst im Keller, und das hier ausgebreitete Angebot diente dazu, von Zeit zu Zeit interessierten Kunden die Spezialitäten des Hauses vorzuführen. Waren die Besucher damit beschäftigt, die ausgestellte Ware zu prüfen, die ihnen einer der Fleischer erläuterte und marktschreierisch anpries, versetzte ihnen sein Kollege mit der Keule, die gewöhnlich zur Betäubung der Schweine diente, einen Schlag gegen die Schläfe. Dem wehrlosen Opfer wurde daraufhin die Kehle durchgeschnitten. Nachdem die Türen des Geschäftes sorgfältig verriegelt worden waren, machten sich die beiden Schlachter daran, die Leiche zu entkleiden, kunstgerecht auszunehmen und zu zerlegen. Kopf, Innereien, Kleidung und Knochen wanderten sodann in die offene Feuerstelle, um alle Spuren verschwinden zu lassen. Nur das magere Fleisch wurde sorgfältig durch den Wolf gedreht und anschließend dem Schweinefleisch zugesetzt, das für die Wurstproduktion vorgesehen war.

Auf diese Weise verschwanden innerhalb von nicht einmal zwei Monaten drei Köche. Der Erste war der Leibkoch des Kardinals Della Queva, ein sehr gut aussehender Mann, wie der Verfasser des zeitgenössischen Berichtes uns mitteilt, der mit den meisten seiner Berufskollegen in der Ewigen Stadt gut bekannt und befreundet war. Wenige Tage nach seinem rätselhaften Verschwinden machte sich deshalb der Koch des Fürsten Colonna auf die Suche nach ihm; da er ihn nirgends finden konnte, nahm er an, der Kollege sei aus Rom abgereist. Doch seltsamerweise berichtete der Neffe des Verschollenen, sein Onkel habe alle seine Sachen zuhause gelassen – sogar sein Geld.

Es dauerte nicht lange, bis ein zweiter Koch unter ebenfalls mysteriösen Umständen im wahrsten Sinne des Wortes spurlos verschwand. Diesmal war es der Küchenchef des Abtes Severoli; er wohnte in der Via Capo le Case, nicht weit von der Spanischen Treppe, zusammen mit seinem Sohn und seinem Schwager. Vor kurzem war seine Frau gestorben, wenige Tage danach kam er nicht vom Einkauf zurück. Der besorgte Schwager alarmierte die Stadtverwaltung, aber dort nahm man die Angelegenheit nicht recht ernst, sondern vermutete, der Koch habe einen Sonderauftrag angenommen, etwa zur Ausrichtung eines großen Festes, wie das von Zeit zu Zeit vorzukommen pflegte. Außerdem fehlte jeglicher Hinweis auf ein Verbrechen, ja jede Spur eines Verdachtes – wie sollte man sich unter diesen Umständen an die Fahndung machen? Weiterhin gilt es zu bedenken, dass die Möglichkeiten der Ordnungshüter in dieser Epoche im Vergleich zu ihren modernen Nachfahren unvergleichlich bescheidener waren. Rasterfahndungen waren so unbekannt wie Fingerabdrücke, und die Überwachung der Menschen scheiterte schon am Fehlen von uns so selbstverständlichen Dingen wie dem Personalausweis. Die Kontrolle der Gesellschaft durch die staatliche Autorität mit all ihren Vor- und Nachteilen begann sich erst langsam zu entwickeln. Und wenn man ein Verbrechen ahnden wollte, dann brauchte es Zeugen. Die es im Falle der mysteriös verschwundenen Köche bisher nicht gab.

Doch schon kurze Zeit später war schon wieder ein Koch verschollen, diesmal ein flämischer Hilfskoch, den sein Chef eines abends zum Fleischeinkauf geschickt hatte. Auf dem Weg zur nächsten Fleischerei hatte er einen Freund getroffen, mit dem er unterwegs rasch in die Taverne „Zum Stern" eingekehrt war, um ein paar Becher Wein zu trinken. Die Taverne lag in der Nähe des Palazzo Capranica; ganz in der Nähe befand sich auch die *bottega* der beiden Norcianer, und so geriet er zu seinem Unglück an die beiden Halsabschneider. Während er in ihr Geschäft ging, wartete sein Freund draußen auf ihn und fing mit einem der vorüberschlendernden Passanten ein Gespräch an.

Nach einiger Zeit begann sich der Freund zu wundern, wo der Koch nur bliebe. Schließlich ging auch er ins Geschäft und fragte die beiden Schlachter, die ihm zur Antwort gaben, er sei schon davongegangen. Der Chronist kommentiert in Klammern: „Und in diesem Punkt sagten sie nicht einmal eine Lüge, denn tatsächlich war er aus dieser Welt davongegangen." Ohne Verdacht zu schöpfen begab sich der Freund des Koches daraufhin nach Hause.

Am nächsten Tag aber war sein flämischer Freund immer noch verschwunden, und so ging er gemeinsam mit dem Chefkoch abermals zu den Schlachtern, um sich nach seinem Verbleib zu erkundigen, worauf ihnen die Schlachter kaltblütig antworteten, sie kümmerten sich für gewöhnlich nicht darum, was ihre Kunden nach dem Einkauf täten. Dennoch waren die beiden Missetäter von diesem Moment an besorgt. Auf der anderen Seite sagten sie sich, dass es nicht die geringste Spur gab, die auf ihr gottloses Verbrechen hindeuten könnte, und glaubten sich deshalb in Sicherheit.

Zu Unrecht, wie sich schon einige Tage später herausstellen sollte. Denn die Angehörigen der verschwundenen Köche drängten die Staatsgewalt, etwas zu unternehmen. Der Zeuge, der seinen Freund ins Geschäft der Schlachter hatte hineingehen und nicht mehr herauskommen sehen, wurde im Beisein eines Notars vernommen, und das Resultat dieser Befragung war, dass man zunächst einmal den Lehrjungen der Schlachter, der inzwischen in alles eingeweiht worden war, festnahm und verhörte.

Der gab zu Protokoll, dass die beiden Schlachter mitunter Leute in den „Heizungsraum“ im Keller führten, wo die Schweine geschlachtet werden; befragt wie viele Leute es so ungefähr gewesen seien und ob sie während des Tages oder in der Nacht dorthin geführt würden, antwortete der Lehrjunge, das käme sowohl am Tag wie in der Nacht vor. Was, so die nächste Frage, die Leute da unten machten? Die meisten gingen wohl hinunter, um Fleisch und Würste zu kaufen, aber einige wollten auch nur bei der Schlachtung der Schweine zusehen.

Daraufhin wurde die Vernehmung ein wenig direkter: ob in diesem Raum jemals auch Menschen zu Tode gekommen seien, so wurde gefragt, und als der Junge daraufhin meinte, das wisse er nicht, wurde ihm mit einer härteren Befragungsart, sprich: der Folter gedroht. Dadurch eingeschüchtert, gab er zu, dass er eines abends seltsamen Lärm im Keller gehört habe, Flüche und das Geräusch einer Schlägerei, und wie jemand den heiligen Antonius angerufen habe, aber seine Chefs hatten dann die Türen abgeschlossen, ihm das Abendessen gegeben und ihm befohlen, ins Bett zu gehen. Deswegen habe er nichts gesehen, und könne nicht mehr sagen, als dass es sich um ungewöhnlichen Lärm gehandelt habe.

Das reichte, um die beiden verdächtigen Schlachter festzunehmen und ihr Geschäft zu schließen. Allerdings wurde bis zu diesem Zeitpunkt nur vermutet, dass es sich um Raubmord handelte, „denn nicht einmal die Untersuchungsrichter konnten sich eine derartige Ungeheuerlichkeit ausmalen, wie sie tatsächlich geschehen war“.

Von den beiden verhafteten Fleischern wurde zunächst der ältere befragt, und zwar ebenfalls nach den Gründen, aus denen die Kunden in den Keller kämen. Er bestätigte die Aussage seines Lehrjungen: einige, um Fleisch zu kaufen, andere, um bei der Schlachtung zuzuschauen. An einen flämischen Koch könne er sich nicht erinnern. Auf die Frage, ob er irgendwann einmal mit jemandem in diesem Raum in Streit geraten sei, antwortete er, wohl hin und wieder Leute davongejagt zu haben, weil sie ihm im Weg standen. „Bei Tag, oder bei Nacht?“ Das sei sowohl bei Tag wie auch bei Nacht vorgekommen. Ein Mord dagegen sei dort unten niemals geschehen. So lange er und sein Kompagnon das Geschäft betrieben, sei überhaupt niemals etwas Böses vorgekommen.

Sein Kollege aber gab beim Verhör zu, dass es durchaus mitunter zu Handgreiflichkeiten gekommen sei, und als man die beiden einander gegenüberstellte, sagte der Ältere, er habe das nicht erwähnt, weil es ihm dummerweise entfallen war, aber immerhin habe es sich stets nur um harmlose Schlägereien gehandelt. Ernsthaft zu Schaden sei dabei niemand gekommen.

An diesem Punkte angelangt, schien es den Vertretern der staatlichen Autorität an der Zeit, die Schlachter mit Gewalt zum Reden zu bringen. Man benutzte hierzu den Strick: dem Verdächtigen wurden die Hände auf dem Rücken gefesselt, dann wurde er an den gebundenen Händen in die Höhe gezogen. „La corda", der Strick, war eine in der frühen Neuzeit sehr beliebte Foltermethode. Freilich besteht für uns Heutige kein Anlass zu wohlig-gruselndem Zurücklehnen im Gefühl moralischer Überlegenheit. Im Vergleich zu den „Lagern" aller Arten des 20. Jahrhunderts wurde sie in dieser Epoche eher selten angewandt.

Eine halbe Stunde musste zunächst der jüngere Schlachter die Tortur über sich ergehen lassen; als er immer noch schwieg, ließ man von ihm ab. Sein Kollege bewies jedoch weniger Standfestigkeit. Nach einer Viertelstunde gab er, vom Schmerz überwältigt, auf, sagte, er wolle gestehen und gab schließlich zu, einen Koch im Heizungsraum umgebracht zu haben.

Da die Untersuchungsrichter wussten, dass nicht nur eine, sondern drei Personen in letzter Zeit verschwunden waren, gaben sie sich mit dieser Aussage nicht zufrieden. Nochmals wurde der ältere der beiden Schlachter befragt, auch danach, wo die Leichen der Köche geblieben seien. Weil er bei seiner ersten Aussage blieb, wurden ihm härtere Foltermethoden angedroht, und schließlich gestand er alles: die Ermordung von sogar vier Personen, die er sorgfältig ausnahm, Kleidung und Knochen verbrannte und ihr Fleisch danach seinen Würsten zusetzte. Der Urheber der Idee sei jedoch sein Kollege gewesen, der es ihm vorgeschlagen habe, damit sie auf diese Weise ihren Profit vergrößern könnten. Auf die Frage, warum sie das Menschenfleisch in die Wurst gemischt hätten, gab er an, er habe gehört, dass Menschenfleisch die Eigenschaft habe, der Wurst einen ganz besonderen, höchst delikaten Geschmack zu verleihen. Was dem Aufsehen erregenden Verkaufserfolg nach zu urteilen, wie's scheint, seine Richtigkeit hat.

Nach diesem Geständnis galt es nur noch, den jüngeren der beiden Kompagnons zu überführen, der nun seinerseits gefoltert wurde, und obwohl er glaubte, sie auszuhalten, nachdem er den Strick ertragen hatte, gab er schließlich auf und gestand ebenfalls. Mit dem umfassenden Geständnis der beiden Verdächtigen war der Prozess abgeschlossen. Unter den gegebenen Umständen war klar, dass das Urteil abschreckend ausfallen musste.

Der Gerichtshof beschloss, die beiden Delinquenten sollten öffentlich mit der Keule erschlagen, danach gehäutet und gevierteilt werden. Papst Ur-

ban VIII. selbst bestand angesichts der Ungeheuerlichkeit des Verbrechens auf einem besonders feierlichen Vollzug des Urteilsspruches.

So geschah es. Eine gewaltige Menschenmenge hatte sich am Morgen des 23. Februar 1638 auf der Piazza vor dem Pantheon versammelt, als die beiden Schlachter mit den Sakramenten der Kirche versehen aufs Schafott stiegen. Auch der Lehrjunge, der doch allenfalls Mitwisser der von ihnen begangenen Verbrechen war, kam nicht davon. Er wurde zu fünfjähriger Kerkerhaft verurteilt und, falls er die überleben würde, zu lebenslänglichem Galeerendienst.

◀ Die Folter mit dem Strick, Zeichnung, 1. Hälfte 17. Jh.

In der frühneuzeitlichen Rechtsprechung spielte die Folter als Mittel der Wahrheitsfindung eine zentrale Rolle. Was heute ausgesprochen barbarisch wirkt, stellte tatsächlich gegenüber älteren Prozessverfahren einen wesentlichen Fortschritt im Sinne rationaler Entwicklung dar. Denn im Zentrum des Interesses stand die Frage nach dem Tathergang. Angesichts der nur rudimentär entwickelten staatlichen Strukturen war das Sammeln von Indizien kaum möglich. Wer hätte sie auch sammeln sollen, da es so etwas wie die moderne Polizei nur in bescheidenen Vorformen gab? Unter diesen Umständen blieb man auf das Geständnis des Beschuldigten angewiesen.

VOLKER REINHARDT

Brot, Blut und Stein

Nachdem es dreißig Jahre lang in Deutschland getobt hat, sucht sich das Böse neue Wirkungsstätten. Im Januar 1649, wenige Wochen nach dem Friedensschluss von Münster und Osnabrück, der den Dreißigjährigen Krieg beendet, muss der zehnjährige König von Frankreich mit seiner Mutter und seinem ersten Minister Mazarin vor der Wut des Volkes fliehen; im selben Monat köpfen die Engländer, dem Beispiel der Türken folgend, ihren König als Tyrannen. Den Anfang aber hatten im Sommer 1647 die Neapolitaner gemacht, als sie sich gegen die unerträglich hohen Steuern ihres spanischen Vizekönigs erhoben und einen jungen Fischer namens Masaniello zum Führer wählten.

Doch für Giacinto Gigli, den wohlhabenden römischen Bürger, Gelegenheitsdichter und leidenschaftlichen Tagebuchschreiber, der die europäischen Ereignisse aufmerksam verfolgt und kommentiert, führen die Spuren nach Rom, an den Nabel der Welt. Fünfundzwanzig Monate lang hält er jetzt fest, wie sich die Pforten der Hölle auftun – erst knarrend und schleifend, dann sperrangelweit. Gigli ist kein unerschrockener Ermittler wie Philip Marlowe und auch kein genialer Kombinierer wie Sherlock Holmes. Aber er hält Ohren und Augen weit offen, geht an Tatorte, wenn es unumgänglich ist, und manchmal macht er sogar Experimente, um die Wahrheit herauszufinden. Das alles geschieht so unauffällig wie möglich. Denn im Gegensatz zu den Romandetektiven hat Gigli Angst. Er braucht sich ihrer nicht zu schämen. Die Ereignisse, die er auf eine kolossale Verschwörung zurückführt, kosten Tausende von Menschenleben. Und wer vor Zorn nicht schweigen kann in dieser Zeit der Verwirrung, endet auf dem Schafott. So hütet Gigli seine Zunge und Feder, selbst in seinem Tagebuch. Am Ende, als er die Drahtzieher des Komplotts aufgedeckt zu haben glaubt und nach ihren Motiven fragen müsste, verschlägt es ihm die Sprache. Seine Nachforschungen lassen sich grob in drei Schritte gliedern. Phase eins: Einzug des Bösen und erster Verdacht.

Der Sommer 1647 ist ein Winter; es regnet ohne Unterlass, und es bleibt kalt. Man beginnt von einer schlechten Ernte und von Brotteuerung zu sprechen. An Ostern hatte man dem Volk weder im Lateran noch in der Peterskirche die Reliquien gezeigt; in beiden Kirchen herrscht die Umbauwut. Am 1. August wird eine Fleischsteuer eingeführt, Öl wird teurer. Am selben Tag wird Giovanni Inghirami Senator von Rom; das pompöse Repräsentationsamt verdankt er seiner Patin, Donna Olimpia Maidalchini, der einflussreichen Schwägerin des regierenden Papstes, Innozenz X. Pamphili. Inghiramis Vorgänger hatten die prunkvolle Prozession zum Amtsantritt gestrichen und waren beide kurz darauf gestorben. Gigli sieht darin eine verdiente Strafe: Sie hatten das Volk um sein angestammtes Spektakel gebracht. Inghirami will nicht so enden, sich jedoch finanziell auch nicht ruinieren. So legt er dem Papst gefälschte Abrechnungen vor. Der feierliche Umritt des neuen Senators durch die Stadt aber wird zur Blamage – er wird ausgepfiffen. Drei Tage danach stirbt eine Frau, die achtzehn Jahre lang ununterbrochen dasselbe Marienbild in Trastevere angebetet hatte; für das Volk ist sie eine Heilige. Doch damit nicht genug. Einige Halbwüchsige bewerfen die Kutsche des Heiligen Vaters mit Steinen. Dessen Polizisten nehmen die Verfolgung der Bande auf und töten einen der Jugendlichen. Am 7. September werden aus der Kirche S. Luigi de' Francesi kostbare Lampen und ein Kruzifix gestohlen. Und schließlich – wie um das Maß voll zu machen – verkündet der Papst die neu ernannten Kardinäle; einer von ihnen ist erst fünfzehn Jahre alt: Francesco Maidalchini, Neffe Donna Olimpias, die seine Erhebung durchgesetzt hat, ihn bei sich einquartiert und gewissermaßen als Geisel nimmt. So nämlich muss bei ihr antichambrieren, wer beim Nepoten des Papstes Gehör finden will. Ihren eigenen Sohn Camillo hat sie aus Rom verstoßen lassen, nachdem er die Kardinalswürde niedergelegt hatte, um die schönste und reichste Frau Roms zu heiraten. Auch diese, geborene Aldobrandini, verwitwete Borghese, heißt Olimpia.

Ende November wird der Papst beim Spaziergang in der Villa Borghese brüsk aus seiner Meditation gerissen: Die Menge, die sich dort spontan zusammengerottet hat, schreit nach Brot. Die Getreidehändler wollen nicht verkaufen, weil sie in nächster Zukunft auf weiter steigende Preise hoffen. So gibt es seit einigen Tagen Brot nur noch am Morgen; am Nachmittag und Abend sind die Regale leer gekauft. Der Papst nimmt sich den Jammer so zu Herzen, dass er lebensgefährlich krank wird. Eine solche Reaktion wird auch von ihm erwartet, zeigt er doch auf diese Weise seine Zerknirschung darüber, dass er die Armen, die Schutzbefohlenen Gottes, nicht so schützen kann, wie es seine heilige Pflicht wäre. Als es mit dem Papst zu Ende zu gehen scheint, kommen Camillo und die junge, die gute Olimpia aus dem Exil herbeigeeilt. Der Papst erholt sich, doch es gibt kein Happy End am Bett des Rekonvaleszenten. Donna Olimpia setzt die erneute Verbannung von Sohn und Schwiegertochter durch. Anfang Dezember tritt der Tiber nach endlosen Regenfällen über die Ufer und vernichtet kostbare Vorräte an Wein, Öl und Getreide, Häuser werden unterspült und stürzen ein. Gebete für ruhige Zeiten werden angeordnet. Doch diese wollen sich nicht einstellen. Vier Tage vor Weihnachten wird der Schatzmeister der päpstlichen Finanz- und Wirtschaftsbehörde von einem Maskierten angeschossen; als die Diener des Verwundeten dem Attentäter die Larve vom Gesicht reißen wollen, wird er von seinen Kumpanen befreit und kann unerkannt entkommen.

Das neue Jahr 1648 beginnt wie das alte. Erst stirbt eine Nonne aus dem Kloster Santi Quattro Coronati im Rufe der Heiligkeit. Sie verlässt gerade noch rechtzeitig eine immer bösere Stadt. Aus dem Kloster S. Bernardino bricht eine portugiesische Schwester mit geborgtem Schmuck und Juwelen aus. Um dieselbe Zeit geraten die Nonnen im Kloster S. Silvestro in Campo Marzo mit Messern aneinander; eine wird erstochen und in den Brunnen geworfen, eine weitere stirbt an ihren Verletzungen. Am 15. Februar kommt der Henker bei Nacht und Nebel ins Kloster, um die Schuldigen nach kanonischen Vorschriften hinzurichten: ohne Blutvergießen, durch Erwürgen. Und wieder leckt der angeschwollene Tiber an den Hauswänden. So will beim Karneval keine Freude aufkommen. Der Wettlauf der alten Männer wird abgesagt. Es hatte sich nur ein Konkurrent gemeldet. Den anderen ist offenbar die Lust vergangen. Brot nämlich wird immer teurer und rarer. Als Innozenz X. selbst nach dem rechten sehen will, führt man ihn in die Irre, genauer in einen Bäckerladen mit geschönter Ware. Im Gegensatz zu ihm lässt Gigli sich nicht täuschen. Er kauft eine Stichprobe Armenbrot, nicht um es zu verzehren, sondern um es zu testen, und zwar an seinen Haustieren. Hund und Katze aber wenden sich mit Grausen ab. Denn dieses Brot stinkt; es stinkt zum Himmel. Damit ist die erste Etappe von Giglis Untersuchungen abgeschlossen. Diagnose: verkehrte Welt. Die natürlichen Gesetze gelten nicht mehr. In der Familie des Papstes ist Blut nicht länger dicker als Wasser; die Bräute Christi sind wie verhext. Die Heiligen verlassen die Stadt wie die Ratten das sinkende Schiff. Und eine Frau herrscht. So kann es nur schlimmer werden. Phase zwei beginnt. Sie führt zur Aufdeckung der Hungerverschwörung.

Im Volk brodelt es, doch mehr als dumpfes Grollen wird vorerst nicht laut. Im März 1648 schwappt eine Flüchtlingswelle von Neapel nach Rom; am Vesuv rüsten sich die Spanier zur Rückeroberung der Stadt. Man rechnet mit viel Blutvergießen. In Rom wird ein schlimmes Gerücht inzwischen zur Gewissheit: Donna Olimpia soll den darbenden Armen empfohlen haben, Brot aus Erde zu essen. Mithin ist das Volk für sie Dreck: Ausdruck abgrundtiefer Verachtung und Bosheit. Zudem soll sie der Teuerung kräftig nachhelfen, und zwar durch unerlaubte Getreideausfuhren, die ein kleiner Kreis hoch gestellter Schieber in unmittelbarer Nähe des Papstes organisiert. Überhaupt fallen jetzt die Schleier. Angstphantasien, so Gigli, erweisen sich als erschreckende Wirklichkeit. Die ohnehin fließenden Grenzen zwischen Natürlichem und Übernatürlichem verschwimmen zusehends. Gegen das Böse formiert sich das Gute. Es wirkt mit Wundern. Ein abgeerntetes Feld prangt am nächsten Tag wieder in voller Ährenpracht. Am 24. Juni 1648 bringt die gute, schöne Olimpia einen Sohn zur Welt: höchstes Glück einer Dynastie auf Erden. Doch das Böse schläft nicht. Und so geschieht das ganz und gar Widernatürliche – der Papst ruft die junge Familie nicht aus ihrem öden Exil in Caprarola zurück. Donna Olimpia will es nicht; sie will ihren Einfluss nicht verlieren. Und man glaubt auch zu wissen, warum. Kardinal Pallotta, der sich beim Papst über ihre verheerende Brotpreispolitik beschwert, nennt sie in aller Öffentlichkeit eine Hure. Sie ist die Hure des Papstes, mit dem sie jahrelang ein Verhältnis hatte. Auch hier wird aus Ahnungen jetzt Gewissheit – die Jetztzeit enthüllt die Vergangenheit. Aus ihr wiederum steigen Schatten auf, welche die Gegenwart abermals verdunkeln. Im Sommer 1648 wird der von Camillo Lellis gegründete Krankenpflegerorden nach finsteren Intrigen aufgehoben; die Patres der Armenschulen entgehen diesem Schicksal nur um Haaresbreite. Für ihren heiligmäßigen Gründer Giuseppe Calasanzio ist das alles zu viel der Aufregung, er stirbt bald darauf, 95-jährig. Das römische Volk verliert seine Beschützer.

Jetzt aber richten sich alle Blicke auf die Stadttore. Seit jeher trifft Anfang Juli die neue Weizenernte ein. Schon nach wenigen Tagen lässt sich auf diese Weise ermessen, wie gut oder schlecht das Jahr ist. 1648 sind die Registrierlisten kurz und die Gesichter lang. Denn das neue Getreide bleibt weitgehend aus. Selbst zu horrenden Preisen, die Gigli überprüft, wird fast nichts angeboten. Die Händler hoffen auf noch viel höhere Gewinne; wie Geier, so Gigli, warten sie auf den Todeskampf der Armen. In den Marken nordöstlich Roms wird der Gouverneur von Fermo von der aufgebrachten Volksmenge bei lebendigem Leib in Stücke gerissen. Er hatte kostbares Korn nach Rom verschiffen wollen. Dort wird am 13. August das für vier *quattrini* erhältliche Brotgewicht von siebeneinhalb auf sechs Unzen abgesenkt. Das bedeutet von einem Tag auf den anderen einen Kaufkraftverlust von 20% für drei Viertel der Römer. Von jetzt an bleibt so gut wie nichts mehr übrig für die sonstigen Artikel des täglichen Bedarfs; das Brot frisst alles auf. Richtig satt wird die Menge jedoch schon jetzt nicht mehr. Der Hunger schwächt nicht nur die Körper, er verwirrt auch die Köpfe. Ein Obdachloser erschlägt seinen Kumpan; das sei eine Tötung auf Verlangen, vom Heiligen Geist und seinem Freund befohlen. Von diesem kann er einen entsprechenden Brief vorweisen.

Man lässt ihn als unzurechnungsfähig laufen. Zu Recht: Schuld sind andere. Der Papst verlässt den Vatikan nicht mehr, um den Hungerdemonstrationen zu entgehen.

Um dieselbe Zeit schwärmen die Hausvermesser aus; jeder Hauseigentümer soll je nach Besitzgröße eine neue Steuer entrichten, jedoch nicht zur Speisung der Hungernden, sondern zur Errichtung des neuen Brunnens auf der Piazza Navona, vor dem Familienpalast der Pamphili. Wenig später verlangt der Papst von der römischen Stadtgemeinde 800 000 *scudi*; um diesen Riesenbetrag aufzubringen, muss man die Steuern auf Fleisch und Salz erhöhen, und das zu einer Zeit, da die drei Viertel der Bevölkerung, die nichts oder sehr wenig besitzen, einem Kampf auf Leben und Tod gegen den Hunger entgegensehen. Zur selben Zeit, als die Brotqualität weiter absinkt, wachsen die Brunnenträume der Pamphili auf der Piazza Navona dem Himmel entgegen. Selbst ein Himmelszeichen, der Einsturz von Fundamenten, kann ihre Pläne nicht aufhalten. Auch nicht die Wut des Volkes, das aufs Blut gereizt zum Dichter wird. Wir wollen keine Obelisken, keine Brunnen, wir wollen in dieser Not nichts als Brot, Brot, Brot; solche und ähnliche Couplets werden an der Baustelle angeheftet. Diese Hasspoesie ist gefährlich, nicht für Donna Olimpia, gegen die sie gerichtet ist, sondern für die Verseschmiede. Die Päpstin nämlich hat ihre Spione überall. Und sie schlagen zu. Am 5. September wird der Agent des Herzogs von Modena verhaftet. Er hat berichtet, dass Donna Olimpia dem Präfekten der Annona, der römischen Getreidebehörde, befohlen habe, das Brotgewicht weiter abzusenken: auf vier Unzen. Das würde für Tausende den Hungertod bedeuten. Die Römer warten ab, vor Schreck wie gelähmt. Schlechte Vorzeichen mehren sich. Der Präfekt der Annona wird ausgewechselt; wie ausgewechselt ist auch seine Behörde. Schlagartig wird sie zum Moloch, der alles Essbare an sich zieht. Empörende Geschichten machen die Runde: von einer armen Witwe, der man ihr letztes Korn genommen hat und die sich und ihre Kinder daraufhin in einen Brunnen stürzt, aber auch erhebende Erzählungen von der stolzen Edelfrau Anna

Anonym, Besuch Innozenz' X. am Vierströmebrunnen ▶

Für die hungernden Armen Roms eine bittere Provokation, ist der Besuch Innozenz' X. auf der Baustelle des Vierströmebrunnens der Piazza Navona für Giovanni Lorenzo Bernini ein Moment des höchsten Triumphes. Als einer der Hauptprofiteure des vorangehenden Barberini-Pontifikats zuerst kaltgestellt, erlebt der Bildhauer-Architekt jetzt einen Moment der Rehabilitierung und der Apotheose zugleich. Um ihn gebührend zu feiern, so ein Biograph, schoss just in diesem Augenblick das erste Wasser röhrend durch die Rohre. Der Papst war nicht nur versöhnt, sondern begeistert. Das römische Volk aber war nicht amüsiert, sondern forderte Brot statt Stein – vergeblich.

Colonna Barberini, die das für sich und ihren Haushalt nötige Getreide mit kühnen Worten verteidigt.

Spätestens jetzt scheinen sich die Fronten zu verkehren. Das Getreide der Reichen zu beschlagnahmen heißt doch, es den Armen zu geben. Warum also applaudiert niemand dem Chef der römischen Getreidekammer? Warum wird er stattdessen ausgebuht, ja zum verhasstesten Mann der vom Hunger belagerten Stadt? Die Antwort ist einfach: Korn ist zwar da, doch das Brot so teuer wie noch nie. Am 17. September 1648 wird das Unvorstellbare wahr – das Armenbrot wiegt von jetzt an tatsächlich nur noch vier Unzen. Alle Proteste der kapitolinischen Gemeindebeamten beim Papst hatten dessen Herz nicht erweichen können. Denn das Herz Donna Olimpias ist aus Stein. Sie hat beschlossen, dass die Getreidebehörde in dieser schlimmsten Hungersnot seit Menschengedenken ohne Verlust arbeiten soll. Das Geld, das den Verkauf des Brotes zum Standardgewicht von acht Unzen erlauben würde, wird anderweitig gebraucht und verbraucht. Wo, sehen die Römer jeden Tag aufs Neue: auf der Piazza Navona. Damit endet die zweite Phase von Giglis Recherchen. Ihr Ergebnis ist bestürzend genug. Die Parvenüs an der Seite des Papstes mästen sich am Blut, genauer: am Brot des Volkes. Doch Gigli bohrt weiter; er kann nicht anders, obwohl er die Schlüsse, die sich jetzt aufdrängen, nicht wahrhaben will. In der dritten Phase zieht Schwefelgestank am Tiber auf.

Inzwischen gehen die Versuche, die Katastrophe doch noch abzuwenden, fieberhaft weiter. Wieder tun sich die Abgesandten der römischen Stadtgemeinde dabei hervor. Sie wollen eine Sondersteuer der Reichen, die das Brotgewicht stützen soll. Doch der Papst winkt ab – wie eine Marionette, an deren Armen andere ziehen. Und auf einmal ist das Korn wie von Zauberhand da; vor allem in den ersten Monaten des neuen Jahres 1649 fließt es reichlich. Jetzt also bedürfte es nur noch eines Zeichens aus dem Vatikan, um das normale Brotgewicht von acht Unzen wiederherzustellen. Doch dieses Signal bleibt aus. Stattdessen halbherzige karitative Maßnahmen: die Armen erhalten milde Gaben, die den Reichen abgebettelt werden. Einige von ihnen sind hartherzig und geben nichts. Als ein gewisser Giovanni Camillo Zaccagni, ein bei den Mächtigen Roms geschätzter Dichter und Redner, gegen die Roheiten und Eigenmächtigkeiten des Annonapräfekten wettert und Rache bei der nächsten Sedisvakanz ankündigt, wird er verhaftet, eines Majestätsverbrechens angeklagt und in höchster Eile hingerichtet, ungeachtet aller tränenreichen Gnadenappelle an Donna Olimpia. Sie will seinen Tod. Und den Tod der Armen. Die Getreidehändler, selbst eine hartgesottene Gattung Mensch, wären bereit, ihre Bestände zu vernünftigen Preisen abzugeben, wie Gigli aus sicherer Quelle zu wissen behauptet. Doch sie dürfen es nicht. Stattdessen zieht die Annona alles Korn an sich und verkauft es zwangsweise zum exorbitanten Satz von 18 oder 19 *scudi* an die Bäcker. Noch aber glimmt Widerstand. Rom ist jetzt wie Neapel; nachts kann man nicht mehr auf die Straße gehen, ohne sein Leben zu riskieren. Brotbeschaffungskriminalität breitet sich aus.

Doch dazu raffen sich nur noch die Starken auf; ihre Zahl aber nimmt rapide ab. Die Übrigen fallen in die Halluzinationen und in die Apathie des Hungers, brüllen wie Tiere auf den Straßen oder suchen anderweitig nach Rettung. An Gott und den Heiligen irregeworden, so Gigli, ruft ein Hungernder den Teufel an, der ja offenbar die Welt regiert. Flugs wird er von einem unbekannten reichen Herren in Dienst genommen und prächtig bewirtet: das Schlaraffenland als Vorhof zur Hölle. So weit aber kommt es nicht. Der heilige Antonius tritt auf den Plan und jagt Satan in letzter Minute seine Beute ab. Die Franziskaner von Aracoeli verbreiten das Wunder; es bleibt nicht das einzige. Antonius hat viel zu tun, denn der Teufel ist los am Tiber. Als die heilige Francesca Romana in ihrer gleichnamigen Kirche am Rande des Forum romanum in ein prachtvolles neues Grabmal umgebettet wird, lässt Donna Olimpia einen Schulterknochen entwenden und ihrem Bruder nach Viterbo schicken. Ein schönes Geschwisterpaar: die Schwester hält Rom, der Bruder Viterbo im Würgegriff des Hungers. Er hat, wie man jetzt gleichfalls sicher zu wissen meint, Weizen aufgekauft und heimlich ausgeführt. Erst sein Tod am 29. Juli 1649 entlässt Viterbo aus der Not.

Sie wird unterdessen in Rom, das zu allem Unheil auch noch seine Reliquien verliert, immer schlimmer – und immer leiser. Die Menschen sterben wie die Fliegen, fast so lautlos. Zum Widerstand fehlt die Kraft. Auch Gigli, dem eine fünfzehnjährige Tochter wegstirbt, notiert die fatalen Zeitläufte immer lakonischer; in dürren, von kurzen Mitleidsaufwallungen unterbrochenen Sätzen hält er fest, wie die Römer von einer Epidemie dahingerafft werden, der die geschwächten Körper nichts mehr entgegenzusetzen haben. Nur einmal noch flammt sein Zorn auf. Die neue Ernte von 1649 ist gut; das Getreide strömt wieder herein. Und dennoch bleibt das Brotgewicht bei vier Unzen, einen ganzen weiteren bitteren Monat lang, ohne jede Not. Am 1. August erst ist der Alptraum vorbei. Zur selben Zeit steht der Obelisk auf der Piazza Navona. Rom begräbt seine Toten. Und Rom bereitet sich auf das Heilige Jahr 1650 vor. Rom will vergessen.

Was aber vergisst, was verdrängt Gigli? Hat er Motive entdeckt, die über die Verschwörung der Nepotin zur Bereicherung ihrer Familie hinausgehen? Einiges spricht dafür: Andeutungen, Wahrnehmungsraster, Auswahl der Episoden. Die Verkehrung aller natürlichen Empfindungen und aller göttlichen wie irdischen Gebote lässt sich nach den Kategorien der Zeit nur durch die Einflüsterungen des Teufels erklären; im 17. Jahrhundert psychologisiert man das absolut Böse noch nicht, man dämonisiert es. Dass die Schwägerin des Papstes mit dem Teufel im Bunde steht und daher das Böse um des Bösen willen sucht: Gigli sagt es nicht, will es mit Sicherheit nicht glauben und noch weniger wahrhaben – und weist doch gleichzeitig immer wieder darauf hin. Ist die Hungersnot ein Produkt des Teufels oder der Konjunktur – oder einer Konjunktur, bei der es mit dem Teufel zuging? Im Folgenden sollen nackte Tatsachen, wie sie aus römischen Rechnungsbüchern zu ermitteln sind, Giglis Bericht gegenübergestellt werden.

Mit absoluter Beschlagnahmungskompetenz in Rom und in einem Radius von etwa hundert Kilometern um die Hauptstadt ausgestattet, war die römische Annona in guten und mittleren Jahren ein schlafender beziehungsweise mit einem Auge träge blinzelnder Riese, der seine gewaltigen Muskeln nur in Krisenjahren anspannte. Bei normalen Ernteausfällen begnügte sich die Behörde damit, in ihren riesigen Magazinen Vorräte zu halten, welche die Versorgung der Stadt auch bei geringeren Erträgen des laufenden Jahres bis zum folgenden Sommer sicherstellen sollten. Diese Sicherheitsreserven nun nehmen in den letzten Jahren vor der Katastrophe von 1648 deutlich ab. Die Ursachen dafür sind wenig spektakulär und besorgniserregend zugleich: Verlust an Know-how und Finanzmitteln, dazu Vettern- und Misswirtschaft, Desinteresse und ungehemmtes Gewinnstreben. Im Verhältnis zu den mäßigen Ernteerträgen dieser Jahre nämlich werden ungewöhnlich viele Ausfuhrlizenzen erteilt; sie bringen gutes Geld in die Kassen der Papstfinanz und damit potentiell auch der Papstverwandten. In diesem Punkt sind die volkstümlichen Ängste also nicht ganz unberechtigt. So lagern in den Speichern der Annona an der Stelle der heutigen Stazione Termini (am Rand des Bahnhofsvorplatzes Richtung Via Veneto sind Reste der Gebäude mit einem Wappen erhalten) Ende Juni 1647 nur knapp 12% des für die nächsten zwölf Monate zu veranschlagenden Bedarfs; Getreidehändler und wohlhabende Privatleute halten zusammen ein weiteres Zehntel in Reserve. Zum Vergleich: Zwischen 1639 und 1642 ging die Ewige Stadt mit mehr als doppelt so hohen Sicherheitsmargen in das neue Erntejahr – und damit in den Wettlauf um das Überleben der Armen. Dass es schon 1647/48 ein dornenreicher Parcours werden würde, zeigten die Registrierungen an den Stadttoren bereits nach wenigen Tagen: knapp 30% weniger als in Normaljahren, lautet die Bilanz. Dementsprechend verläuft die Preisentwicklung auf dem spärlich beschickten römischen Markt; sie ist eine stetig ansteigende Fieberkurve, die im Mai panikartige Ausschläge aufweist. Insgesamt liegen die Weizenkosten gut 50% über den Mittelwerten. Mit anderen Worten: die Annona hat die Lage noch einigermaßen unter Kontrolle. Das Schlimmste verhindert sie mit Importen aus den Marken, die – Giglis Notiz macht es deutlich – die Krise aus der Hauptstadt in das Umland verlagern. Und trotzdem wird der Ausgang am Ende knapp.

Am 30. Juni 1648 hat die Annona noch Reserven für drei Tage; Händler und Private können die Ewige Stadt maximal eine weitere Woche über Wasser halten. Angst geht jetzt auch unter Experten um. Die tödlichen Krisen nämlich kommen als Doppelschlag; eine erste Missernte zehrt die Vorräte auf, die zweite bringt das Massensterben, wenn nicht ein Wunder geschieht. Somit steht im Sommer 1648 der Tod vor den römischen Toren. Obwohl die Kommissare der Annona im Umland der Metropole mit erbarmungsloser Härte requirieren, kommt aus dem Getreidegürtel nicht einmal die Hälfte des zu veranschlagenden Jahresverbrauchs an den Tiber. Doch jetzt erwacht der träge Riese Annona endlich. Seine Muskeln sind das diplomatische Netz und die finanzielle Kraft des Papsttums. Über die Nuntien in Paris und Brüssel wird mit unerhörter Eile eine Importaktion von gigantischen Ausmaßen eingefädelt und abgewickelt. Und das Wunder ereignet sich, genauer: sein erster Teil. Über die europäische Handelsdrehscheibe Amsterdam wird ein Drittel, aus französischen Häfen ein weiteres Sechstel des römischen Bedarfs in Richtung Civitavecchia verschifft. Und was noch unwahrscheinlicher ist: Obwohl Hunger und Massensterben in großen Teilen des Mittelmeerraumes grassieren, die Getreideräuber also überall auf der Lauer liegen, erreicht das Korn Civitavecchia. So aber trifft es, in flussgängige Boote umgeladen, rechtzeitig am römischen Hafen von Ripa grande ein, buchstäblich in allerletzter Sekunde, als man die letzten Körner von den Lagerböden kratzt und sie wahrscheinlich mit Substanzen wie Kleie und Mahlabfall vermischt, die nicht einmal mehr Giglis Haustiere anrühren. Inzwischen waren die Preise auf siebzehn bis neunzehn *scudi* angestiegen. Im Januar 1649 schließlich gibt es keine Preise mehr, weil es nichts mehr zu verkaufen gibt – der römische Markt ist leer. Und die Annona errichtet ihr Monopol. Alle diese Fakten stimmen bislang mit Giglis Bericht überein.

Von deprimierender Exaktheit ist auch die von den Behörden ausgegebene Losung „Getreideverkauf zu Eigenkosten". Diese liegen für den holländischen wie den französischen Weizen bei knapp neunzehn *scudi* – genau zu diesem Preis erhalten ihn die römischen Bäcker geliefert. Und da die bestellten Kapazitäten den Verbrauch am Ende übertreffen, bekommen die Römer einen weiteren Hungermonat im Juli 1649 verordnet. Das teure Getreide muss zuerst kostenneutral abgesetzt werden, bevor sich das Brotgewicht verdoppelt; auch dieser Sachverhalt ist also korrekt wiedergegeben. Das allein ist schon ein ungewöhnliches Fazit; normalerweise nähren sich Phobien in Hungerjahren aus Halluzinationen und nicht aus exakten Zahlen. Und die Gründe für das Unglück? Giglis Hauptverdacht bestätigt sich ebenfalls: Das Geld, das für die Stützung des Brotpreises verweigert wird, fließt reichlich in die Schatullen der Nepoten. Den grandiosen Beweis haben Rombesucher bis heute vor Augen – Berninis Vierströmebrunnen vor dem Palast der Pamphili nebst deren Grabkirche S. Agnese.

Und eine weitere verblüffende Übereinstimmung springt ins Auge. Die achthunderttausend *scudi*, die der Papst der römischen Gemeinde abpresst, hätten haargenau ausgereicht, um das gewohnte Brotgewichts aufrechtzuerhalten. Auch Giglis Annahme, dass Donna Olimpia die Fäden gezogen habe, dürfte im Großen und Ganzen zutreffen; sie bestimmte die Geschicke der Familie und damit fraglos auch das Verhalten des Papstes gegenüber seinen Verwandten, wenn nicht noch weit mehr. Somit bleibt nur noch eine letzte Frage offen, die entscheidende. Was die Bereicherung von Nepoten angeht, so ist Rom das Land der unbegrenzten Möglichkeiten, aber musste es gerade das Brot der Armen sein? Es könnte also mehr hinter dieser Umverteilung von unten nach oben stehen: „Shareholder-Value"-Denken im 17. Jahrhundert, eine Politik zugunsten der produktiven Eliten und zum Nachteil der bloß konsumierenden Schichten, Ideen, die in diesen Jahren in schmalen Führungszirkeln umzugehen beginnen? Hat also die 'Päpstin' Rom tatsächlich einen demographischen Aderlass, ein Massensterben zur Entlastung der Sozialkassen verordnet?

Nach dem Tod Innozenz' X. im Januar 1655 fällt die Donna Olimpia in Ungnade. Ja, der neue Pontifex maximus Alexander VII. kündigt sogar einen strengen Prozess gegen sie an. So sehr die revanchelüsternen Römer diesem Verfahren auch entgegenfiebern, es findet nicht statt – Donna Olimpia stirbt 1657 vor seinem Beginn an ihrem Verbannungsort S. Martino al Cimino an der Pest, beim Schulterknochen der heiligen Francesca Romana. Sie liegt unter einer farbig inkrustierten Marmorplatte vor dem Altar der Abteikirche begraben. Dem römischen Volk, das ihr einen ewigen Fluch in diese Gruft nachsandte, hat sie langfristig Nutzen gebracht, gegen ihren Willen, versteht sich. Zwischen 1658 und 1763 wird das Brotgewicht von acht Unzen nicht einen Tag lang unterschritten. Man hatte verstanden.

Schluss

Volker Reinhardt

Bilderkämpfe, Bilderstürme. Von der Unzerbrechlichkeit der Zeit am Tiber

Die Zeit ist reif, der Tag ist gekommen. Am 15. Februar 1798 wird in Rom das Ende der Geschichte verkündet. Die Vergangenheit ist jetzt abgetan, die Zukunft wird die Gegenwart zwar unaufhaltsam verbessern, doch ansonsten keine einschneidenden Veränderungen mehr mit sich bringen. Historie kann man diese stete und stetige Veredelung jetzt und von nun an also nicht mehr nennen. Von herrlicher Gleichförmigkeit wird die Zeit deshalb werden, weil sie entschlüsselt, genauer: demaskiert ist. Die Kräfte der Unterdrückung haben jetzt ausgespielt. Denn ihre Mechanismen sind freigelegt – und der vernünftigen Welt zum Spott überantwortet. Wer hat, bei so lichter Betrachtung, noch Angst vor Tod und Ewigkeit? Gott hat den Menschen dazu geschaffen, sich seines angeborenen Verstandes zu bedienen und so die Mächte der Finsternis durch die schiere Kraft der Ratio dem homerischen Gelächter zu überantworten, dem sie nach Maßgabe des Schöpfers von jeher anheim fallen sollen. Denn Gott ist ein ehrgeiziger Lehrmeister; er will von seinen Geschöpfen keine goldgleißenden Kirchen, keinen Weihrauch, keine unverständlichen Litaneien, sondern wahre Leistungen: Wissenschaft, Kritik, Weltveränderung. Er hat die Natur dem Menschen zur Erkenntnis übertragen, er will sein Werk vom Menschen in Formeln aufgeschlüsselt wissen, auf dass endlich die Kreatur ihrem Patron nahe komme: durch das Verständnis von dessen ewigen und unveränderlichen Regeln. Der fordernde Gott will keine Gebete murmelnden Priesterschaften in altertümlichen Stickgewändern, sondern Brückenbauer des Fortschritts. Sie sollen dem Volk dem Aberglauben austreiben, den mehr als anderthalb Jahrtausende des Fanatismus und Obskurantismus im Zeichen der Angst eingeflößt haben. Angst vor Sünde, Angst vor Zorn, Angst vor Strafe. Angst aber – so die römischen Republikaner anno 1798 – kommt nur durch die Unmöglichkeit der Freiheit auf. Die neue Freiheit besiegt daher die Angst. Wenn man erkennt, dass die Regeln des falschen Christentums so gemacht wurden, dass sie nicht eingehalten werden konnten, dass das schlechte Gewissen der Menschen also künstlich erzeugt wurde, damit sich die habgierigen Priester an den fetten Testamenten der zitternden Sterbenden mästen, dann ist statt der Zeit der Angst die Zeit der Rührung angebrochen. Rührung über eine perfekt geordnete Welt, in die das Böse nur durch die Willkür der gesalbten Wahrheitsverdreher Eingang fand. In der schönen neuen Welt der Freiheit aber wird es nur noch Zustimmung durch Einsicht geben: Einsicht in den Schöpfungsplan, wonach jeder durch seine Verdienste selbst seinen Platz bestimmt, in die Gesellschaftsordnung, die jeden zur Entfaltung seiner Anlagen befähigt, in den Staat, der jeden nach Leistung emporkommen lässt.

Die Zeit des Papsttums ist vorbei. Pius VI. Braschi (1775–1799) sieht seiner Deportation entgegen. Und er würde niemals zurückkehren; mehr noch: er würde auch keinen Nachfolger mehr haben, zumindest nicht hier, im vom Joch der Angst und des Jüngsten Tages befreiten Rom. Und dieses neue Rom kann schon deshalb keine Zukunftsangst machen, weil es in Wahrheit das alte, genauer: das ältere und damit das weitaus bessere Rom ist. Das macht schon der Ort der Verkündigung an diesem frühlingswarmen Februartag des Wendejahres 1798 überdeutlich: Denn die wortmächtigen Tribunen, die von Zeitenende und Zeitenwende raisonnieren, sind in ebenso wohl geordneter wie wohl erwogener Ordnung über nichtchristliche heilige Stätten gezogen, um ihre frohe Botschaft am geschichtsmächtigsten aller Orte zu verkünden. Ihr Weg führte sie über das Forum Romanum, von wo aus der beste aller Freistaaten schon einmal, mehr als zweitausend Jahre zuvor, die Welt mit Regeln, Recht und Ratio überzog, auf das Kapitol. Hier, wo die Mauern des höchsten Jupitertempels und die Wölfin stehen, opferten einst die siegreichen Feldherrn der Republik den Göttern – zum Dank dafür, dass sie im Zeichen der Zivilisation siegen durften, zum Dank für eine Mission. Diese Mission war achtzehn Jahrhunderte lang veruntreut, zuerst von den Cäsaren und danach von deren perfiden Erben, den Päpsten, doch was macht das schon. Die Usurpation ist vorbei, der Wiederauferstehung der herrlichen Zeiten steht nichts mehr im Wege.

Darüber hinaus haben die Wortführer der neuen Zeit mancherlei lockende Veränderungen zu proklamieren: der Großgrundbesitz, den sich die Kirche der Reichen heimtückisch erschlichen hat, er wird verteilt werden: an emsig fleißige, sparsame, pflichtbewusste, luxusfeindliche, fruchtbare, sich unermüdliche mehrende Bauern. Sie werden neue republikanische Legionen erstehen lassen, vor denen die Tyrannen dieser Erde erbleichen und versinken werden. Unter der uneigennützigen Anleitung der neuen Gracchen werden züchtige Matronen im Hause und am Herde walten sowie aller Weichlichkeit und allem schlaffen Wohlleben abholde Jünglinge von würdigen Alten über die Heldenleben der Ahnen unterrichtet werden, auf dass sie diesen nacheifern und sie womöglich übertreffen möchten. Und in den Kirchen würden liebende Priester-Väter die letzten Restübel der sich verklärenden Zeit durch milden Trost heilen und im Übrigen die einfachen

Gemüter in die unabänderlichen Regeln des göttlichen Schöpfungsplans einweihen – wenn es denn solcher Initiation in ein so evident großes Werk überhaupt noch bedurfte.

Wahrlich, wahrlich, hier wurden unerhörte Botschaften ausgestreut, neue, endlich berichtigte Evangelien gelehrt: Christus, der Menschheitslehrer, wollte keine dumpf anbetenden Kirchensklaven, sondern mündige, freie Bürger. Seine Freiheit war eine Freiheit hienieden, wo sich zur Freude des Höchsten in freier Bindung Herz zu Herzen fand und Bruder zu Bruder. Denn das war die abgefeimteste Hinterhältigkeit des Papstes schlechthin: aus der Botschaft der angstlosen Freiheit eine Lehre des Schreckens, der Rache und vor allem der Gebote zu machen. Künftig würde es, dem wahren Jesus gemäß, nur noch ein einziges Gebot geben: pflege deine Freiheit, wie du sie von deinem Nächsten gehegt sehen willst. So sei der Mensch der Freund und der Helfer des Menschen.

Neuigkeiten der unerhörten Art: hörte jemand ihnen zu? Es dürften an die fünfhundert Personen gewesen sein, die dieses neue Evangelium der Befreiung nicht von der Zeit, sondern in der Zeit vernahmen. Und dabei waren die vielen Redner bereits mitgerechnet. Vom wogenden Zuzug des Volkes, den man so innig beschwor, konnte keine Rede sein. Wie zu allen Revolutionszeiten warteten die zu Befreienden erst einmal ab. Zu unerwartet kam ihnen diese Wende. Schließlich sahen fünfzehn Jahrhunderte auf sie herab. Das waren zwar fünfundzwanzig weniger, als der Heros der neuen Zeit, Napoleon Bonaparte, im selben Jahr 1798 unter den Pyramiden von Gizeh beschwören sollte, doch es reichte aus. Es reichte aus, um statt an die Umbrüche der Zeit an das große Fließen zu glauben. Oder anders ausgedrückt: um zu glauben, dass sich die Form wandeln würde, die Substanz jedoch nie. Mögen die Musiker wechseln, die Musik bleibt gleich, so vox populi in Rom bis heute.

Im Februar 1798 aber gibt es noch viel mehr gute Gründe, um skeptisch zu sein. Denn die Revolution ist Fremdimport; sie ist aus Frankreich, wo (so die Priester) der Antichrist tobt, eingeschleppt. Mehr noch: zuerst hatte sich die Revolution mit dem Papst arrangiert. Seit dem ersten Auftauchen des mit allen Medientricks zum unbezwingbaren Superhelden hoch gejubelten Bonaparte in Italien im März 1796 war dem Pontifex maximus sein Staat stückweise abhanden gekommen. Zuerst der Norden mit der Romagna; danach waren weitere Gebiete 'befreit' worden, so dass es im Februar 1798 nur noch einen Torso zu enteignen gilt.

Und auch die Umstände dieser feindlichen Totalübernahme sind befremdend genug. Denn zuerst wird Rom ein nominell unabhängig weiter bestehendes Satellitenterritorium unter der Herrschaft eines Napoleon-Bruders.

Das zumindest mutete vertraut an: Blut blieb dicker als Wasser – in dieser Hinsicht würden die neuen Zeiten sein wie die alten. Das war immerhin beruhigend. Und auch anderes blieb seltsam gleich. Ausgerufen wurde die neue Römische Republik nämlich erst, nachdem der Militärbefehlshaber General Duphot Ende 1797 ermordet worden war. Männer machen Geschichte – auch das würde sich mithin nicht ändern. Und nach ihrem Tod werden sie heilig gesprochen, ob vom Papst oder von der Revolution. So wurde der tote General jetzt zum Schutzheiligen der Republik. Und statt der alten Feiertage gab es neue: zu Ehren der Freistaats-Märtyrer und anderer Helden. Und auch der Ort der Feste blieb vertraut: St. Peter und sein Vorplatz, die beste Bühne, die für öffentliche Inszenierungen jemals geschaffen wurde.

Für mancherlei Ersatz war also gesorgt: Die Republik bediente die Schaulust ihrer Bürger. Auch in der neuen Zeit – so hatte es den Anschein – sollte niemand auf lieb gewordene Gewohnheiten verzichten müssen. In Rom aber lautete die Gewohnheit Nummer eines: sehen, schauen, staunen. Das war auch den Revolutionären klar. Sie würden den Kampf um die Augen gewinnen oder untergehen. Mit anderen Worten: ihre Feste und Bilder würden angenommen werden oder die neue Welt würde niemals kommen. Unter diesem Vorzeichen wird der Kampf um die Zeitenwende ein Ringen um Zeichen. Denn nur über die Sinne würden sich die inneren Welten und damit die Mentalitäten ändern lassen. Die Wortführer der neuen Ordnung waren zur Visualisierung verdammt: versinnbildliche oder stirb. Und gerade hier hieß es nochmals: fünfzehn Jahrhunderte schauten auf diese Revolution und ihre Revolutionäre herab. Fünfzehn Jahrhunderte päpstlicher Herrschaftszeichen, fünfzehn Jahrhunderte kirchlicher Bilder, fünfzehn Jahrhunderte aristokratischer Selbstverherrlichung – und damit fünfzehn Jahrhunderte der verkehrten Werte. Wie sollte man diese allgegenwärtigen Botschaften in so kurzer Zeit umwerten?

Für solche defätistischen Rückfragen war keine Zeit, stattdessen war revolutionärer Bilderaktionismus angesagt. Oder besser: revolutionärer Bildersturm. Manches, so viel war vorab klar, ließ sich umdeuten, vieles aber nur ausradieren. So wie Notre-Dame de Paris konnte man auch die Peterskirche zum Tempel der Vernunft umfunktionieren. Doch die vielen päpstlichen Wappen verweigerten sich einer solchen Umerziehung. So blieb nichts anderes, als zum Sturm auf sie zu blasen. Das war zudem ein hoffnungsvoller Anfang. Nicht wenige römische Adelsfamilien waren bei den kleinen Leuten unbeliebt. So kann man auf ein erprobtes Verhaltensmuster setzen. Es lautet: in den Staub, was ehedem ganz oben stand, profanieren. Die Parole zündet. Und zwar viel heftiger, als den Initiatoren willkommen sein kann. Denn zwischen Wappen, Palast und Kirche machen die vielen lustvollen Steinschänder, die jetzt auf die Jagd gehen, kaum einen Unterschied.

Hochmut ist Hochmut, alle Menschen stammen von Adam und Eva ab, zu Boden mit aller Arroganz der Hochgeborenen. Und so schleicht sich in die angstfreie Zeit der Wende eine neue, tiefe Angst der Besitzenden und Gebildeten ein: dass die Masse vor ihrer Veredelung Hand anlegen könnte zur Herbeiführung eines blutigen Karnevals, der unten nach oben kehrt. Eine Welt aber, in der Bildung und Besitz nichts mehr gelten, ja Freiwild werden, ist die schlechteste aller Welten, schlimmer noch als die des Papsttums. So wird rasch Gegenorder erlassen: kein ungestümer Wappensturm mehr, sondern planvolle, gezielte Abnahme und vor allem Umwidmung. So werden jetzt Fachleute – meist Steinmetze und ähnliche Experten – vor Ort geschickt: zu schadfreier Symbolamputation. Und Symbol-Implantation. Denn natürlich darf kein Vakuum klaffen. Was einst Adelsfamilien und Päpsten zugeeignet war, soll jetzt zum Ruhme des freien Gemeinwesens prangen. Also gehen republikanische Rutenbündel in Serie.

Reicht das? Wohl kaum, das sehen selbst die kühnsten Optimisten. Zudem sind die Zeiten des radikalsten Jakobinismus nicht mehr, als man in Frankreich Kathedralstatuen reihenweise köpfte und Riesenklöster im Zeichen der Zeitenwende dem Erdboden gleichmachte – als Monumente der despotischen Verblendung. Dieser Ikonoklasmus gilt den Bildungsbürgern, welche anno 1798 in Paris wie in Rom das Sagen haben, als bedauerliche Entgleisung entfesselter Fanatiker. Umdeuten, nicht zerstören lautet jetzt ihre Devise. Das aber ist im Grunde bereits die Kapitulation. Denn wie will man die in den römischen Kirchen zu Tausenden prangenden Bilder umfunktionieren, auf denen jenseitstrunkene Greise von abgezehrter Körperlichkeit und ewigkeitslüsterner Geistigkeit einer Zeitlosigkeit entgegenfiebern, von denen sie nur die Klinge des bereits herabsausenden Henkerschwerts noch trennt? Allenfalls konnte man daraus Opfer der Tyrannis machen, die nicht Recht und Gerechtigkeit kennt. Doch wie sollte man die irritierende Lust am Leid, das Kernmerkmal aller christlichen Bildgestaltung, wegretuschieren? Hatte doch schon Machiavelli ein für alle Mal festgestellt, dass das Christentum zur republikanischen Staatsreligion nicht taugen könne, weil es zum Dulden, nicht aber zum kraftvollen Handeln erziehe?

Eine alternative Kunst aber war nicht ohne weiteres verfügbar. Denn das, was die einzigen echten Jakobiner, die in Paris, in dieser Hinsicht zu bieten hatten, war zutiefst problematisch. Waren nicht alle republikanischen Tugendinszenierungen des so überaus tugendhaften Robespierre zutiefst doppeldeutig, und zwar in einem unangenehm unsittlichen Doppelsinn? Musste nicht statt des hehren Edelmuts nicht weit eher das schnöde Laster triumphieren, wenn als Verkörperungen der Sittlichkeit und der Vernunft junge Schauspielerinnen in flatternden Transparenzgewändern herumhüpften? Dergleichen Spektakel kamen für die ehrenfesten Republikaner des Jahres 1798 als Gefährdung der neuen patriarchalischen Grundordnung keineswegs mehr in Frage.

Doch lag das wahre Dilemma noch tiefer. Die Revolutionäre verfügten über einen fest gefügten Wertekanon von geradezu monolithischer Geschlossenheit. Doch ihre Normen waren dem Wesen nach entweder bildlos – wie bitte sehr sollte man Fortschritt malen: als Hermes, den Götterboten, mit Flügelfüßen? – oder bereits durch ältere Bilder fest besetzt, wie etwa die Gerechtigkeit oder die Nächstenliebe, die von den Papstgrabmälern der Peterskirche im Dutzend herablächeln. Wollte man stattdessen eigene Projekte von der gebotenen Majestät und Monumentalität – ohne die irritierende Andersauslegbarkeit der Pariser Vorbilder – verwirklichen, so brauchte man viererlei: politische Stabilität, Zeit, Geld und enthusiasmierte junge Künstler. Letztere hatte man, das andere nicht. So bleiben deren kühne Entwürfe unverwirklicht. Zumindest zunächst. Giuseppe Valadiers Plan, einen grandiosen archäologischen Schauweg über die antiken Foren anzulegen und so diese grausam herabgewürdigten klassischen Orte – das Forum Romanum diente als Kuhweide und Wäschebleiche – wieder in neuem Glanz erstrahlen zu lassen, werden erst hundertdreißig Jahre später von einem Tribunen der pervertierten Art, dem Duce Benito Mussolini, umgesetzt – als ein Werk der politischen Propaganda, das gleichfalls eine Zeitenwende, hin zum immer währenden Faschismus, verkünden sollte. Offenbar lag solches Geschichtspathos in der Logik der antiken Foren. Schließlich verkündete schon das Forum des Augustus den Anbruch eines neuen Goldenen Zeitalters im Zeichen des wieder gefundenen immer währenden Friedens. Kein Wunder, dass die Römer allmählich skeptisch wurden.

Im Bilderkampf von vornherein unterlegen, wenden sich die Revolutionäre von 1798 im Bewusstsein von dessen Aussichtslosigkeit einem bildlosen Geschäft zu, von dem sie wider besseres Wissen dieselben erzieherischen Wirkungen erhoffen: der umdeutenden Umbenennung. Aus der Piazza di Spagna wird jetzt der Freiheitsplatz, die Piazza Venezia schmückt sich mit dem Namen der Gleichheit – Straßenschilder sind bekanntlich bis heute geduldig, auf jeden Fall geduldiger als die Anwohner, die dergleichen Geschichtskosmetik selten erfreut, sondern in der Regel erbost zur Kenntnis nehmen. Dieser Widerspruch aber resultiert aus der Macht der Gewohnheit, die es 1798 um jeden Preis auszutreiben gilt. So wird den Römern selbst die vertraute Zeitzählung genommen. Dass die erste Stunde der Nacht und damit des unkontrollierbaren, lasterhaften Müßiggangs um 18 Uhr beginnt, passt nicht mehr in die neue arbeitsame Pflichtenwelt. Mitteleuropäische, und das heißt allemal: französische Zeitdisziplin muss her. Dass Monats- und Tagesbezeichnungen ausgetauscht werden und die Zeit nicht mehr von Christi Geburt, sondern vom Beginn der Revolution an gezählt werden, versteht sich für die Revolutionäre von selbst. Und wird von den Römern doch absolut nicht verstanden.

So aber wird es gefährlich. An sich war die Masse vieles hinzunehmen bereit. Die alten Verhältnisse waren nicht gut, vielleicht waren die neuen besser – abwarten hieß unter diesem Vorzeichen wie gesagt die Devise. Doch die alte Ordnung war auch nicht schlecht. Immerhin hatte die römische Annona ein erschwingliches Brotgewicht in Notzeiten garantiert – mochte man in Neapel zu Zehntausenden verhungern, in Rom ließ es sich leben. Auch ohne Arbeit und Einkommen. Auf jedes Dutzend Bettler kam eine karitative Anstalt – da mochten sich die neuen Nützlichkeits-Ökonomen der europäischen Aufklärung vor 1798 noch so die Haare raufen. Und vor allem gewährleistete die alte Ordnung den direkten Draht zum Jenseits oder besser: die Einheit von Diesseits und Jenseits. Mirakel und Alltag flossen ineinander. Mochten manche Mächtigen noch so schinden – die Armen blieben das Maß des Heils und damit aller Dinge. War der Papst krank oder sonst in Schwierigkeiten, ließ er die Besitzlosen für sich beten. Als seine ganz besondere Heilsschwadron. Statt beten zu arbeiten aber hieß es jetzt: arbeite auf jeden Fall und bete, falls beziehungsweise wie du willst.

Damit war die gottgewollte Grundordnung gestört. Dieses jedoch bedeutete: schwerste Gottesstrafen für diesen Frevel. Sie hatten nicht auf sich warten lassen. Sie hatte man bereits vor Augen: die gottlosen Truppe des Antichrist, sprich die französische Armee, war ja bereits vor Ort. Der Märtyrer-General hatte sich auf diese Weise als ein Anti-Heiliger, ja als ein Idol des teuflischen Widersachers schlechthin erwiesen. Zudem war Rechtgläubigkeit nicht mehr vorgeschrieben. Das schlug dem Fass den Boden aus. Protestantische Ketzer und Juden sollten jetzt gleichberechtigt, und das hieß doch wohl: gleichwertig sein. Und so sind die wehrlosen Juden Roms die ersten, unschuldigen Opfer der gegenrevolutionären Wut.

Aber auch die Revolutionäre selbst geraten ins Visier der Masse. Denn der Vergleich der Epochen fiel zum Nachteil der neuen Zeit aus. Und zwar vollständig. Nicht nur, dass die republikanische Verfassung allein den Besitzenden politische Rechte garantierte. Viel schwerer wogen andere Nachteile: Arbeitszwang, neue Steuern, Zwangsaushebung zum Militärdienst, Abschaffung der Heiligen als Nothelfer, stattdessen bildungslastige unverständliche neue Idole. Und vor allem: exorbitant teures Brot. Was sollte man schon anderes erwarten, wenn Advokaten, die Volksfeinde schlechthin, an die Macht gerieten, und ein Mann wie Alessandro Torlonia zum Kassenwart des neuen Staats bestellt wurde: der Sohn eines Kammerdieners, ein Wucherer und Krösus, von dessen Krediten die alten Familien auf Gedeih und Verderb abhingen? Statt der Leoparden, vor deren Krallen man sich gewiss in Acht zu nehmen hatte, deren Gefräßigkeit jedoch kalkulierbar war, war man jetzt einer Horde von Schakalen unterworfen: Aasfressern, unberechenbar, von unstillbarer Gier. Die neue Ordnung machte die einfachen Leute zum Erziehungsobjekt von Parvenüs. Sie roch nach sozialer Verachtung.

Und so sind die Würfel gefallen. Ließen die Römer – daran gewöhnt, dass die Mächtigen kommen und gehen, die Verhältnisse aber bestehen – Pius VI. gehen, ohne ihm eine Träne nachzuweinen, so ziehen sie den Wagen seines Nachfolgers wenige Jahre später im Triumph, von Blumen überschüttet.

Denn die Republik dauert nur 592 Tage. Die Franzosen selbst glauben immer weniger an sie und immer mehr an die Militärdiktatur Bonapartes. Doch auch diese ist nicht von Dauer. Stattdessen kommt 1814 das Papsttum zurück. Als im Februar 1849 erneut eine Republik ausgerufen wird, proklamiert der Propheten-Tribun Giuseppe Mazzini alte Parolen – Boden für alle, Erziehung zur Menschlichkeit, Aufbruch der Geschichte – mit neuen Ideen und vor allem mit einer unerhörten Wortmacht und Intensität. Den Kampf um die Mentalitäten verliert auch er – wiederum erweist sich die Phalanx der fünfzehn Jahrhunderte als unbezwingbar. Ihr unterliegen einundzwanzig Jahre später auch die Sieger. Als die piemontesische Königsdynastie am 20. September 1870 im Namen des geeinten Nationalstaats von Rom Besitz ergreift, sind die Bilder ihre wahren Gegner. Die Opposition der papsttreuen Aristokraten lässt sich aufweichen, der Widerstand der Bilder nicht. Gewiss, so manche Kirche lässt sich schleifen, so mancher Palast abreißen, so mancher Straßenzug dem Erdboden gleichmachen. Doch das alles hilft nichts. Denn das Neue, welches der neue Staat dem Alten entgegenzusetzen hat, ist rettungslos unterlegen. Der neue Justizpalast: ein architektonisches Monstrum. Die neuen Ministerien: Steuergräber ohne Boden, und zudem so hässlich. Die Plattheit der Symbolsprache spiegelt wiederum einen tiefen Mangel an visualisierbaren Gegenideen. Nach solchen befragt, antwortet einer der intelligentesten Politiker der neuen Ordnung: die Wissenschaft, mein Herr. Doch wie soll man diese bauen oder malen, und dann noch so, dass die einfachen Leute die Botschaft verstehen?

Es ist bis heute nicht gelungen. So ist Rom die Stadt der herrenlosen Bilder. Werden sie sich noch einmal verwenden lassen?

Anmerkungen

Weiterführende Zusammenhänge, Hintergründe und Erläuterungen zu den verschiedenen Geschichten sind den nachfolgenden Literaturangaben zu entnehmen; die dabei genannten Titel bilden in der Regel zugleich die Faktenbasis, auf welcher die Darstellung der Ereignisse beruht. Sind diese überwiegend aus bislang unbekanntem Archivmaterial geschöpft, so werden die entsprechenden Quellenindizes aufgeführt.

Die große Politik

Schreckliche Diplomaten, Politik der Illusionen. Auf dem Weg in den Sacco di Roma
Zu Weltsicht und Geschichtsbild Francesco Guicciardinis: V. Reinhardt, Francesco Guicciardini. Die Entdeckung des Widerspruchs, Göttingen 2004; zum Sacco di Roma, der dringend eine ausführliche neue Darstellung, nicht zuletzt zu den hier skizzierten Hintergründen, verdienen würde: A. Chastel, Le Sac de Rome, 1527. Du premier maniérisme à la contre-réforme, Paris 1984; zum Umfeld allgemein: C. L. Stinger, The Renaissance in Rome, Bloomington 1985. Zur antipäpstlichen Propaganda und ihren Methoden: R.W. Scribner, For the sake of simple folk. Popular propaganda for the German Reformation, Cambridge 1981.

Der Botschafter und der Mörder
Die beschriebenen Ereignisse sind überliefert in: Biblioteca Apostolica Vaticana (BAV), Vat. lat. 13658, Giustizie seguite nella Città di Roma, fol. 33r–39v, „Esecuzione di Giustizia ordinata da Papa Innocenzo Decimo contro il Duca di Valenze Ambasciatore del Re Christianesimo, e come fosse eseguita nel suo Palazzo"; vgl. auch BAV, Urb. lat. 1650, fol. 356r–367r. Zur Situation in Rom im Frühjahr 1646 vgl. die *avvisi di Roma* in: Archivio Segreto Vaticano (ASV), Segr. di Stato, Fondo Avvisi 99; im Konsistorium vom 13. Januar 1646 etwa hatte Innozenz den Kardinälen erklärt: „(…) non possiamo credere, che sia senso del Rè, ne della Regina, ne del Duca d'Orleans, ne del Principe di Condé d'impedirci che non possiamo castigar li Barberini per i Delitti da loro commesse, et che non possiamo farli render conto della lor'cattiva amministrazione con la quale hanno rovinato la Sede Apostolica, e conquassati tutti li popoli dello Stato Ecclesiastico", ebd., fol. 7r. Zur Rolle Donna Olimpia Maidalchinis während des Pamphilipontifikates: Donata Chiomenti Vassalli, Donna Olimpia, o del nepotismo nel Seicento, Mailand 1979 (vgl. auch „Brot, Blut und Stein").

Der Sanierer
Zu Getreideversorgung und Papstfinanz: V. Reinhardt, Überleben in der frühneuzeitlichen Stadt. Annona und Getreideversorgung in Rom 1563 bis 1797, Tübingen 1991, zu den Reformen Innozenz' XI.: S. 170ff. Eine höheren wissenschaftlichen Ansprüchen genügende Biographie dieses bedeutendsten Papstes der Neuzeit gibt es nicht; vgl. V. Reinhardt, Odescalchi, in: ders. (Hrsg.), Die großen Familien Italiens, Stuttgart 1992, S. 378–383. Zur desaströsen Situation der öffentlichen Budgets vor Innozenz XI. außerordentlich fundiert: G. Lutz, Zur Papstfinanz von Klemens IX. bis Alexander VIII. (1667–1691), in: Römische Quartalschrift für christliche Altertumskunde und Kirchengeschichte 74 (1979) S. 32–90.

Familienbande und -konflikte

Ein Mord, den jeder begangen haben könnte
Eine Gesamtdarstellung des Pontifikats Alexanders VI. auf dem Stand der neuesten Forschung zum Renaissancepapsttum allgemein wie zu den Borgia im Besonderen steht aus; eine insgesamt gut lesbare, unter verschiedenen Aspekten allerdings revisionsbedürftige Darstellung bei M. Mallett, The Borgias. The rise and fall of a Renaissance dynasty, London 1969; ein weitaus aktuelleres Bild bei M. Pellegrini, Ascanio Maria Sforza. La parabola politica di un cardinale principe del rinascimento, 2 Bde., Rom 2002 (vgl. auch die Hinweise zu „Fünf blutrote Hüte").

Verkehrsprobleme, frühneuzeitlich
Der Bericht Fulvio Testis in: Fulvio Testi, Lettere, hrsg. v. Anna Maria Doglia, 3 Bde., Bari 1967, Bd. II., S. 392f., sowie S. 400, 402, 418, 420. Weiterhin Giacinto Gigli, Diario, hrsg. von Manlio Barberito, 2 Bde., Rom 1994, Bd. 1, S. 251–253. Das Zitat Hartmut Boockmanns in: H. Boockmann, Hof und Hofordnung im Briefwechsel des Albert Achilles von Brandenburg, in: H. Kruse und W. Paravicini (Hrsg.), Höfe und Hofordnungen. 5. Symposium der Residenzen-Kommission der Akademie der Wissenschaften in Göttingen, Sigmaringen 1999, S. 315–320, hier S. 315.

Maria Veralli
Eine knappe biografische Skizze zu Maria Veralli findet sich bei: Renata Ago, Maria Spada Veralli, La buona moglie, in: Giulia Calvi (Hrsg.), Barocco al feminile, Rom/Bari 1992, S. 51–70; ausführlich zu den Eheverhandlungen zwischen den Kardinälen Spada und Rocci Arne Karsten, Kardinal Bernardino Spada. Eine Karriere im barocken Rom, Göttingen 2001, S. 192–202; die Zitate in: Archivio di Stato di Roma (ASR), Fondo Spada Veralli, Nr. 612, „Lettere al cardinale Bernardino Spada di Maria Veralli, 1641–1661", ohne Paginierung, Briefe vom 5. Mai 1641, 3. Juli 1642, 13. Oktober 1654.

Karrieren und Abstürze

Fünf blutrote Hüte

Der Pontifikat Leos X. bedarf dringend einer ganzheitlichen – politische, kulturelle und sozialhistorische Perspektiven vereinenden – Aufarbeitung. Zum Spannungsverhältnis von Papst und Kardinälen im 15. und 16. Jh.: V. Reinhardt, Rom. Kunst und Geschichte 1480–1650, Freiburg/Würzburg 1992, S. 51–62; M. Pellgrini, Il profilo politico-istituzionale del cardinalato nell'età di Alessandro VI: persistenze e novità, in: M. Chiabò/S. Maddalo/M. Miglio/A. M. Oliva (Hrsg.), Roma di fronte all'Europa al tempo di Alessandro VI, Bd. 1, Rom 2001, S. 177–216.

Der Untergang des Hauses Cenci, oder: Vom Geiz als Wurzel allen Übels

Zur vielfach behandelten Geschichte der Familie Cenci liegt seit kurzem ein exzellenter Sammelband vor, auf dem die Ausführungen beruhen: M. Di Sivo (Hrsg.), I Cenci. Nobiltà di Sangue, Rom 2003. Zum römischen Adel unter verschiedenen Gesichtspunkten zuletzt Maria Antonietta Visceglia (Hrsg.), La nobiltà romana in età moderna. Profili istituzionali e pratiche sociali, Rom 2001.

Die Geschichten der Verlierer

Zu Domenico Marini s. Ch. Weber, Legati e Governatori dello Stato pontificio (1550–1809), Rom 1994, s.v. De Marini, Domenico; das Zitat über Marini bei Fulvio Testi, Lettere, hrsg. v. A. M. Doglia, 3 Bde., Bari 1967, Bd. I, S. 129, Rom, 15. November 1627, an Cesare d'Este; zum Hintergrund der Entlassung Marinis vgl. ebenfalls Testi in seinem Brief vom 13. Oktober 1627, ebd. S. 115; der Bericht des venezianischen Botschafters über Marinis Erkrankung in: Archivio di Stato di Venezia, Ambasciatori, Dispacci di Roma, filza 97, fol. 17r/18v (freundlicher Hinweis von Ulrich Köchli). Zu Clemente Merlini s. K. Jaitner, Die Hauptinstruktionen Gregors XV. für die Nuntien und Gesandten an den europäischen Fürstenhöfen 1621–1623, 2 Bde., Tübingen 1997, Bd. I, S. 343. Zu Antonio Albergati ebd., S. 236–343. Zu Giacopo Altoviti s. Ch. Weber, Senatus Divinus. Verborgene Strukturen im Kardinalskollegium der frühen Neuzeit (1500–1800), Frankfurt am Main 1996, S. 150, dort auch das Zitat. Zu Niccolo Forteguerri ebd., S. 159f.

Künstlerleben

Tod und Verschleppung

Zur Diskussion über das „Jüngste Gericht" und Michelangelo als 'Häretiker': R. de Maio, Michelangelo e la controriforma, Roma/Bari 1978; zu Michelangelo und St. Peter: H. Bredekamp, St. Peter in Rom und das Prinzip der produktiven Zerstörung. Auf- und Abbau von Bramante bis Bernini, Berlin 2000; zum Mythos zu Lebzeiten und zum Zeitklima: V. Reinhardt, Der rastlos bewährte Pontifex. Eine ikonologische Deutung der Fresken Vasaris im „Saal der Hundert Tage" der Cancelleria, in: Quellen und Forschungen aus italienischen Archiven und Bibliotheken (76) 1996, S. 274–307.

Abgeschlagene Köpfe und ein ausgestreckter Arm
Zum bewegten Leben Caravaggios immer noch am fundiertesten: H. Hibbard, Caravaggio, London 1983. Dr. Enzo di Cerbo (München) danke ich für wertvolle Hinweise zur Aussage des Bandos von 1606. Zur Gewalt im frühneuzeitlichen Rom: P. Blastenbrei, Kriminalität in Rom 1560 bis 1585, Tübingen 1995; I. Polverini Fosi, La società violenta. Il banditismo dello Stato pontificio nella seconda metà del Cinquecento, Roma 1985.

Der Großtyrann und das Gerücht
Zur beherrschenden Stellung Berninis unter den römischen Künstlern während des Barberini-Pontifikats vgl. Ann Sutherland Harris, La dittatura di Bernini, in: M. Fagiolo (Hrsg.), Gianlorenzo Bernini e le arti visive, Rom 1987, S. 43–58. Die Briefe Francesco Mochis an die Kardinalskongregation von St. Peter sind abgedruckt in: O. Pollak (Hrsg.), Die Kunsttätigkeit unter Urban VIII. 2 Bde., Wien 1930/31, Bd. II, S. 449–551. Dort auch die weiteren Belege zu den Hintergründen der Vierungsgestaltung.

Kultur und Konflikte

Der Tage-Dieb
Zur Wissenschaftsszene Rom: G. V. Coyne/M. A. Hoskin/O. Pedersen (Hrsg.), Gregorian Reform of Calendar, Città del Vaticano 1983; zu Tycho Brahe und den protestantischen Astronomen: J. R. Christianson, On Tycho's island. Tycho Brahe and his assistants, 1570–1601, Cambridge 2000. Zum Rom Gregors XIII. und seiner spezifischen Atmosphäre aus Frömmigkeit und mondänem Raffinement der bei weitem farbigste und scharfsichtigste Bericht eines Zeitgenossen im Journal de voyage Michel de Montaignes, deutsch: Tagebuch einer Badereise, Stuttgart 1963. Zu Inquisition und Intellektuellen der Zeit: V. Reinhardt, Rom im Zeitalter der Konfessionalisierung. Kritische Überlegungen zu einem Epochendeutungskonzept, in: Zeitsprünge. Forschungen zur Frühen Neuzeit 7 (2003) S. 1–18.

Fast eine Sternstunde. Ein Gespräch über die Welt und die Folgen
Die genaueste Chronik der Ereignisse im 'Fall Galilei' bei F. Beretta, Galilée devant le tribunal de l'Inquisition. Une relecture des sources, Fribourg 1998; zum wissenschaftshistorischen Hintergrund maßgebend: V. R. Remmert, Ariadnefäden im Wissenschaftslabyrinth. Studien zu Galilei: Historiographie – Mathematik – Wirkung, Bern 1998. Zu Bellarmin und Galilei: V. Reinhardt, Das Konzil von Trient und die Naturwissenschaften. Die Auseinandersetzung zwischen Bellarmin und Galilei als Para-

digma, in: P. Prodi/W. Reinhard (Hrsg.), Das Konzil von Trient und die Moderne, Berlin 2001, S. 381–394.

Bilderkrieg im Vatikan, oder: Von den Gefahren der Gelehrsamkeit
Zur Person Conteloris vgl. F. Petrucci, Felice Contelori, in: Dizionario Biografico degli Italiani, Bd. 28 (1983), S. 336–341. Die Zitate bei G. Gigli, Diario Romano, hrsg. v. Manlio Barberito, 2 Bde., Rom 1994, S. 282 und S. 437. Die Darstellung der Ereignisse folgt Giovanni Battista Beltrami, Felice Contelori ed i suoi studi negli archivi del Vaticano, in: Archivio della Società Romana di Storia Patria 3 (1879), S. 1–48, sowie W. L. Barcham, Grand in design. The Life and Career of Federico Cornaro, Prince of the Church, Patriarch of Venice and Patron of the Arts, Venedig 2001, S. 270 ff. Zum Verhältnis zwischen Rom und Venedig in der ersten Hälfte des Barberini-Pontifikats vgl. A. Zanelli, Le relazioni tra Venezia e Urbano VIII durante la nunziatura di Mons. Gio. Agucchia (1624–1631), in: Archivio Veneto 14 (1933), S. 153–206 und 16 (1934), S. 148–269.

Die Welt des kleinen Mannes

Chaostage im barocken Rom
Die wörtlichen Zitate folgen der Ausgabe: G. Gigli, Diario Romano, hrsg. von M. Barberito, 2 Bde., Rom 1994, Bd. 1, S. 352–355. Zur Entwicklung des päpstlichen Heeres in der Frühen Neuzeit vgl. G. Brunelli, „Prima maestro, che scolare. Nobiltà romana e carriere militari nel Cinque e Seicento, in: M. A. Visceglia (Hrsg.), La nobiltà romana in età moderna. Profili istituzionali e pratiche sociali, Rom 2001, S. 89–133.

Delikatessen, oder: Die berühmten Würste aus Norcia
Der Bericht über die beschriebenen Ereignisse ist überliefert in: Biblioteca Apostolica Vaticana (BAV), Vat. lat. 13658, fol. 159v–164r, „Relazione dell'Esecuzione di giustizia commandata da Papa Urbano Ottavo l'anno 1638 eseguita nella Piazza della Rotonda, nella quale furono acciopati, scannati e squartati due empij Norcinj, che condivano la Carne porcina con la carne umana." Eine kürzere Beschreibung des Falles in: BAV, Vat. lat. 8632, fol. 230r/v, hier unter dem Datum: 1644, nel Pontificato di Urbano 8"; die sehr zahlreichen Parallelen lassen es zumindest als wahrscheinlich erscheinen, dass es sich um denselben Fall handelt: auch hier sind es zwei Schlachter aus Norcia, die Brüder Giacomo und Antonio Cascia, die eine Fleischerei aufmachen, in deren Keller sie Kunden locken, töten und dann der Wurst beimischen; beide gestehen nach zahlreichen Indizien unter der Folter, der eine an der *corda*, der andere als Opfer der *veglia*, die Hinrichtung erfolgt auf der Piazza della Rotonda (= Piazza del Pantheone).

Brot, Blut und Stein

Zur Hungersnot von 1648/49: V. Reinhardt, Brotpreis und Papstfinanz. Annona und Getreideversorgung in Rom während der Krise 1647–49, in: Freiburger Universitätsblätter 96 (1987) S. 41–59. Zur „Päpstin" Olimpia Maidalchini: D. Chiomenti Vassalli, Donna Olimpia o del nepotismo nel Seicento, Mailand 1979. Zur Papstfinanz der Zeit: E. Stumpo, Il capitale finanziario a Roma fra cinque e seicento. Contributo alla fiscalità pontificia in età moderna, Mailand 1985.

Karte Italien

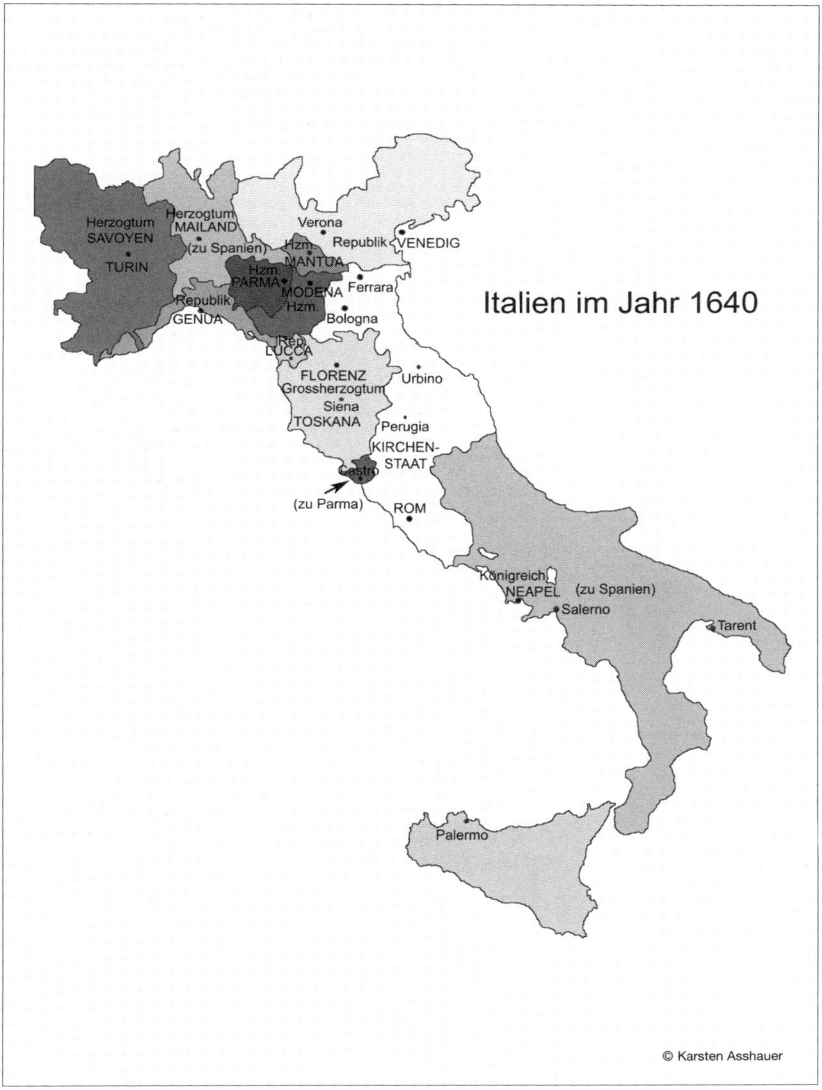

Liste der Päpste des 15. bis 18. Jahrhunderts

	Amtszeit	Papstname	Familienname
15. Jh.	1417–1431	Martin V.	Oddone Colonna
	1431–1447	Eugen IV.	Gabriele Condulmer
	1447–1455	Nikolaus V.	Tommaso Parentucelli
	1455–1458	Calixtus III.	Alonso de Borja (Borgia)
	1458–1464	Pius II.	Aenea Silvio Piccolomini
	1464–1471	Paul II.	Pietro Barbo
	1471–1484	Sixtus IV.	Francesco della Rovere
	1484–1492	Innozenz VIII.	Giovanni Battista Cibo
	1492–1503	Alexander VI.	Rodrigo de Borja (Borgia)
16. Jh.	1503	Pius III.	Francesco Todeschini Piccolomini
	1503–1513	Julius II.	Giuliano della Rovere
	1513–1521	Leo X.	Giovanni de Medici
	1522–1523	Hadrian VI.	Adriaen Florensz Dedal
	1523–1534	Clemens VII.	Giulio de' Medici
	1534–1549	Paul III.	Alessandro Farnese
	1550–1555	Julius III.	Giovanni Maria Ciocchi del Monte
	1555	Marcellus II.	Marcello Cervini
	1555–1559	Paul IV.	Gian Pietro Carafa
	1559–1565	Pius IV.	Giovanni Angelo Medici
	1566–1572	Pius V.	Antonio Michele Ghislieri
	1572–1585	Gregor XIII.	Ugo Boncompagni
	1585–1590	Sixtus V.	Felice Peretti
	1590	Urban VII.	Giambattista Castagna
	1590–1591	Gregor XIV.	Niccolò Sfondrati
	1591	Innozenz IX.	Giovan Antonio Facchinetti
	1592–1605	Clemens VIII.	Ippolito Aldobrandini
17. Jh.	1605–1605	Leo XI.	Alessandro de Medici
	1605–1621	Paul V.	Camillo Borghese
	1621–1623	Gregor XV.	Alessandro Ludovisi
	1623–1644	Urban VIII.	Maffeo Barberini
	1644–1655	Innozenz X.	Giovanni Battista Pamphili
	1655–1667	Alessandro VII.	Fabio Chigi
	1667–1669	Clemens IX.	Giulio Rospigliosi
	1670–1676	Clemens X.	Emilio Altieri
	1676–1689	Innozenz XI.	Benedetto Odeschalchi
	1689–1691	Alessandro VIII.	Pietro Ottoboni
	1691–1700	Innozenz XII.	Antonio Pignatelli
18. Jh.	1700–1721	Clemens XI.	Giovanni Francesco Albani
	1721–1724	Innozenz XIII.	Michelangelo dei Conti
	1724–1730	Benedikt XIII.	Vincenzo Maria Orsini
	1730–1740	Clemens XII.	Lorenzo Corsini
	1740–1758	Benedikt XIV.	Prospero Lambertini
	1758–1769	Clemens XIII.	Carlo Rezzonico
	1769–1774	Clemens XIV.	Lorenzo Ganganellli
	1775–1799	Pius VI.	Giovanni Angelo Braschi
	1800–1833	Pius VII.	Barnabà Chiaramonti

Kommentierte Auswahlbibliographie

Die folgenden knappen Literaturhinweise verfolgen vor allem zwei Aufgaben: Zum einen sollen sie den Leser darüber informieren, welche Arbeiten für die Beschäftigung mit Rom und dem Papsttum in der Frühen Neuzeit unserer Ansicht nach von grundlegender Bedeutung sind, zum anderen sollen sie Anregungen zum Weiterlesen geben. Nicht immer sind diese beide Ziele zur Deckung zu bringen – Grundlagenforschung ist mitunter ein hartes Brot und kann nicht stets unterhaltsam sein, dennoch ist sie für den wissenschaftlichen Erkenntnisfortschritt natürlich unverzichtbar. In jedem Fall handelt es sich bei den folgenden Angaben um eine subjektive, wenngleich, wie wir hoffen: reflektierte und sorgsam abgewogene Auswahl.

Grundlegend für jede Beschäftigung mit dem Papsttum in der frühen Neuzeit ist nach wie vor – und wird wohl immer bleiben – die monumentale *Geschichte der Päpste seit dem Ausgang des Mittelalters* von Ludwig von Pastor. Das in den zwanziger Jahren des vorigen Jahrhunderts abgeschlossene Werk ist einseitig apologetisch und in vielen Punkten überholt, dennoch aufgrund seiner immensen Materialfülle unverzichtbar. Überblicksdarstellungen zur Geschichte Roms bietet zuletzt Volker Reinhardt, *Rom. Ein illustrierter Führer durch die Geschichte* (München 1999) sowie Peter Hersche, *Italien im Barockzeitalter. Eine Sozial- und Kulturgeschichte* (Köln u. a. 1999). Zu Roms Stellung in Italien, global betrachtet: Volker Reinhardt, *Geschichte Italiens. Von der Spätantike bis zur Gegenwart* (München 2003).

Das 16. Jahrhundert

Zu Rom und Papsttum in der Renaissance sozial- und kulturhistorische Einführungen bei Charles S. Stinger, *The Renaissance in Rome* (Bloomington 1985), sowie Volker Reinhardt, *Rom. Kunst und Geschichte* (Freiburg/Würzburg 1992) (dort auch eine umfangreiche kommentierte Bibliographie); teilweise überholt, doch als Überblick weiterhin lesenswert: Peter Partner, *Renaissance Rome 1500–1559. A Portrait of a Society* (Berkeley/Los Angeles 1976). Aufschlussreich zu den verschiedensten politischen und kulturellen Aspekten der Zeit ebenfalls Paul A. Ramsey (Hrsg.), *Rome in the Renaissance. The city and the myth* (Bringhamton 1982). Speziell zu Fragen der Urbanistik und Propaganda durch Bauten: Sergio Gensini (Hrsg.), *Roma capitale* (Rom/Pisa 1994). Zu den römischen Kurtisanen der Renaissance ebenso sachlich wie kenntnisreich: Monica Kurzel-Runtscheiner, *Töchter der Venus. Die Kurtisanen Roms im 16. Jahrhundert* (München 1995). Zu humanistischen Geschichts- und kurialen Reformvorstellungen: John W. O'Malley, *Rome and the Renaissance. Studies in Culture and Religion* (London 1981). Zur päpstlichen Behördenorganisation: Peter Partner, *The Pope's Men. The Papal Civil Service in the Renaissance* (Oxford 1990). Zu den Voraussetzungen der katholischen Reform und deren Auswirkungen auf die kuriale Führungsschicht: Barbara McClung Hallman, *Italian cardinals, reform and the church as property* (Los Angeles 1985); allgemein zum Konzil von Trient und seinen Auswirkungen: Paolo Prodi und Wolfgang Reinhard (Hrsg.), *Das Konzil von Trient und die Moderne* (Berlin 2001).

Für die zweite Hälfte des 16. Jahrhundert in manchen Einzelfragen überholt, doch als Übersichtsdarstellung weiterhin unerreicht: Jean Delumeau, *Vie économique et sociale de Rome dans la seconde moitié du XVIe siècle*, 2 Bde. (Paris 1957/59). Eine Verortung Roms im Italien der Renaissance bei Volker Reinhardt, *Die Renaissance in Italien. Geschichte und Kultur* (München 2002); wesentliche Grundlinien der Entwicklung des Kirchenstaates und deren Eigentümlichkeiten im Kontext des modernen Staatsbildungsprozesses zeichnet nach Paolo Prodi, *Il sovrano pontefice. Un corpo e due anime: la monarchia papale nella prima età moderna* (Bologna 1982).

Das 17. Jahrhundert

Zu den Eigentümlichkeiten der römischen sozialen und politischen Strukturen sind weiterhin unverzichtbar die bahnbrechenden Arbeiten von Wolfgang Reinhard, *Papstfinanz und Nepotismus unter Paul V. Studien und Quellen zur Struktur und zu quantitativen Aspekten des päpstlichen Herrschaftssystems* (Stuttgart 1974), sowie ders., *Freunde und Kreaturen. „Verflechtung" als Konzept zur Erforschung historischer Führungsgruppen – römische Oligarchie um 1600* (München 1979), dem Borghese-Pontifikat (1605–1621) gewidmet, dabei aber zu grundsätzlichen Erkenntnissen gelangend. Für die zweite Hälfte des 17. und den Beginn des 18. Jahrhunderts bietet eine hervorragende Analyse Renata Ago, *Carriere e clientele nella Roma barocca* (Rom/Bari 1990); stärker 'erzählend', von individuellen Lebensschicksalen ausgehend und aus deren Perspektive allgemeine Strukturen erläuternd Irene Fosi, *All'ombra dei Barberini. Fedeltà e servizio nella Roma barocca* (Rom 1997) (zu Kardinal Giulio Sacchetti, 1587–1662) und Arne Karsten, *Kardinal Bernardino Spada* (Göttingen 2001). Ein Sammelband zu römischen Kardinalskarrieren führt ebenfalls in die sozialen und politischen Strukturen der Epoche ein: ders. (Hrsg.), *Jagd nach dem roten Hut. Kardinalskarrieren im barocken Rom* (Göttingen 2004).

Eine meisterliche Studie zur Kunstpatronage während des Pontifikats Alexanders VII. stellt Richard Krautheimer, *The Rome of Alexander VII. (1655–1667)* (Princeton 1985) vor. Über die Zusammenhänge zwischen Kunstförderung und ihren gesellschaftlichen Rahmenbedingungen liegt mit dem Sammelband von Daniel Büchel und Volker Reinhardt (Hrsg.), *Die Kreise der Nepoten. Neue Forschungen zu alten und neuen Eliten Roms in der frühen Neuzeit* (Bern u. a. 2001) ein Werk vor, welches das

Wechselverhältnis von sozialen und künstlerischen Entwicklungstendenzen im Rom der frühen Neuzeit aus unterschiedlichen Perspektiven beleuchtet. Stärker auf genuin historische Fragestellungen konzentriert ist ein zweiter herausragender Tagungsband: Gianvittorio Signorotto und Maria Antonietta Visceglia (Hrsg.), *La Corte di Roma tra Cinque e Seicento. Teatro della politica europea* (Rom 1998). Die Stellung Roms in Italien beleuchten die Beiträge des Sammelbandes: Daniel Büchel und Volker Reinhardt (Hrsg.), *Modell Rom? Der Kirchenstaat und Italien in der frühen Neuzeit* (Köln u.a. 2003).

Zur Kunstförderung durch die päpstlichen Verwandten und ihren gesellschaftlich-politischen Hintergrund: Arne Karsten, *Künstler und Kardinäle. Vom Mäzenatentum römischer Kardinalnepoten im 17. Jahrhundert* (Köln u.a. 2003). Die politische Funktion der Kardinalnepoten wurde zuletzt eingehend untersucht von Antonio Menniti-Ippolito, *Il tramonto dela curia nepotista* (Rom 1999) und Birgit Emich, *Bürokratie und Nepotismus unter Paul V.* (Stuttgart 2001), die, ausgehend vom Borghese-Pontifikat, in Einleitung und Schlussbetrachtung eine exzellente Synthese des spezifisch römischen Staatsbildungsprozesses im europäischen Kontext entwickelt. Mit der Entwicklung der römischen Aristokratie im 16. und 17. Jahrhundert beschäftigt sich eine Reihe von grundlegenden Arbeiten in: Maria Antonietta Visceglia (Hrsg.), *La nobiltà romana in età moderna* (Rom 2001).

Zur Rolle der Frau in der Gesellschaft der frühen Neuzeit bietet der Sammelband von Giulia Calvi (Hrsg.), *Barocco al feminile* (Rom/Bari 1994) anregende Beiträge; aufschlussreich ist weiterhin die ältere Studie von Donata Chiomenti-Vasalli, *Donna Olimpia o del nepotismo nel Seicento* (Mailand 1979) über die Schwägerin Papst Innozenz' X. (1644–1655).

Eine bahnbrechende Analyse höfischer Patronagestrukturen und ihrer Auswirkungen auf die frühneuzeitlichen Wissenschaften – die sich grosso modo auch auf die Künste anwenden lässt – bietet die überaus lesenswerte Studie von Mario Bagioli, *Galilei der Höfling. Entdeckungen und Etikette; Vom Aufstieg der neuen Wissenschaften* (Frankfurt a.M. 1999, amerikanische Originalausgabe Chicago 1993).

Zum Rom des 18. Jahrhunderts, das bis heute weitgehend einen eklatanten weißen Fleck auf der Forschungslandkarte bildet, finden sich nützliche Umrisse der Entwicklung bei Hanns Gross, *Rome in the Age of Enlightenment. The Post-Tridentine Syndrome and the Ancien Regime* (Cambridge 1990). Thematisch spezialisierter, doch zugleich mit anregenden Generalisierungen: Christopher M. S. Johns, *Papal Art and Cultural Politics. Rome in the Age of Clement XI* (Cambridge 1993).